U0929402

玉林师范学院教师教育工作优秀理念和科学思维探索成果系列丛书

TANGU LUNJIN HUA JIAOGAI
LISHIXUE JIAOSHI JIAOYU JIAOGAI LUN

谈古论今话教改

——历史学教师教育教改论

主　编 ◎ 袁名泽　　刘小云
副主编 ◎ 张宏志　　陆吉康

西南交通大学出版社
·成都·

图书在版编目（CIP）数据

谈古论今话教改：历史学教师教育教改论 / 袁名泽，刘小云主编. —成都：西南交通大学出版社，2016.7
（玉林师范学院教师教育工作优秀理念和科学思维探索成果系列丛书）
ISBN 978-7-5643-4718-5

Ⅰ. ①谈… Ⅱ. ①袁… ②刘… Ⅲ. ①历史教学 – 教学研究 – 文集 Ⅳ. ①K-4

中国版本图书馆 CIP 数据核字（2016）第 125308 号

玉林师范学院教师教育工作优秀理念和科学思维探索成果系列丛书

谈古论今话教改
——历史学教师教育教改论

主编　袁名泽　刘小云

责任编辑	梁　红
封面设计	严春艳
出版发行	西南交通大学出版社 （四川省成都市二环路北一段 111 号 西南交通大学创新大厦 21 楼）
发行部电话	028-87600564　028-87600533
邮政编码	610031
网　　址	http://www.xnjdcbs.com
印　　刷	成都蜀通印务有限责任公司
成品尺寸	185 mm × 260 mm
印　　张	12.5
字　　数	288 千
版　　次	2016 年 7 月第 1 版
印　　次	2016 年 7 月第 1 次
书　　号	ISBN 978-7-5643-4718-5
定　　价	39.00 元

玉林师范学院教师教育工作优秀理念和科学思维探索成果系列丛书

编 委 会

总 序

教育是一种社会现象，是人类社会的一种重要实践活动。它随人类的产生而出现，并随人类社会的变迁而发展。学校教育是教育发展到一定阶段的产物，既是近代科学革命和工业革命对大量人才渴求的必然要求，又是教育自身制度化、世俗化、系统化和专业化的结果。教师教育是学校教育的一种特殊类型，是现代教育持续发展的工作母机。师范院校是高等教育机构的重要构成，更是承载教师教育使命的主体机构。因此，"寄居"于师范院校的教师教育工作者，总结教师教育的发展经验，探寻教师教育的发展趋势，揭示教师教育的发展规律，既是一种责任担当，更是一项光荣使命。

作为我国师范院校的一员，玉林师范学院的办学历史最早可以追溯到1945年创建的广西省立鬱林师范学校，师道传承七十余载，源远流长。以师范立校，以师范兴校。学校在升格为本科院校之前，因"为基础教育培养合格师资，方向明确，成绩显著"，成为全国26所受到国家教委表彰的师范专科院校之一，也是广西唯一获此殊荣的师范专科院校。2000年，玉林师范学院升格为本科院校以来，面对市场经济的不断冲击，仍然始终坚守师道传承，对自身进行准确定位：把学校办成以培养义务教育阶段的师资为主要目标，达到较高水平的教学型地方本科师范院校。2012年6月，学校召开第三次党代会，在本次会议上确定了"师范性、地方性、应用性"的发展目标，以"师范性"作为学校的办学特色，"地方性"作为学校的办学定位，"应用性"作为人才培养的目标定位。2015年，在综合改革和转型发展的背景下，学校重新调整了办学定位的表述，即"地方性、应用型、师范性"。尽管如此，"师范性"仍然是学校发展的重要坚守点，是学校办学特色和优势所在。目前，学校有师范类专业29个，覆盖了学前、小学、初中等基础教育以及职业教育等各个阶段的教师教育；在校师范生的规模和比例在全区高校中位居前列，在校生17 418人，其中师范生10 733人，占所有全部在校生的61%。

进入21世纪以来，学校解放思想，抢抓发展机遇，开拓创新，认真贯彻落实"规模发展与内涵提升并重、硬件建设与软件建设并重、特色培育与整体质量提高并重、自主创新能力和可持续发展能力并重"的发展思路，遵循高等教育发展规律，着力整合各类资源，全面实施人才兴校、人才强校工程，启动综合改革，推动转型发展，优化学科结构，努力探索培养义务教育阶段基础教育师资的新模式，大力发展与地方经济社会发展紧密结合的应用型专业，坚持“地方性、应用型、师范性”的办学定位，朝着“努力建成国内知名、区内领先、以教师教育为特色的地方应用型高水平大学”目标奋进。

乘着综合改革和转型发展的春风，学校积极探索和创新人才培养模式，开设“挂榜班”“卓越班”，加强卓越人才培养，“挂榜班”“卓越班”学生成绩优异；开展实践教学改革，推进顶岗实习、混编实习等模式，提高专业实习效果；坚持以赛促练，以练促学，定期举办师范生教学技能大赛、板书大赛等，组织学生参加自治区级、国家级乃至世界级的比赛并屡创佳绩。与此同时，学校各师范专业的教师教育工作者，根据自己的研究兴趣，围绕自己的学科专业领域，选定相关研究主题，积极开展研究，取得了令人欣喜的成绩。

这套丛书就是学校教师教育工作者相关研究成果的一次集中展示。它既彰显了鲜明的时代特征，也反映了学校教师教育发展的基本轨迹，还表达了教师教育工作者的理想与期望。当然，由于时间仓促、作者水平有限，本丛书肯定还存在一些不足之处，恳请各位专家、读者批评指正！

编委会

二〇一六年三月

序

玉林师范学院是桂东南唯一一所师范类本科院校，办学历史悠久，其前身为创建于1945年的郁林师范学校，1958年升格为广西玉林专区师范专科学校，中间停办，1978年经国务院批准恢复，1994年升为高等专科学校。玉林师专自建校以来始终坚持“为九年制义务教育培养合格师资和为地方社会经济发展做贡献”的基本目标，对教学进行大刀阔斧地改革。学校教师先后在各类刊物上公开发表教学论文100多篇，出版多部颇有影响力的教材，学校也因其丰硕的教学成果而成为受表彰的全国26所优秀师范专科学校之一。2000年，经教育部批准，学校升格为玉林师范学院，成为一所具有教师教育特色的综合性本科院校，从此，教学教改工作更上一个台阶，成果更加丰富。其中历史学作为玉林师范学院设置最早的专业，见证了玉林师范学院的发展历程，也为玉林师范学院的发展做出了自己的贡献。自学校升格为本科院校以来，历史学专业共获厅局级以上课题立项70多项，其中，国家级课题4项，教师发表论文700余篇，其中颇有影响的教改论文达50篇，这些论文凝聚着历史学科全体教师的教学经验和心血，将其汇编成册，将有助于明确历史学科教学改革的轨迹，也将有助于提高历史教师的教学水平，促进历史学科的发展。

面对21世纪高等教育发展的良好机遇，2014年，玉林师范学院对办学定位进行了调整，将办学目标定位为建设特色鲜明、区内一流，国内有较大影响的地方本科院校；将办学类型定位为教学型、师范性、应用技术型；将人才培养目标定位为培养具有现代化理念、掌握现代化技术、具有强烈的责任感和使命感，并具有可持续发展能力的应用型人才；将社会服务定位为立足桂东南、面向广西、辐射全国；将办学特色定位为师范性、地方性、应用性。为此，学校将遵循“厚德博学、知行合一”的校训，坚持“师范性、地方性、应用性”的办学特色，努力建设成为以教师教育为鲜明特色的区内高水平、西部地区知名的应用型地方综合性大学。这次教师教育成果的汇编正是迎合这种办学定位改革而作出的重大举措，历史专业的教学教改论文汇编也基于此得以和大家见面。虽然其他高校历史学科教师的教改论文集早已出版，但在我们学校此举尚属首次，这对于提高教师历史教学的积极性和教改能力必将会有明显的促进作用。全体教师在探讨历史教学的同时，多方挖掘具有本地特色的历史资源，思考如何合理组织、分配和利用各种地方性课外资源，迎合历史教学的发展趋势，这给传统的宏观史学造成巨大冲击，也为地方史学、边缘史学等微观史学和应用史学带来新的发展机遇。在挖掘地方性历史资源的过程中，教师和学生丰富了历史知识，并且逐步形成对当地历史知识的经济开发思想，促进了当地历史资源的开发，彰显了该项目的实际应用价值。

本书由历史学科的专业教师承担论文的收集和编排工作，具有很强的专业特色，能为有兴趣研究历史教学法的人提供相关经验，推动历史教学改革，强化教学效果，达到历史教学的课标。本书选题是专门针对历史教师的教学、教改心得和体会而拟定的，由历史教师的教学论文、教改论文以及教学法论文组成。此外，还涉及历史教育家的教育思想对现代教学的启示和在现代教学中的具体应用，可以说只要是与历史教学和教改相关的论文均有入选。

袁名泽

2016.02

目　录

第一篇：历史教学的人文素质培养

第二篇：历史教学的技能培养

第三篇：历史教学的评价体系与教材编写

第四篇：历史教学模式探讨

第五篇：专门史教学

第六篇：历史国培教学花絮

第一篇

历史教学的人文素质培养

爱国教育、创新教育、人格教育

——浅谈高校历史专业重点课程改革的思路

李伟中　张壮强

【摘　要】 在历史专业教育重点课程改革的实践中，我们的思路是：爱国教育、创新教育和人格教育是历史专业教育的重点，三者是相互关联的。爱国教育是进行历史教育的前提，培养学生具有适应社会的独立人格和激发全社会的创新精神是历史教育的最终目的。只有具有了独立的人格，才能有不断创新的精神，也才能真正体现出爱国教育的真谛。

【关键词】 历史重点课程改革　正确的爱国教育　创新精神教育　独立人格教育

20世纪末，随着知识经济概念的提出，国际间的竞争日趋激烈，教育的作用日益凸显。《中国教育改革和发展纲要》明确指出："谁掌握了面向21世纪的教育，谁就能在21世纪的国际竞争中处于战略主动地位。"在中华民族伟大复兴的战略中，高校应责无旁贷地担负起科教兴国的历史重任。那么，高校历史教育专业作为在市场经济大潮中日益受到冷落的专业，又应该如何自处呢？我们重点课程创建小组根据国家高等教育课程改革的主要精神，结合日常教学实践，对高校历史课程改革的思路进行了初步探讨。

一、正确的爱国教育是高校历史教育的前提

学习历史的目的是什么？史学家司马迁认为是"究天人之际，求古今之变，成一家之言"，司马光提出"鉴古知今"，江泽民同志在访问日本时也提出要"以史为鉴，开创未来"。可见，历史的主要作用就在于"镜鉴"，汲取历史的经验和教训，可以避免一个国家、一个民族在发展的过程中走弯路。

改革开放以后，外来文化对民族文化造成了极大的冲击。当形形色色的外来思想涌进国门时，一些青少年在光怪陆离、五光十色的时尚中迷失了自我，经济全球化的加速发展更使"民族虚无主义"和"狭隘民族主义"的思想泛滥。为了正确引导青少年的思想向正确的方向发展，开展爱国主义教育历来被放在课改的首位。然而实践证明，从小学到中学，再到大学，传统"煲剩饭"式的革命史教育使部分学生出现了教育疲劳的症状，"民族国家"的观念要么十分淡薄，要么十分极端。在这种情况下，历史专业的老师如何才能将爱国主义教育和专业教育结合起来，引导学生走出思想误区呢？通过重点课程——中国现代史的改革实

践，我们认为：爱国教育应该放在历史教育的首位，要对学生进行正确的爱国主义教育。

正确的爱国主义教育，一方面是指教育方法的正确。传统爱国主义教育的方式，主要有革命史教育、爱国主义基地的参观学习等等。随着社会现代化程度的逐步加深，这些对于本科生来说并没有什么新鲜感。因此，在课改的实践中，我们根据本科生社会化程度比较高的特点，采用了实境教学和启发式研究教学的方法。所谓实境教学，就是采用音像教学或实地参观等教学方法，让学生真实地感受到近现代中国所受的屈辱和中华儿女的不屈抗争以及社会主义现代化建设的成就。上学期，我们在“九三”抗战胜利纪念日当天组织学生去了龟头岭抗日纪念碑进行凭吊；在讲授鸦片战争时组织学生参观了玉林国防教育基地；除此之外，我们还开设了音像课程，组织学生观看了《鸦片战争》《火烧圆明园》《我在 1919》等爱国主义影片，组织学生演唱了《松花江上》等爱国主义歌曲，并在这些活动后，给学生开列了一个书单指导他们进行课外阅读。最后，让学生根据自己的感受和阅读史料时的思考写一篇论文。实践证明，这种教学方式产生的效果还是比较好的。

正确的爱国主义教育，另一方面是指教育内容的正确。改革开放以前，史学界受“左”的错误影响，崇尚革命，认为革命是近代中国走向独立富强的唯一道路，革命就是爱国。因此，近现代史观就是一种革命史观。这种观点在史学界长时期流行，逐渐成为一种思维定式。20 世纪 80 年代以来，史学界也随着社会现代化程度的加深而不断向前迈进，诸如现代化之类的新史观被引进来，并体现在我们的历史教材中。但是，受传统史观的惯性影响，教材的编写和社会现代化的实际进程之间还是存在着相当大的差距。因此，我们在授课时根据课程大纲的基本要求和社会的实际需要，对课程的内容进行了新的处理。比如，在讲到“五四运动”时，由于大学的重复教育，课本的内容是每个学生都比较熟悉的，我们把教学重点放在了新知识、新成果的介绍和新思维的启发上，向学生推荐了周策纵的《五四运动》等书让学生阅读，并组织学生观看音像资料《我的 1919》，使学生对“五四”爱国主义精神有了新的感性认识。然后，对当代学人特别关注的“五四”保守主义思潮作了专题讲解，让学生认识到“五四”改良主义思潮在现代化进程中的价值。并以梁启超在“五四”时期针对当时社会激进的反传统主义发出的告诫：“世界大同，为期尚早，国家一时断不能消灭”来启发学生思考。最后，以“如何看待现代化进程中‘五四’爱国主义精神”为题布置了作业。这样，就使学生逐渐突破了传统的思维定式，对爱国主义也有了更为深刻的认识。

二、启发式的创新教育是高校历史教育的核心

21 世纪是知识经济的世纪，知识经济是“以知识为基础，以人才为核心的创新经济。在知识经济时代，一个国家创新能力的强弱将成为决定一个国家、一个民族在国际竞争中和世界格局中的地位的关键因素。”[1](p274)国家要想少走弯路，必须要及时总结历史的经验教训。世界现代化的历程证明：固化单一的思维模式只会开历史倒车，历史经验教训的总结需要创新的思维。历史重点课程的创建目的，就是一种教育方法的创新和创新思维的培养。

教育方法的创新是与传统的老师讲授包办、学生被动接受的教育相对而言的。正如苏

联著名教育家苏霍姆林斯基认为："人的心灵深处都有一种根深蒂固的需要，这就是希望自己是一个发现者、研究者、探索者。"对于本科生而言，他们这种天生的创新欲望在中小学阶段被"填鸭"式的被动教育所抑制。尤其是历史专业的学生，由于大学教材的基本内容与中小学内容的重复，因而很容易出现教育疲劳的症状；而长时期单一革命史教育的结果，学生的思维不是僵化，就是走向了反面。因此，大学历史本科的专业教育，要打破学生的思维定式，充分挖掘学生的创新能力。

在重点课程的创建中，我们的教育方法改革主要体现在四个方面：（1）互动式教学。我们向学生公布了自己的电子信箱，每两周向学生征询一次授课意见，学生反映的授课方面的问题由重点课程小组讨论后，拟订方案改进。（2）情景教学，诸如参观历史遗迹，组织学生观看与授课内容有关的音像资料等等。另外，还让学生自己编写、表演历史短剧，再现历史场景。（3）启发式教学。由老师拟订一些争议较大的历史问题，在授课之前让学生通过网络和图书馆查阅相关史料和观点，授课时分小组发言，意见不同可以相互辩论。最后，由学生根据辩论的结果写一篇论文。（4）多媒体教学。利用现代化设备，如电脑、投影仪等组织教学，充分调动学生的视听感官，获得更好的学习体验。教学方法改革后，学生的积极性被调动起来了，对历史有了许多新的观点和看法。

创新思维的培养一方面在于教学方法的革新，另一方面在于教学内容的创新。课改之前，我们曾对学生做过一些关于中国近现代史看法的调查，一般学生的看法是：（1）近现代史是从鸦片战争时期开始，到 1949 年结束。（2）近现代史的基本线索就是反帝反封建的民主革命斗争。（3）民主革命以"五四"为新旧分界线。（4）不妥协、主战就是进步的，改良是落后的，对外的求和是一种卖国行径。从调查结果可以看出，我们的学生受中小学历史教育的影响，已经形成了一种思维定式。

面对这种情况，我们在讲授专业课程基础知识的同时，首先让学生去寻找大学教材与中学教材提法不同的地方，接着又重点介绍了学界较为前沿的研究成果。比如：杨奎松对国民革命中共产国际与陈独秀的研究，国际学术讨论会上对梁启超的最新看法，20 世纪 30 年代关于乡村建设的研究，解放战争初期关于东北问题和国共谈判的研究等，让学生开阔历史的视野。之后，提出一些问题让学生思考。例如：（1）太平天国是一个什么性质的政权？（2）在戊戌时期维新改良是进步的，为什么到了清末又变成了落后的？到了"五四"以后，连辛亥革命也成了落后的革命？（3）"五四"时期，激进的反传统被认为是进步的，那么，为什么我们今天反对全盘西化？带着这些问题，老师又引导学生查阅一些课外第一手的史料。然后是回答和辩论，最后由老师做简单的总结。

除了授课内容和方法的革新以外，我们还在考试方法上进行了创新。我们的考试原则是：不让学生死背答案，应该让他们学会思考和总结，注重能力的测试。在期中考试时，中国现代史课程的考试题型中，史料分析占 40%，论述占 30%，选择占 15%，简答占 15%。一开始，学生并不是十分适应这种考试方式。到期末就逐渐适应了。同时，为了扩展学生的历史视野，我们还有针对性地开设了一些选修课，如"现代化问题研究""近现代社会思潮研究"等。关于这种启发式创新教育的效果，一个学生给我们重点课程小组的一位骨干教师发的电子邮件可以作为例证：

“上个学期有幸听你讲课，是我最值得开心的事，虽然我一直都不是很喜欢历史这门课（我的高考志愿是英语专业，也一直很向往学英语），但是你讲的课我每次都听得津津有味，是大学学习生活中极少让人能安心听讲又不觉得累的课……”

三、现代的人格教育是高校历史教育的根本

“人格”一词来自拉丁文的 persona，它的原意是“面具”或“脸谱”的类型定格。后来，心理学家发现每个人稳定的行为表现和一定特质的模式显露具有相关的倾向性和稳定性，它往往由表及里反映着某一类个人身心状况的真实品格，于是“面具”一词被喻义借指“人格”。“人格”是一个非常抽象且内涵复杂的范畴，古今中外的学者哲人分别从各自研究的领域出发为人格范畴概括了不同的内涵。中国古代教育家孔子曾说：“三军可夺帅也，匹夫不可夺志也”；“自行束修以上，吾未尝无悔焉。”孟子亦以“富贵不能淫，贫贱不能移，威武不能屈”的大丈夫人格来教化后人。就大学教育而言，人格教育实际上就是帮助学生在走向社会前完成适应现代社会的心理特征、思想意识和行为实践等总的品格的养成教育。然而，受传统“乖孩子”教育思想的长时期影响，现行的大学人格教育还存在很多问题。云南某大学的“马××事件”，北京某大学学生伤熊事件等，在某种程度上反映出大学人格教育缺失的尴尬局面。

面对这种情况，历史学科教学的人格教育应该怎样呢？我们认为：就是要求教师在了解学生人格特点的基础上，采用各种教学手段以及措施来改进或补救其人格的缺陷，培养其人格的优势和长处，形成健全人格，使学生的人格平衡发展。根据社会的发展要求，健全人格对于现代大学生而言，可以内化为其民主平等的观念，自由的思想，诚信、严格的自律精神，高度的责任心，正确的是非观、义利观及人生价值观等，达到外部行为能适应现代社会生活，内部心理能和谐发展。社会的发展要求人能够在激烈的竞争中不断创新，并在心理上适应快节奏的社会生活。因此，培养现代大学生健全人格的核心就在于“精神的自由”和“心物的调和”。精神自由，解放思想才能不断涌现出创新的火花；心物调和，才能在现代社会激烈竞争的环境中坚强生存。在历史专业教育中，为了培养当代大学生健全的人格，我们重点课程小组主要从以下三个方面进行了改进：

第一，平等对待教育对象，避免师源性心理伤害。所谓师源性心理伤害，是指教师对学生心理健康的伤害。孔子云：“有教无类”“因材施教。”其弟子三千，既有贵族子弟，也有贫贱子弟。正是由于孔子做到了“有教无类”和“因材施教”，出身贫贱的颜回、子路、子张与贵胄子弟南宫敬叔、孟懿子才能一样成才。然而，由于教育观念的陈旧，即使是在高校，也有些教师用自己的价值观和善恶标准去要求学生，以命令的方式要求学生服从自己，听不进不同的意见，甚至排斥与自己相反的意见，影响了学生个性和思维的发展，使学生失去了独立人格，缺乏自主精神和创新意识。这种伤害对于学生的心理影响是相当深的。我们在课改之前，曾做过一个对于历史专业看法的调查，其中一个学生说：

“……其他老师或多或少都说了我们，因此我们同学当中有一部分对历史专业缺乏信心。我也知道历史是个冷门，但奇怪的是，为什么我们历史专业的一些老师不但不对我们

加以引导，反而打击我们，说我们历史班是最 low 的，我们班又是历史班中最 low 的，本来我们就不怎么看好历史，一来到大学就如此被冷落，我们历史班的同学更不甘心了。”

看到这些情况，我们意识到了问题的严重性。在课改开始时，我们首先对课程组骨干教师的授课方式提出几条要求：一是无论是学习好的学生，还是学习差的学生，必须平等对待；二是要善于发现学生的长处，不得当众揭短或批评学生；三是必须倾注自己的全部热情来授课，以身示范对专业的热爱，激发学生的专业兴趣；四是对学生在专业方面遇到的问题要做到有问必答，一时无法给出答案的，要共同讨论，启发思考。按照这四个要求，经过半学期的课程实践，收到了良好的效果，学生对于教师和专业的态度有了明显的转变。期末再次调查时，那位学生这样写道：

“……你对历史的热情和专注让我们感动，我们班上课的热情也被你激发起来，很感谢你……我知道内因是起决定作用的，但是外因也是事物变化的条件呀。”

虽然情况有所好转，但是他的最后一句话也让我们警醒：还不能盲目乐观，一定要持之以恒，才能让学生真正树立自信，热爱专业。

第二，在教学方法上采用启发式创新教育的方法，开启学生的心智。人格是一个人内在特质的总和，它包括知、情、意、行几个方面。现代人格心理学家认为，健康的人格应该具有三种力量，即道德力量、意志力量和智慧力量。这三者相互关联，缺一不可，其中智慧力量是关键，只有增强智慧力量，辅之以道德力量和意志力量，才能最终打破思想的束缚，解放自己，创新社会。古人云：“师者，所以传道授业解惑也。”我们在教学的时候，应首先传给学生符合现代社会发展的“道”，这就要求教师自己思想解放，在此基础上创新教法，启发智慧。历史教师“鉴古知今”，应该了解社会的发展趋势，以创新的教法传授知识。

第三，在教学内容上不断推陈出新，扩展学生的视野。真正的历史能够使人睿智，能够使人通过过去认识现在，看到未来的发展大趋势。现代社会是一个知识大爆炸的社会，它要求人能够不断创新。创新精神是以独立的人格为前提，历史上的名人之所以成为名人，就在于他们具有独立的人格。因此，在进行历史专业教育时，一定要把名人的成功经历教育放在重要位置，以此来培育学生的独立人格。我们在讲授中国近现代史时，曾专门给学生开了一个近现代历史名人的专题研究讲座，向学生介绍诸如曾国藩、李鸿章、袁世凯、梁启超、胡适、梁漱溟等历史名人研究的新近成果。学生对此颇感兴趣，经常和老师进行交流。一学期下来，学生的视野更为开阔，打破了对历史名人的脸谱化思维定式，对自我独立人格的养成也起到了促进作用。

四、结　语

关于大学本科历史专业教育的课程改革，以上是我们重点课程小组的一点实践经验。总的来说，我们认为：爱国教育、创新教育和人格教育是历史专业教育的重点，也是当今时代的要求。正如本文在前面论述的，这三者并不是孤立的，而是相互关联的。爱国教育是进行历史教育的前提，培养学生适应社会的创新精神和独立人格是历史教育的最终目的。

只有具有了独立的人格，才能有不断创新的精神，也才能真正体现出爱国教育的真谛。因此，我们一定要在教育思想、教育方法、教育内容等方面不断创新，真正做到“学高为师，身正为范”，才能培养出适应社会、不断创新的人才！

参考文献

[1] 刑永富，吕秋芳. 素质教育：观念的变革与创新[M]. 北京：人民教育出版社，1998.

论高师地方史教学对大学生人文精神的培养

——以“广西地方史”教学为例

陈朝新

英国著名史学家巴勒克拉夫说过：“历史不是过去发生的各种事件的规程，而是关于人类社会的科学。”历史学要提供合理的分析和解释，而不是简单的叙事。历史教学所承担的最基本功能是通过历史知识的学习对学生进行人文精神的熏陶和培养。在高等师范院校，地方史作为历史教学的主要内容，其自身发展就是人文精神的体现。在地方史教学中培养学生的人文精神，不仅有其独特的学科优势，而且还体现了现代教育改革发展的方向。

一、地方史教学在当前的背景下着重要解决大学生人文精神的培养问题

什么是人文精神？这要从人文主义说起。人文主义起源于西方，是西方文明的一个重要组成部分，其核心理念就是人文精神。人文主义精神是人的自由追求，是创造力和超越意识的集中体现，是对主体价值的终极关怀，也是人类文化的价值理想和内在灵魂。在知识经济高度发展的今天，人文精神的理念正向社会生活各层面广泛地渗透。在我国教育领域中，由于素质教育体系初步确立，人们越来越重视人文精神。新颁布的《全日制义务教育历史课程标准》和《普通高中课程标准实验教科书·历史》都非常鲜明地体现了历史学科人文精神的教育功能。比如在课程性质上强调：“通过历史课程的学习，初步理解人类社会历史发展的基本过程，逐步学会用历史唯物主义观点分析问题，解决问题”“从人类社会历史发展的曲折历程中理解人生的价值和意义，逐步形成正确的世界观、人生观、价值观。”在教学目标中提出：在教学中培养学生的情感态度和价值观。在教学内容的设置方面，也强调并突出人文精神的理念。作为培养中学师资基地的高等师范院校，应要求教师在地方史教学中不仅要重视知识的传授，更要注意对学生人文精神的培养，使历史课堂真正成为弘扬人性、净化心灵的神圣殿堂。本人以为这其实是时代给历史学带来的更大的发展空间和最好的发展机遇，同时也给教师提出了新的考验和挑战。根据人文精神的内涵，地方史教学要培养学生的人文精神，就是通过学习使学生形成以人为本、独立思考、关注人类发展的人文主义价值观；培养学生爱祖国、爱民族、爱家乡、关爱人类命运的情感；激发学生强烈的民族自豪感、历史使命感和社会责任感。

二、地方史教学培养大学生人文精神的途径

通过地方史教学培养大学生人文精神不是一朝一夕的事情，而是一个循序渐进、潜移默化的过程。在日常教学中，要达到培养大学生人文精神的目的，主要有实施新的课堂教学、实施田野性实践教学活动、改革考试方法等途径。

1. 实施新的课堂教学模式

我国高校传统教学模式单一，主要以讲解、讲读课为主，学生只作为知识的接受者被动地接受新的知识，教学效果不佳。改变课堂教学的传统模式，必须实施有利于增强学生人文精神的新型课堂模式——开放型课堂教学模式。开放型课堂教学模式重点强调以人为本，主张师生之间平等互动，在充分开发教学资源的基础上，增强学生的人文精神。老师课前根据下一节课所要学习的内容，提出一些问题让学生自己去预习课文和翻阅相关的参考书目，收集、查找一些与学习内容有关的资料，这不仅可以提高学生的自学能力、阅读能力和欣赏能力，而且也可以突出学生的主体地位，扩大学生的知识面，增强学生的胆识和表现欲。如本人在讲述“佛教传入广西及影响”这一专题前，有针对性地提出“佛教起源于何时，佛教的教义是什么，佛教传入广西的路线、佛教对广西少数民族文化的影响”等问题，让全班同学以小组形式利用课余时间去查找、收集相关资料。这一做法不仅减轻了备课的压力，也得到了学生们的认可，他们认为这样做可以增强学习的目的性和主动性。在课内，我积极发扬民主精神，创造师生平等、民主的课堂教学环境，使学生对问题或观点敢问、敢答、敢质疑，作为教师的我则以身作则来教育学生，从而真正实现对每位学生的人文关怀。同时，创设具体的情境，让学生在课堂当场模仿再现一些较简单的历史情景（如汉高祖特使陆贾到岭南劝说南粤王赵佗归附中央王朝时的精彩对话），让学生在参与中有所赏析，在赏析中有所感悟，在感悟中领略人文精神，受到人文精神的熏陶，变被动接受为主动学习，增强学生的历史情结，激发学生学习兴趣，增强学生的人文情怀。课后布置“活性”作业，让学生有一个自己思考和体会的过程。学生作为学习者，始终离不开课堂这一重要环节。课前、课内、课后这三阶段的学习，以及相互之间的紧密联系，构成一个培养学生人文精神的完整系统，循环往复，使学生的学习效果不断增强。在讲授“广西地方史”这门课程时，我还把地方史教学大纲印发给学生。教学大纲的内容包括教学宗旨、要求、进度、基本参考书目等。每一两周我会组织学生开一次研讨会，讨论他们在听课和看书过程中产生和遇到的问题。讨论是教学的重要环节，能推动大家认真读书和思考，进行学术交流，不仅能很好地促进教学相长，而且能培养学生独立学习、独立思考的人文精神。

2. 结合当地资源，开展田野性实践教学活动

与国史相比较，地方史具有鲜明个性和地方特色，在资料（史料、实地调查材料）方面占有优势。人文精神中自尊、自强的品质，其形成很大程度上建基于爱心：爱祖国、爱家乡、爱人民、爱自己。那如何才能培养这种爱心呢？除了对课本知识进行宣讲，叙述辉煌历史外，利用本乡本土的文明古迹、革命圣地、文化博物馆，组织学生去参观、考察，

也不失为一条培养学生爱家乡、爱人民、爱祖国等情感的良好途径。在借鉴广西师范大学地方史教学做法的基础上，我采取如下作法：首先，引导学生查看《广西通志》《郁林州志》及所属各县县志等，让学生从文字记载中了解本乡本土的历史沿革、政治变迁、人物传记、大事记述，初步形成玉林历史发展轮廓图；其次，带领学生参观玉林市博物馆，让学生从文字、图画、实物的注解说明中了解玉林的发展历程，加深对玉林市的了解，理清本乡本土历史发展的基本脉络； 再次，带领学生到一些古迹进行实地考察，如北流的铜矿冶炼遗址、铜石岭文化遗址、桂平金田村起义遗址、古丝绸之路重要航道南流江航运码头遗址、革命烈士李明瑞故居和纪念馆等等； 最后，要求学生根据自己学习乡土史志、了解乡土人文、参观乡土古迹的情况，撰写体会性文章。培养学生爱家乡、爱人民的意识，真正以祖国为豪，以家乡为荣。

3. 变应试考试为能力考试

在多数高等师范院校，地方史课程考试主要还停留在应试考试制度的层面，主要表现为期末学生学习完这门课程，教师根据本学期所讲授的课程内容，出一份标准化的A、B 试卷让学生考试。这种考试形式使学生成为背诵机器，只一味不假思索地背诵考试内容，忽略了对问题实质的思考和本身能力的提升，所以考试形式应从应试考试转变为能力考试，使地方史教学真正成为培养大学生人文精神的重要环节，这才是历史学专业改革考试方式的重要思路。也就是说，不管采取何种考试形式，重点应始终放在检查学生运用知识解答问题的能力上。这是其一。其二，当代社会信息技术迅猛发展，知识急剧膨胀，对人才培养提出了更高的要求，即要求未来一代掌握认识新生事物的方法，具备研究、完成各种课题的综合能力，能独立充实自己。因此，以写作的形式代替考试，培养学生的科研能力和创新能力，是一种比其他任何一种考试方式都奏效的考试方法，值得大力推广和运用。在具体的操作上，教师在学生选题的可行性、研究的深度广度上必须给予一定的指导，要给学生一定的时间去独立完成，切忌今天布置任务，后天就上交论文，以防学生敷衍应付。

参考文献

[1] 张宏. 历史教学的问题与出路[J]. 大连大学学报，2005（12）.
[2] 杨天保，张壮强. 由“器”及“道”——历史本科生培养指标的现代解析[J]. 历史教学：高校版，2007（3）.
[3] 北京市社会科学院哲学所. 中外人文精神钩沉[M]. 郑州：河南大学出版社，2005.
[4] [美]巴勒克拉夫. 当代史学主要趋势[M]. 上海：上海译文出版社，1987.
[5] [法]马克·布洛赫. 历史学家的技艺[M]. 上海：上海社会科学院出版社，1992.
[6] 廖国一. 历史教学与田野调查[M]. 南宁：广西人民出版社，2004.

论“士”的精神与大学生人格修养

宋永忠

【摘　要】“士志于道”是“士”精神内核的高度概括。“士”有着鲜明的人格特征，如好学乐道、律己修身的“内圣”诉求，天下己任、民胞物与的“外王”理想，杀身成仁、浩然正气的主体意识，以及用行舍藏、中庸乐和的处世态度等。大学教育应当自觉继承先贤的优秀思想文化，并将其转化为大学生的内在素养，这将既有助于青年成人成才，又有助于民族文化的传承与创新发展。

【关键词】“士”的精神　成人教育　人格修养

“士”乃中华文化道统的承载者和护卫者，类似于今之知识分子。故当代大学生理应继承“士”的精神，并光大之。然而，面对市场化、物质化、功利化等因素的冲击，往昔知识分子的家国情怀、浩然正气、中庸乐和等性格，如今正逐渐被享乐主义、急功近利、快餐文化等思想侵蚀。一些大学生在市场与物欲的双重挤压下，离“士”的精神渐行渐远。尤其近年来部分大学生人格扭曲、心理病态，导致自杀率、犯罪率日渐攀升。因此，充分发掘传统历史文化资源，推行“人文化成”，将有利于大学生人格修养的提升及知识分子道统的重建。鉴此，下文将以“士”的精神与大学生人格修养为中心展开论述，以期对大学人才培养和教育文化创新发展有所裨益。

一、“士”的精神内核与品格特征

“士志于道”是孔子对“士”的精神内核的高度概括。“道”者“仁”也，其根本为“内圣外王”，即在于收拾人心、化民成俗，寻求根本解决社会、政治、人生等问题的途径，以实现社会人间。即如余英时所说“中国古代知识分子所持的‘道’是人间的性格，他们所面临的问题是政治社会秩序的重建。”[1]士在“学道、弘道、卫道”的过程中，多表现出学道修身，弘道担当，卫道正气，以及处世中庸乐和等品格特征。

(一)“内圣”诉求：好学乐道、律己修身

“士”被列为四民之首，既是一种社会身份的象征，又是文化道统的承载者。求学不仅是获取“士”身份的前提，也是实现“内圣”的内在要求。《论语》以“学而时习之”[2]开篇，开宗明义地表明，以孔子为代表的儒家首肯学习的重要性。孔子以身垂范，年十五志于学，五十学易，始终“敏而好学，不耻下问”[3]，于是有十室之邑“不如丘之好学”[4]。

孔子指出士之为学，须“食无求饱，居无求安，敏于事而慎于言，就有道而正焉，可谓好学也已”[5]，且须“知之者不如好之者，好之者不如乐之者”[6]。孟子继之对“士”提出了养心、践行、立命等修身之法[7]。孟子指出士“养心莫善于寡欲”[8]，进而强调以践行实现身心兼修，即“君子所性，仁义礼智根于心，其生色也睟然，见于面，盎于背，施于四体，四体不言而喻”。[9]《荀子》首篇《劝学》则告诫学人：“学不可以已”，主张君子修身之学，指出“君子之学也，入乎耳，着乎心，布乎四体，形乎动静。端而言，蝡而动，一可以为法则”。[10]至宋代程朱理学，仍秉承和践行“内省修身”，如朱熹提出“存天理，去人欲”[11]，及“博学之、审问之、慎思之、明辨之，笃行之”[12]等修行之法。综上而知，从孔子到朱熹，先儒的修身理论与实践一脉相承，对后世影响深远。

（二）“外王”理想：天下己任，民胞物与

孔子一生志于“仁”道，希望重构“礼乐征伐自天子出”的有道天下。当“樊迟问仁。子曰：‘爱人’。”[13]又子路问“愿闻子之志”，孔子答曰：“老者安之，朋友信之，少者怀之。”[14]《论语》中孔子与弟子的对话，反映出“道为己任”的社会关怀。这种价值观被其弟子广为接受，逐渐成了儒士精神上的自我定位。[15]孟子继承并发挥了孔子的仁爱思想，且实现了从“人”到“物”的突破。他要求士应当“于物也，爱之而弗仁；于民也，仁之而弗亲；亲亲而仁民，仁民而爱物”[16]。至宋代张载则进一步明确地提出“民胞物与”命题：“民，吾同胞；物，吾与也。”[17]又指出：“性者万物之一源，非有我得之私也。为大人能尽其道，是故立必俱立，知必周知，爱必兼爱，成不独成”。[18]张载不仅继承了孔孟“天下己任”“道济天下”的思想，而且更为全面地提出士的使命是“为天地立心，为生民立命，为往圣继绝学，为万世开太平”[19]，意即为社会重建精神价值体系，帮助民众选择正确的人生方向和确立正确的生命意义，为继承前圣已绝学统，为万世开拓太平基业。对此，晚清名臣及理学家曾国藩亦指出：“君子之立志也，有民胞物与之量，有内圣外王之业，而后不忝于父母之生，不愧为天地之完人。”[20]可见，构建人与人、人与社会及人与自然之间的有序世界，是士人“外王”理想的最高境界。

（三）主体意识：杀身成仁，浩然正气

“士”的主体意识，指的是士阶层在面对政统缺失、文化式微、道德衰败的社会秩序时，为维系文化道统所表现出的自觉、独立、担当及不畏强权的品格。如面对“天下无道”的社会现实和困境，孔子充分发扬知识分子的文化自觉，以“明知不可为而为之”的精神，重拾失落的传统，提出“仁道”的价值观，开创了儒家文化之先河。“士不可以不弘毅，任重而道远”[21]，是他对士的主体意识表达，即超越个体私利、荣辱和生命的担当。因为士以道立命，以道为依归，以天下生民福祉为关怀。所以，孔子说：“志士仁人，无求生以害仁，有杀身以成仁。”[22]孟子则言士当有“富贵不能淫，贫贱不能移，威武不能屈”[23]的大丈夫人格，当有“天下无道，以身殉道”[24]的献身精神，当有“欲平治天下，当今之世，舍我其谁”[25]的浩然正气。究其实质，孔孟之道，在于建立和维护一种文化道统与政统间平衡的秩序。当然，其实现的途径大体可以有两种，一种是在朝充当帝师、谋士，以“致

君尧舜”为己任，希望用道统来规范和影响帝王；而另一种是在野著书立说、讲学布道，通过诉诸文教、舆论来规范社会。正如杜维明所说：“尽管儒家在战国时期（前 403—前 221）从未跻身少数统治者的决策群体，但是，他们确实成了有力控制文化系统的令人瞩目的社会力量。”[26]其实，无论在朝出仕，或在野修行讲学，士追求的都是“大行其道”。如果遇到政道与道统发生矛盾或冲突时，则表现出“道不同不与为谋”的独立性主体特征，或士人舍生取义、死而后已的壮举；或如陶潜归依山林，“采菊东篱下，悠然见南山”；或如朱熹隐退，矢志为仁，潜心弘扬尧舜之道、孔孟之学，独善其身，以保名节。

（四）穷达主义：用行舍藏，中庸之道

穷达主义，指的是儒士在面对“穷”“达”两种境遇时，采取的两种对立统一的处世态度。孔子言：“天下有道则见，无道则隐”[27]，“用之则行，舍之则藏[28]。”孟子对孔子的“见隐”“行藏”取向进行了进一步阐释。孟子主张：“士穷不失义，达不离道。穷不失义，故士得己焉；达不离道，故民不失望焉。古之人，得志，泽加于民；不得志，修身见于世。穷则独善其身，达则兼济天下。”[29]然而，纵使有“学而优则仕”的通途，也并非人人皆能如愿以偿、一展抱负。因此，“穷则独善其身”实是士人在现实与理想之间的自我调适，或为入世之前的坚忍蛰伏，以实现“内圣外王”的有机统一。同时，这也正是士人处世的“中庸之道”。“中”指切中、合宜仁礼之意。“敬而不中礼，谓之野；恭而不中礼，谓之给；勇而不中礼，谓之逆”“夫礼所制中也”[30]，强调的正是恰到好处，合乎礼制之意。显然，儒士“中庸”追求的是“不勉而中，不思而得，从容中道”[31]及“从心所欲不逾矩”的境界。孔子曾言：“知者不惑，仁者不忧，勇者不惧。”[32]这充分表现出古之士人处世之坦然与从容。而“临渊羡鱼，不如退而结网”，则准确地表露了士人面对失意与挫折时的坚韧和积极乐观的入世态度。综上所述，“穷达”主义，实质蕴含了士人出世与入世对立统一的修身处世哲学，即暂时的“出世”是为了更好地“入世”，积极“入世”而不得时，则反求诸已，回归到“独善其身”的修行状态。

二、“士”的精神在大学生人格修养中的转换

近代以来，在救亡图存的历史进程中，国人多背负着民族文化自卑的重压。尤其是新文化运动以来，中国传统文化遭遇了全面批判，民族文化传承一度中止，甚至陷入断裂、断层的困局。而今，在西方实用主义、工具理性的支配下，大学教育多专注于培养职业型、技术型人才，而事关“成人”的人文教育却始终乏力。尽管德育教育呼声日久，但思想政治教育收效实未尽如人意。反而，在西方文化和市场经济的强烈冲击下，一些大学生日渐深陷于物质化、工具化、快餐化的困境，与孔子所言的“君子不器”[33]背道而驰。于是有学者批评其为“半人”教育[34]，而“钱学森世纪之问”更是呼吁“以人为本”的教育旨归，要求解放学术的个性、想象力和创造力，培养其成为人格独立、追求高尚的“人”；而非通过机械灌输、束缚和压制，造就“技术工匠”。因此，在国力日盛的背景下，我们当以更为自信的姿态，自觉继承先贤创造的优秀思想文化，批判吸收“士”的精神，将其转换成当

代大学生的内在素养。这将既有助于青年成人成才，又有助于民族文化的传承与创新发展。

（一）从“内圣诉求”到大学生好学、自律能力的转换

“士”的理想人生设计为“格物、致知、修身、治国、平天下”，即通过自我完善，实现王道政治理想。即俗话所说：“习得文武艺，卖与帝王家。”而如今国家政体已焕然一新，为学自然不独以“政治权力、政治责任”为单一主线。但先贤好学乐道、律己修身的精神，却尤为值得青年学子效仿。大学生应自觉突破专业局限，树立学无常师的求学理念，将自己培养成“人”：既有技术，又有文化；既有学问，又有思想；既富有专业素养，又饱含人文精神。当然，冰冻三尺，非一日之功。所以，首先，大学生必须培养自主学习、创新学习、终身学习的意识和能力，即不仅要有“学如不及，犹恐失之”[35]的危机感和“好之者不如乐之者”的积极态度，而且要有“学不可以已”[36]的恒心与毅力。其次，必须加强培养自我管理、自我约束的能力。在实用主义、功利主义横行的背景下，大学生应当抱着从容、淡定的心态予以面对，学会拒绝外界的各种诱惑，培育“谋道不谋食”“忧道不忧贫”[37]的君子淡泊心境。对此，著名作家王安忆曾嘱咐复旦学子：“不要尽想着有用”“不要过于追求效率”“不要急于加入竞争”，而是要有“足够的自信与主流体系保持理性的距离，在相对的孤立中完善自己。”[38]无独有偶，陈平原教授亦号召北大学子：“多读‘无用’之书，警惕与远离主流价值观，养成独立的趣味和广博的审美。”[39]从两位学者的言论中，更可体味大学生应远离名利场，自觉地培养好学、会学、乐学的品质，将自己塑造成一个有文化、善交流、重精神的读书人，做一个“博学而笃志，切问而近思，仁在其中矣”[40]的智者。

（二）从“外王理想”到大学生责任心和公益心的转换

“天下兴亡，匹夫有责”，实是一个关系人类文明发展的永恒话题，作为新时代的大学生，必须果敢接棒。回观孔孟倡行“道为己任”的王道理想，虽然是基于对君主政体政治责任、权力的认同和依附，但孔孟力行“仁治”的理想政治模式，仍可为当今借鉴。而传统士人“平天下”的政治责任和理想，则可转化为大学生对社会责任和公众利益的认同与担当。换言之，当代大学生价值取向的培养，应当以人类社会普遍利益为基准，其中蕴涵对人类整体的忠诚。所以，传统士人的“外王理想”和担当意识，须转换成大学生高尚的志向和高度的社会责任感。如培养对文化的敏感、对政治的关怀、对于忧患的反思、对于社会的担当等。尤其当人们感叹，如今社会道德沦丧、人心败坏时，大学生尤当胸抱“家事、国事、天下事，事事关心”的家国情怀；高扬孔孟“仁义、博爱”思想，培育“道为己任”的社会“公益心”；继承“老吾老以及人之老，幼吾幼以及人之幼”[41]的大同理想。孔子曰：“君子欲于义，小人欲于利。”大学教育自当培养有社会担当、有奉献精神的“大人”，而非培养只关注个人蝇头私利的“小人”。因此，文史哲一类的课程教学，大可以通过指导学生研读经典，培养大学生“天下己任”“民胞物与”的社会关怀，培养传承优秀传统文化的自觉意识，使其勇于担当社会责任，积极投身社会公益，为构建“美美与共，天下大同”[42]的理想社会奉献一己之力。

（三）从“主体意识”到大学生独立人格和自主精神的转换

教育的根本在于以“成人”为目的，培养大学生“独立之人格，自由之精神”。所以，将士的“主体意识”精神转化为青年的独立人格与自主精神，是当今高等教育的重要内容之一。青年学子从中学步入高等学府，正处于成人的关键时期。一些学子多因缺乏独立人格和自主精神，而走进学习及生活的误区。如一些大学生的消费观不健康，存在冲动性、外控性、盲目性等特征[43]，这使他们易陷入从众消费、人情消费、攀比消费等误区[44]。同样，在现行学分制教育体制下，一些学生并无具体的自我规划设计，而是充满随意性、盲目性，存在为修学分而修学分的消极态度。

诸如此类现象，一方面是因为物质主义、享乐主义等幽灵在作怪，另一方面是因为青年学子缺乏独立的人格和自主的精神。诚然，培养大学生独立的人格及自主的精神已迫在眉睫。其中的一个重要途径，就是从传统士人自觉卫道的“主体意识”中吸取营养。自古以来，“中国的脊梁”代不乏人，或为民请命，或舍生取义，留下诸如“人生自古谁无死，留取丹心照汗青”和“我自横刀向天笑，去留肝胆两昆仑”的惊世壮举。通过对历史上具有高尚人格、不畏权势、注重名节等品质的仁人志士的学习，将其精神内化为当代大学生的独立人格和自主精神。在此过程中，首先，大学生必须不断地寻找自我、认识自我、规划自我、超越自我。其次，必须根据自己的个性需求，培育独立阅读的兴趣、独立思考的能力、独立看世界的眼光，只有这样才能真正成为德才兼备的时代骄子。

（四）从穷达主义到大学生社会适应与抗压能力的转换

穷达主义是古之士人处世的自我调适方法，掌握它能自如地游刃于得失、成败之间。对士“穷达”精神的继承，将有助于增强大学生社会适应、抗压能力。近年来的研究表明，大学生的社会适应能力不容乐观[45]。由于大学生适应、抗压能力偏弱，从而导致其出现人格扭曲、认知偏差、角色失调等，进而造成失足、自杀、犯罪等不良后果。虽已有学者指出“人格因素是影响大学生社会适应的主要因素”[46]，但可惜这仅限于生理和性格方面的分析。其实，究其根本在于学校“成人”教育的偏差[47]，过于偏重知识、技能的传授，忽略了人格之培养，品性之陶冶。正如钱穆所说：“今日大学教育之智识传授，则只望人为专家，而不望人为通人。”[48]亦有学者指出：教育的本质乃是心灵的解放和个性的重塑，即“使人真正认识自己，从而更好地塑造自己，使自己的生活更有意义和价值”。[49]所以，要解决当前大学生适应、抗压力普遍偏弱的问题，必须“道器结合”“软硬兼修”，既要注重专业能力的培养，更需加强人文精神的熏陶。因为“硬件”随时都在更新换代，而唯有“软件”则具有不可替代性和永久性特质。青年学子在成长的道路上，需要有“千磨万击还坚韧”的意志去应对挫折与失败，需要以“宠辱不惊、去留无意”的淡然心态看待得失。而这种人文素养的形成需要教师引导，从往圣先贤的思想和经典中吸取营养，如孟子“穷则独善其身，达则兼济天下”的积极入世、处世的生活态度；如孔子不得志而“不怨天、不尤人”，“一以贯之”的气度和坚毅的品格；如范仲淹“不以物喜，不以己悲”的豁达乐观，等等。文化的力量是无形的，也是无穷的。如将传统士人穷达主义的态度，转化为大学生内在的素养，就等于为其安上了一双“隐形的翅膀”，也正如歌曲所唱“每一次都在徘徊孤单中坚强”。

三、结　语

“橘生淮南则为橘，生于淮北则为枳，叶徒相似，其实味不同。所以然者何？水土异也。”[50]所以，在实用主义、工具理性的指挥棒下，培养出的学生充其量是“匠气专家”，即马克斯·韦伯所形容的“没有了灵魂的专家”。蔡元培曾强调教育是健全人格的事业，其工作的重心在于育人而非制器。针对当前大学教育现状，要求教育回归“生命个体”的呼声越发高涨，建立科学合理的培养机制及培育宽松的制度环境已势在必行。而欲培养大学生完美的人格，首先必须培育其文化自觉，帮助其树立文化自信。祖辈们给我们留下了许多丰富、宝贵的文化遗产，这些需要在伟大时代予以新的继承，并将之发扬光大。其次，确立“先成人、后成才”的思想定位，加强对大学生人文素养的熏陶，充分挖掘优秀传统文化资源，将古代士人那种好学乐道、律己修身的自觉精神，天下己任、民胞物与的仁爱情怀，杀身成仁、浩然正气的文化担当，用行舍藏、中庸乐和的处世态度等，转化为当代大学生的内在品质。在新时期的经济文化建设中，大学生是主力军，任重而道远，更应该自觉担负起民族、国家复兴发展的重托，为中华民族的伟大复兴贡献自己的拳拳赤诚之心。

参考文献

[1] 余英时. 士与中国文化[M]. 上海：上海人民出版社，1987：119.

[2][5] 论语. 学而[O].

[3][4][14] 论语. 公治长[O].

[6] 论语. 雍也[O].

[7] 周元侠. 论孟子士的精神[D]. 济南：山东大学，2006：29.

[8] 孟子. 尽心下[O].

[9] [16] [24] [29] 孟子. 尽心上[O].

[10][36] 荀子. 劝学篇[O].

[11] 朱子语类. 训门人五[O].

[12][31] 礼记. 中庸[O].

[13] 论语. 颜渊[O].

[15][26] [美]杜维明. 道·学·政：论儒家知识分子[M]. 钱文忠，等，译. 上海：上海人民出版社，2000.

[17] 张子全书. 西铭[O].

[18] 张子全书. 正蒙一[O].

[19] 张子全书. 性理拾遗[O].

[20] 曾国藩. 曾国藩全集·家书[M]. 长沙：岳麓书社，1994：39.

[21][27][35] 论语. 泰伯[O].

[22] [37] 论语. 卫灵公[O].

[23] 孟子. 滕文公下[O].

[25] 孟子. 公孙丑下[O].
[28] 论语. 述而[O].
[30] 礼记. 仲尼燕居[O].
[32] 论语. 子罕[O].
[33] 论语. 为政[O].
[34] 杨天保. 竞赛也是激情药：竞技时代下的教育失范[N]. 玉林师范学院校报，2008-10-18，(4).
[38] 王安忆. 教育的意义：在2012年复旦大学研究生院毕业典礼上的发言[N]，东方早报，2012-8-5.
[39] 吴永熹. 多读“无用”之书——与陈平原教授对话[N]，新京报，2012-8-17.
[40] 论语. 子张[O].
[41] 孟子. 梁惠王上[O].
[42] 费孝通. 缺席的对话——人的研究在中国——个人的经历[J]. 读书，1990(12).
[43] 王宝状，等. 当代大学生消费心理现状及其消费观教育[J]. 中国高教研究，2007(6).
[44] 李志红. 试论大学生消费文化与高校德育[J]. 中国青年政治学院学报，2007(1).
[45] 江巧瑜，等. 福州市大学生社会适应状况分析[J]. 中国学校卫生，2009(8).
[46] 肖玮，等. 西安地区部分大学生社会适应的影响因素[J]. 第四军医大学学报，2006(4).
[47] 肖起清.《论语》精神与大学生人格修养[J]. 现代大学教育，2006(5).
[48] 钱穆. 文化与教育[M]. 桂林：广西师范大学出版社，2004：46.
[49] 王洪才. 心灵的解放与重塑：个性哲学的终身教育论[M]. 北京：教育科学出版社，2011.
[50] 晏子春秋. 杂下第六[O].

△ 注：本文原载于《玉林师范学院学报》2013年第1期，略有改动。

历史教学的技能培养

努力开辟提高高师学生动手能力的新渠道

石维有　赵燕兵

【摘　要】提高高师（高等师范学校的简称，下同）学生的动手能力是教育改革的一个重要目标，如何实现这个目标，教育改革者曾提出过种种方案。本文在综述前人的研究成果的同时，根据现代教育思想、教育观念也提出了一些新的看法。

【关键词】高师学生　动手能力　教育实习　现代教育　教育改革

一、提出问题的依据

按照辩证法和系统论的原则，教育小系统包含在社会大系统中。教育系统和社会系统的互动作用，形成良性循环。持续变革的社会现实要求教育随之应变，同时，也对教师的能力提出更高的要求，有人甚至提出要建立“教师能力学”学科。教育对社会的适应不是一蹴而就的，也不是一成不变的，而是一种动态的适应，社会发展不断则教育改革不断。

当前，从高师学生动手能力的现状来看，不尽如人意。高师教育虽然顺应改革大潮的需要，不断地进行调整和改革，但是不断发展的形势对中学教师提出更高的要求，也使高师教育暴露了自身突出的时代缺陷，从近年实习生和毕业生的工作看，表现在动手能力上，主要存在以下三个方面问题：第一，实践性不够，学生不能有效地迅速地把中学教育的理论灵活运用于实际工作中；第二，中学教育过于专业化，使学生封闭在象牙塔中，难以跨界渗透到其他专业去，知识结构和能力结构不完善，不能很好地把科学技术与生产劳动密切结合；第三，因材施教的原则未能贯彻到教育工作中，学生个性得不到长足发展，学习兴趣受到影响，能力结构中欠缺部分不能及时得到弥补。

从现代教育的理论水平和改革实践来看，当前学生动手能力尚需跳跃性的提高。社会对教育的反作用要求教育要“面向现代化，面向世界，面向未来”，要走素质教育的道路，使学生“学会生存，学会学习，学会创造”，成为综合型、应用型的人才。考察素质有三个层次：自然素质、智力素质和行为素质。传统教育往往偏重自然素质和智力素质的培养，而轻视了最高层次——行为素质的培养，导致学生的动手能力大打折扣。教育改革和发展不断深入，为提高学生的动手能力奠定了坚实的基础。

从中学教育的需要来看，提高学生的动手能力具有深远的意义。如果说我国要实施科教兴国的战略，要把人口压力变成人口资源的话，仅仅靠“普九”还是不够的，必须普及十二年的义务教育，而且这种教育不能照搬传统的应试教育模式，而是应该全面发展素质教育。中学教育的改革，首先要求中学教育的操作者先行改善自身的智能结构，提高动手实践能力。只有这样，才能激发学生学习的兴趣，引导学生掌握科学文化知识和优良的学习方法。其实，我国现阶段的教育水平距离普及高中教育还差很远，但现在是向这个教育目标进发的时候了。

科技发展和市场经济的冲击使学生面临巨大的压力。科学技术的急剧发展，推动着我国经济体制转轨和经济增长方式转型，也使社会竞争更加激烈。为适应经济改革的需要，我国教育也走向市场，开放办学，不包分配，学生自谋职业，高师的学生不得不面临各种就业挑战。因此，高师学生只有激流勇进，转换成与时代精神相通的教育观念、学生观念和教育活动观念，把传统型的“学科知识+教育学知识”的知识结构转换为多层次的复合型智能结构，提高自己的动手能力，才能适应市场经济的社会需求。

二、提高动手能力的内容和原则

学生的动手能力，不能理解为简单的操作能力，而是指学生个体的知识和智能在高层次综合运用中所表现出来的能动作用，即平时所说的实践能力或应用能力。高师学生的动手能力的内容可划分为中学教学能力、中学生思想教育能力、教育语言表达能力和中学教育研究能力四个方面。这四个方面的划分，有利于我们明确教学和训练的主要任务。

在提高学生动手能力的训练中，如果缺乏理论的指导，或者对新的理论理解不透，容易走向保守或者激进的极端。针对当前高师学生的总体现状，结合新的教育观念和教育理论，我认为提高学生动手能力的训练工作应该坚持以下几个原则：

（一）理论与实践相结合

当前的高师教育仍然存在很多不足之处，诸如脱离实践、脱离社会、脱离生活、重理论轻实践等。这不能不令我们重新反省我们对这个原则的认识。所谓轻实践，主要表现在我们在对学生动手能力的培养和提高的工作上，雷声大雨点小，工作不到位，只抓数量不抓质量。所以，要提高高师学生的动手能力，首要的工作是把这个原则真正贯彻到各项工作中去，从课内到课外，从校内到校外，从训练到实习。

（二）综合训练与单项训练相结合

单项训练又称“微格训练”，是对技术要领的分解式的训练，讲求一招一式的变化。单项训练细致入微，要求训练者脚踏实地，其效益显著，是其他领域训练基本功的主要方式，但它在高师教育中长期却未得以发挥应有的作用。综合训练是指训练多种技能的组合运用，讲求相对稳定的套路，比如在讲解中提问，接着反馈和强化。综合训练达到一定的程度，则熟能生巧，由套路变散打，由有招变无招，各种能力也能得到出神入化的发挥。在实践中，一些教师急功近利，学生尚未经过一丝不苟的单项训练，就开始了综合训练，这就是实习生在教育实习中经常出现操作变形不协调的主要原因。因此，在综合训练之前的单项训练显得特别迫切。

（三）集体统一训练与个体自觉训练相结合

个体自觉训练对于提高动手能力的目标来说，是关键的一环，它是学生内化训练的内容、由认识转化为能力的过程。这方面在以往做得不够，主要原因是学生的观念还未改变，没有真正意识到自己是学习的主体，因而在训练中应付式地被动地完成任务。集体统一训练的主要任务是引导学生形成正确和规范的思想和行为。学生要想提高动手能力，应该通过个体的自觉训练对知识和能力进行内化和强化，再通过集体的统一训练掌握要领，发现和纠正偏差。

（四）实地训练与模拟训练相结合

模拟训练已在某种程度上得到应用，学生小组模拟小课堂是最常见的一种，但这还仅仅停留在外在形式上，没有深入地进行内在模拟。模拟训练不但是一种假想的教学情景，而且是一种模仿，如模仿优秀教师的语言、语气、表情、动作、板书、教育过程的片断、强化的方式或调动学生学习积极性的方法。模仿训练所能发挥的功效是巨大的，它在心理学上的理论依据是“迁移”，其道理如同学书法时所说的“入帖”和“出帖”，“入帖”就是模仿，模仿到形神兼备就可以按自己的习惯或思维方式创造自己的风格和特色，这就是“出帖”了。实地训练就是平时所说的实习，在当前的实习中，大部分实习生的作品都是“独成一家”的。但由于没有“入帖”就“出帖”，因此显得格外的粗糙，给人以根基不牢和动手能力差的感觉。

（五）现代教育思想与传统教育思想相结合

现代是对传统的继承与完善，传统是现代的前身，它在过去的存在自有它的合理性。传统教育即“应试教育”，现代教育即“素质教育”，二者在教育观念、教育模式、教育内容、教育方法和教育媒体等各方面都存在极大的差别。但是，值得注意的是当我们推行现代教育时，不能完全否认传统教育，抛弃传统教育的一切。法国教育改革就吃了这个亏，哈比为减轻学生的负担，激发学生学习兴趣，完全使用现代化教学设备，他认为讲授法是僵化的、死板的，要求学生做笔记是可耻的，结果使法国教育全面滑坡。客观来说，传统教育重在对知识的记忆，现代教育重在知识的记忆及应用，传统和现代之间必然存在继承性、连续性和不可分割性。没有知识的记忆就谈不上知识的应用，因此，在实践中我们应本着“取其精华，去其糟粕”的原则，结合实际，灵活处理。比如讲授法是传统教学法，而启发式讲授法就属于现代教育方法。

（六）总体目标和层次目标相结合

不管是哪一种教育，都需要制定教育的总体目标。提高学生的动手能力，作为一个总体目标来说，是明确的，但作为实现目标的过程来说，却有待进一步明确。传统的做法，一般到学生教育实习将至时才开始重视对学生动手能力的训练。这种做法对于培养21世纪的人才来说是远远不够的。因此“全程教育实习”的概念产生了。它把从学生踏进校门到走出校门的整段时间都看成是实习期间，每一学期都有明确的实习任务；把提高学生的动手能力列为长期的训练工作，即总体目标，又把总体目标分成几个层次目标，有计划、有组织地分散到各学期完成，这样既能明确总体目标的实现过程，又能确保总体目标的实现。

三、努力开辟提高学生动手能力的新渠道

如果把提高学生的动手能力看作一个系统的话，那么，该系统的各因素就是教师、学生、动手能力的内容、提高动手能力的媒体和环境，以及它们之间的相互关系。要想开辟新渠道，就得在这个系统、这些因素及其相互关系上有所突破，加进新的内容或者采用新的方法，既可以旧瓶装新酒，也可以旧酒配新瓶，还可以新瓶配新酒。因而，开辟新渠道既可以对某些过去做得不够的地方加以强化，也可以使过去某些做法系统化，关键是应该利用先进的科研成果和创造发明，在这些因素上引进新的观点和方法。综合起来，主要有以下几点：

（一）领导重视，真抓实干，使训练制度化、规范化和长期化

提高学生动手能力需要各部门、教师和学生的相互配合。只有训练制度化、规范化和长期化，才能唤起有关人员的责任心和积极性，使他们统一思想，统一行动，按部就班，各司其职。例如制定提高学生动手能力的总体规划和总体目标，结合课程设置和学校教学安排，把总体目标分散到各学期，并渗透到学期工作计划里，有计划有组织地实施。

（二）确立指导教师具体完成任务的方针，使训练有条不紊

很可能每个学期的指导教师都不是同一个人，但由于列入了工作计划，因而人员明确，任务明确，完成任务的步骤方法也明确。指导教师应该狠抓微格训练，使学生练就扎实的基本功；狠抓个体的自觉训练，使学生内化智能；狠抓模拟教育，使学生奠定创造的基础。“大处着眼，小处着手”是指导教师完成任务的方针。

（三）学生要树立现代教育观念，勇于探索，大胆实践

首先，高师学生不但要学到知识，还要提高运用知识的能力，即提高动手能力。在训练中，要注意各种学科的综合运用，把学科教育教学方法同“教育学”和“心理学”等其他学科结合起来，灵活运用。其次，高师学生不但要提高能力，还要学会做人，即要提升自我修养。在未来的社会，要想自在地生活，必须学会把个人融入到社会的大集体中，教师由于专业的特殊性，对这种能力要求更高。再次，高师学生不但要认识到自己是学习的主体、还要充分发挥主体的能动性、积极性和创造性。现代社会是信息社会，是知识爆炸的社会，不认识到自己的主体性就不能主动地学习和训练，不发挥主体的能动性、积极性和创造性，就不能培养较强的自学能力，无法适应未来多变的社会。

（四）建立规范的见习和实习基地，建设校园文化，营造良好的训练气氛，充分发挥现有教学设备的作用，逐步完善教学设备

现有的教学设备不能得到充分利用，是对资源和学生训练机会的浪费。例如，当前各院系的计算机房大都未能及时引进相应的软件，尤其是各学科的 CAI 辅助教学软件。建立规范的见习和实习基地，让学生接触和了解中学教育的实际情况，训练学生对某些重大问题设计解决方案的能力。同时，校园文化具有学艺、练艺、学做人、练胆的作用，对提高学生动手能力大有裨益，应该大力建设校园文化，如开设讲座，办培训班，组织演讲比赛、模仿比赛和班主任方案设计比赛等。

（五）丰富训练内容

训练内容可分为单项内容、综合内容和整课内容。单项内容就是把动手能力的结构和内容分列出来的最小单位，例如把教育语言表达能力分成讲解能力、提问能力、演讲能力和交谈能力等，这样有利于逐项过关和强化训练。综合内容就是把若干个单项内容随意组合，这样进行训练有利于培养学生的应变能力，使之能灵活处理各种问题和综合运用各种方法。整课训练就是练习上完整的课，这样训练有利于学生熟悉课堂教学模式和提高对时间的统筹能力，也有助于检验学生对各项内容的掌握程度，以便及时肯定和指正。

（六）丰富训练主体的组织形式

训练主体可分成单人、小组和全体三种。单人自觉分散的训练形式最灵活，能完全体现学生的主体作用，效果的好坏程度主要取决于学生的自觉程度。分组模拟讨论训练，需有一定的教育对象和课堂气氛，这样有利于共同探讨教育过程的得失、成败，及时指出优点和缺点，互相学习，取长补短。公开的集体训练，主要指全体参与的、具有统一要求的训练，例如课堂教学和训练、某种技能的竞赛、全班轮流进行的读早报活动等。

（七）比较观摩

比较观摩指观摩两个以上具有比较意义的内容，或可将其作横向比较，如教授同一教学内容的不同教师，或可作纵向比较，如同一教师教授和学习同一教学内容的不同班级。比较的目的是要找出差异，分清优劣，探索规律。通过比较，揣摩别人的处理方法及其得失，并总结记录下来，形成自己的经验。在观摩中，实地观摩属于亲身经历、亲眼所见、亲耳所闻，因而能留下更深刻的印象；而录像观摩，则可以把其中的动作、片断等反复播放或者进行分解，便于分析和模拟练习。有条件的同学可以把自己的练习拍摄下来，自我观摩分析，找出差距，及时纠正，这样进步更快。

（八）邀请优秀教师交流经验

通过阅读报纸、杂志学习优秀教师的经验是增长见识和提高能力的好办法，但邀请其本人现身说法效果更佳。最好能得到优秀教师系列作品，如著作、座谈讲话内容、班主任

经验介绍、课堂教育教学录像等，这样就能承袭优秀的作风、方法、风格，对学生起到潜移默化的作用。

（九）学以致用，积极参加社会实践，把教育与生产结合起来

理论与实践相脱节，则理论与实践双方都走进死胡同；理论与实践结合在一起，则双方都相得益彰，互相促进。高师学生参与对现实问题的探源、分析和预测，不但能增强教育的现实指导意义，进一步激发学生学习的兴趣，而且是提高学生综合动手能力卓有成效的新渠道。例如，高师历史专业的学生可以从历史的角度探讨我国洪灾日益频繁的规律及其原因，或者通过对某一村庄近 60 年宗法关系的考查，总结宗法与政治和经济之间的关系，并预测中国宗法关系的未来；高师生化专业的学生可以直接参与农业生产指导活动。

参考文献

[1] 宁裕先，等．历史教育方法论[M]．桂林：广西师范大学出版社，1992.

[2] 郑庆昇．教学工作技能训练[M]．上海：华东师范大学出版社，1997.

[3] 李克东．教师职业技能训练教程[M]．北京：北京师范大学出版社，1994.

[4] 郑其恭，李冠乾．教师的能力结构[M]．广州：广东教育出版社，1993.

△ 本文原载于《玉林师专学报（哲学社会科学）》1999 年第 4 期。

师范生说课技能训练有效策略探讨

——以玉林师范学院历史学专业为例

陈耀华

【摘　要】说课是高师师范生教师技能训练的重要环节。由于高师教育与基础教育存在脱节现象，加上指导教师和师范生缺乏中学教学实践经验，师范生说课技能训练的效果不尽如人意，存在许多亟待改进的地方。使教学理论与教学实践相结合，构建说课技能训练的有效模式，建立完善的说课评价机制是提高师范生说课技能，培养师范生综合素质，增强其就业竞争力的有效策略。

【关键词】师范生　说课　专业技能　有效策略

所谓“说课”，一般是指说课者面对同行或教研人员，以科学的教育理论为指导，将自己对课程标准及教材的理解和把握、课堂程序的设计、学习方式的选择和实践等一系列教学元素及其理论依据进行阐述和确立的一种教学研究活动。[1]通俗地说，说课就是要讲清楚“教什么”“怎么教”“为什么这样教”等问题。

一、玉林师范学院历史学专业师范生说课存在的主要问题

近年来，玉林师范学院对教师技能的训练越来越重视，相应的制度也日益完善。经过强化训练，师范生的教师技能总体上迈上了一个新的台阶，为提高师范生的就业竞争力奠定了坚实的基础。但是，在教师技能的训练和比赛中，也暴露出了一些问题，需要在以后的工作中加以改进。下面以玉林师范学院历史学专业师范生的说课技能为考察点，在分析其存在问题的基础上，探讨师范生技能训练的有效策略和途径，力求为提高历史专业师范生说课技能提供某些借鉴方法。

1. 部分师生对说课技能训练的认识有偏差

当前，在许多的课程设置中普遍存在专业课程与教师教育课程相脱节的通病，如玉林师范学院的历史学专业的本科学生只有到大三才学习类似于“中学历史课程与教学论”“中学历史教材分析”等教师教育课程，此后，他们才有机会系统地进行包括说课、写教案、评课、上课等在内的专业技能训练。大多数专业课教师对于学生说课、评课等技能的教授缺乏热情，在专业课程教学中很少给予关注与辅导，他们认为那是教学法老师的事，与自己无关。

另外，师范生对教师技能训练的态度和认识也不尽相同。对于学习过中学历史教学法的大三、大四的学生而言，他们对说课都有一定的了解，知道说课的基本方法与程序，也知道说课对提高师范生综合素质有着重要作用，认识到强化说课技能训练的重要性。但对于大一、大二的学生而言，大部分学生对说课知之甚少，并且也不重视，认为说课是大三、大四师兄师姐们的事，实习和就业离他们还远着呢。基于这样的认识，在每次学校、学院组织的说课比赛的选拔中，大多数大一、大二的学生通常缺乏积极性，应付了事，这种做法与学校、二级学院“以赛促练”的目的相违背，也不利于提高低年级学生对教师技能训练的掌握程度。

2. 对课程标准与教学内容的处理不到位

新课改背景下，师范生普遍反映“说课难”，难在不知道该怎么“说”才能达到预期的效果。许多学生经过精心准备写成了说课稿，但对自己所设计的教学方案无法自圆其说。对于“教什么”他们把握得还比较好，但是对于“怎么教”和“为什么这样教”，他们明显感觉到难度较大。究其原因，主要是师范生对新课程标准的理解不到位。

强调“过程与方法”是新课程改革的一大亮点，在理念上是一个重大突破，但也让历史老师感到困惑，更让我们的准教师——师范生难以把握其中的真谛。比如，在设计“贞观之治”这一课的教学目标时，有同学根据以往的教学目标，主要围绕着掌握“唐朝兴起和唐初繁荣”等知识点进行教学设计，但在新课程标准的指导下，这远远不够，我们还需要预设引导学生思考和探究“贞观之治局面形成的原因”，培养学生分析历史问题的能力；通过引导学生对唐太宗和武则天进行简单的评价，培养学生初步运用历史唯物主义观点正确评价历史人物的能力。

3. 对上课一般规范的把握和课程资源的利用做得不够好

首先，导入新课的方式上存在误区。有些师范生在导入新课时，总觉得传统的“复习旧课，导入新课”缺乏新意，因此，为了追求新颖，吸引眼球，在导入新课时，花样翻新，五花八门。比如，有师范生在“匈奴的兴起及与汉朝的和战”（人教版七年级《中国历史》）说课中，设计在教学开始先给学生播放电视剧《大汉天子》的主题曲，用时大约 5 分钟，然后提问、启发，让学生回答问题，用时大约 3 分钟。这两个环节一共用时大约 8 分钟，一节课一般 40 分钟，这样的课时分配明显不合理，导入就花了 8 分钟，其他教学环节如何获得时间上的保证？

其次，师范生缺乏中学教学实践，导致在教学方法的使用上出现误区。在历史学专业的说课比赛中，选手们为了增进师生互动、活跃课堂氛围，大胆地设计了各种教学方法。例如，有师范生在七年级历史“辽、宋、西夏、金的并立”的说课中，使用的教学方法之一是情景教学法，教师创设情景，由三位同学分别扮演武侠小说《天龙八部》的三位主人公：萧峰、虚竹、段誉，以他们的口吻来介绍辽、西夏和北宋的历史。这看起来有一定的新意，也加强了师生的互动，但并没有取得预期的教学效果。

再次，使用课件说课有喧宾夺主之嫌。当今，多媒体教学设备的推广和普及，为教师开发与利用影视、图表、文字材料、音乐等历史课程资源打开了方便之门，借助课件说课俨然已成时髦之举。然而，师范生在制作课件时，没有意识到幻灯片设计必须服从教学内容的需要，一味追求动感、新奇和良好的视觉效果，使说课的内容淹没在过分突出的背景图案之中。

二、提高师范生说课技能的有效策略探讨

1. 使教学理论与教学实践相结合的策略

教育部在 2007 年发布的《教育部关于大力推进师范生实习支教工作的意见》中，明确提出“高师院校要因地制宜地组织高年级师范生，到中小学进行不少于一学期的教育实习”。[2]为了贯彻落实教育部的工作意见，提高师范生的教师技能，从 2009 级学生开始，玉林师范学院实行了为期一个学期的教育实习。与此同时，我们还积极执行“国培计划”，派出优秀的高年级师范生到农村中小学进行顶岗实习，真正地深入中学教学一线。另外，邀请优秀的中学历史教师来给师范生上课、开讲座，传授教学技能；与中学历史教师开展教研活动，互相听课、评课，让学生直接接触中学历史教学。通过这些措施，更好地将教学理论与教学实践相结合。

2. 构建说课技能训练的有效模式

师范生在大一、大二时对说课有所了解，但高强度的说课技能训练一般在大三、大四学年全面展开。对师范生来说，课技能训练可以采用下列模式来进行[3]：

第一环节，观摩学习。先让学生进行说课的观摩学习，目的在于提高学生的感性认识。我们先给师范生展示中学教师或高年级学生的说课稿，让他们仔细阅读、讨论，逐步加以消化，然后播放中学教师或高年级学生的说课录像，为学生展示生动形象的教学气氛。通过观摩学习，学生对说课的方法和过程有了进一步的认识，脑海里也会形成说课的概念，便于学生理解和运用之后再模仿，学着自己说课。

第二环节，编写说课稿。学生根据说课的基本程序，自选内容或由教师指定内容，编写出说课稿，教师认真批阅，详细点评，学生修改、完善，为说课训练做好充分的准备。

第三环节，说课程序分步训练。在这一环节中，将学生模仿与教师讲解相结合，通过师生互动的方式让师范生详细了解说课的各个环节和要求，让学生真正理解“教什么”、“怎么教”和“为什么这样教”的内涵要求，使师范生能够比较顺利地分析某一节课的教学目标、重点和难点，明确本节课的内容及其与上下节乃至整个单元教学内容之间的关系，并能根据教学目标，说出所选择的教法与学法，科学合理地利用现有教学条件和媒体，优化教学设计过程。[4]此外，历史专业教师上课时，也要注意加强对师范生教师技能的训练。

第四环节，实战演练。通过大量的学习观摩、分步训练后，师范生对说课的基本内容已大致掌握，但必须经过大量的、系统的实践训练才能提升自己的能力。在这一环节中，可以把全班学生分成若干小组，各小组选出一名组长，负责安排时间、地点，召集本组成员训练，并做好评议记录。利用微格教学，把每位同学的说课情况录下来，反复回放，先

让说课者自己反思，然后同学之间相互作出客观的分析与评价，指导教师再进行点评。师范生经过反复操练，真正领会和掌握了说课的基本要领，逐渐提高了自己的说课能力。

3. 将说课贯穿于教育实习中，巩固提高说课技能

说课作为一种创新的教学研究形式，如果贯穿到教育实习中，不仅能激发实习生学习教育教学理论的积极性，还能培养实习生的创新意识和能力，提高教育实习的质量。

在教育实习中增加说课环节的操作方法如下：

第一，可在校内实习（试讲）期间增加说课环节，在师范生到中学实习之前进行说课技能测试。校内实习可以小组的形式进行，小组成员在试讲前先进行说课，学生通过说课阐述自己的教学思路、教法的选择，以及教学程序的设计等内容，之后让同组成员互相讨论、交流，这也是学生互相促进的重要方式之一。

第二，在实习期间将课前说课与集体备课结合在一起，在备课小组中开展集体说课。对即将要上课的内容，大家分别介绍自己的教学设计思想、教学方法的准备、学情分析、执教依据等。

第三，尝试课后说课。在校期间，师范生由于缺乏从教经历，一般都是采取课前说课。但实习期间，有机会尝试课堂教学实践，可以结合上课效果尝试课后说课，进行教学反思。

4. 完善说课评价机制

在整个说课评价活动中，既要有质性的评价，也要考虑到量化的评估，只有将量化与质性评价结合起来，结果才更加真实可靠。历史专业师范生在去中学实习之前，必须经过教师技能测试，说课技能测试是其中的重要环节。2012 年，根据专业特点，历史学专业制定了新的说课评价标准。测试方式：要求学生根据中学历史教材中某一内容的教学任务（1 课时），在两个小时内完成说课稿的撰写或说课课件的制作，并进行 15 分钟的说课。具体评价标准如下：

玉林师范学院历史学专业说课评价标准[5]

项目	内容	评分标准	等级（分）				得分（分）
			A	B	C	D	
教学内容（15 分）	教学内容与任务分析	明确教学内容的地位、作用，知识结构分析清晰、正确，教学任务分析正确。	5.0	4.0	3.0	2.0	
	教学目标	目标设置明确，要求具体，符合大纲要求和学生的实际	5.0	4.0	3.0	2.0	
	教学重点、难点	说明教学重点、难点及确定的依据	5.0	4.0	3.0	2.0	
教法学法（15 分）	学情分析	学习者的起点水平、动机、认知特点和学习风格等分析正确	5.0	4.0	3.0	2.0	
	学法	说明所选择学法指导的依据，学法指导恰当，有利于培养学生自学能力	5.0	4.0	3.0	2.0	
	教法	说明所选择教法的依据，正确处理教与学、知识与能力的关系，突出自主、探究、合作学习，体现多元化的学习方法，实现有效的师生互动	5.0	4.0	3.0	2.0	

续表

项目	内容	评分标准	等级（分）				得分（分）
			A	B	C	D	
教学程序（40分）	教学环节	教学情境创设有新意，正确体现教学目标，内容充实、适当，环节清晰，过渡自然，有效引导学生参与，启发学生思考，呈现方式合理	15	12	9.0	6.0	
	学习方式	体现新课程理念，运用学习方式适当、正确，体现学习者特征	5.0	4.0	3.0	2.0	
	教学方法	能突出重点，突破难点，突出学科教学特点，符合学习者特征	10	8.0	6.0	4.0	
	媒体运用和资源开发	媒体运用恰当，有利于教学的实施、目标的实现，能开发教学资源	5.0	4.0	3.0	2.0	
	形成性评价	将教学评价作为教学活动的一部分，体现在教学环节中，作业量适当	5.0	4.0	3.0	2.0	
板书设计（15）	内容匹配	反映教学设计意图，突显重点、难点，能调动学生学习的主动性和积极性	5.0	4.0	3.0	2.0	
	构图	构思巧妙，富有创意，构图自然，形象直观，教学辅助作用显著	5.0	4.0	3.0	2.0	
	书写	书写快速流畅，字形大小适中，清楚整洁，美观大方，不写错别字	5.0	4.0	3.0	2.0	
教师基本素养（15分）	语言表达	语言清晰、简洁，运用得当；语速适中，语调起伏有变化，富有感染力；说课时关注听众反应	10	8.0	6.0	4.0	
	体态表达	体态大方，手势恰当不做作	5.0	4.0	3.0	2.0	

三、结束语

随着我国教育改革不断深入，高师担负着培养21世纪基础教育师资队伍的重任，师范生综合素质的高低关系到我国人才培养和教育发展。我们应认识到高校师范生说课技能训练的重要性，结合专业实际，采取切实可行的方法指导、推动这项工作的顺利进行，使其健康发展。提高师范生的教师技能，增强他们就业的竞争力，已成为高师实现可持续发展的必由之路。将教学理论与教学实践相结合、构建说课技能训练的有效模式、建立完善的说课评价机制是提高师范生说课技能、培养师范生综合素质、增强其就业竞争力的有效策略。

参考文献

[1] 李兴良，马爱玲．教学智慧的生成与表达：说课原理与方法[M]．北京：教育科学出版社，2006.

[2] 教育部．关于大力推进师范生实习支教工作的意见[Z]．教师〔2007〕4号．
[3] 许燕红，黄秀英．师范生说课能力培养模式探讨[J]．新课程学习，2011（1）：9．
[4] 谢建平．高师院校应重视师范生“说课”能力的培养[J]．教育探索，2007（11）：75．
[5] 玉林师范学院．历史学专业师范生教学技能实训指导与考核手册[Z]．2012．

现状、成因与对策：基于历史新课标的师范生教学技能训练探析

——以玉林师范学院为例①

陈　碧　林梦羽

【摘　要】2011年教育部颁布《义务教育历史课程标准》，对历史师范生的发展提出新的要求，因此深入探讨师范生教学技能训练有着深远的现实意义和实际影响。文章在分析2011年历史新课标对中学教学技能要求的基础上，对玉林师范学院历史学师范生教学技能训练现状进行了问卷调查和访谈，分析当前训练中存在的亟待解决的问题，并从学校、指导教师和师范生三个层面提出具体对策。

【关键字】新课标　历史课程　教学技能训练　高师院校　师范生

2011年教育部制定颁布《义务教育历史课程标准》（以下简称“新课标”），要求现代教学通过新的教学手段和教学理念，培养学生的综合创新能力，实现教学的不断创新。[1]

玉林师范学院坐落在广西东南部，是一所具有教师教育特色的综合性本科院校，始终坚持以为基层培养基础教育师资为己任，谨遵“厚德博学，知行合一”的校训，已经形成“以师德教育为核心，以能力培养为重点，以多媒体网络环境为支撑的基础教育优质师资”的培养体系。[2]教学技能是教师必备的职业素养，是从教能力的核心部分，也是教师必须掌握的基本技能。然而，我们在问卷调查和访谈中发现，实际教学中历史师范专业毕业生因缺乏经验和没有掌握好学科教育知识的能力，在教育实习阶段表现出教学技能水平相对较低的状态。基于此，作为桂东南中学师资力量主要来源的玉林师范学院，亟待加强对师范生教学技能的培养，对历史师范生教学技能训练的研究也因此具有迫切的现实意义。而且，从学校、指导老师和历史师范生三个不同角度提出有效提高师范生教学技能的策略和方法，也具有指导意义和可操作性，能很好地为高师的历史学专业师范生的技能训练提供参考，使历史师范生的教学技能水平更上一层楼。

① 本文是2013年度广西高等教育教学改革工程项目“高师院校世界史课程立体化教学实践研究”（项目编号：2013JGB211）阶段性研究成果。

一、概念界定与新课标对历史教学技能训练的要求

（一）教学技能的界定

国内外学术界对教学技能的界定和教学技能训练的内容、方式、分类等有不同的理解和看法。美国的艾伦博士（Dwight W.Allen）总结出 11 种普通教学技能：刺激强化技能、导入技能、总结技能、非语言启发技能、强调学生参与技能、分散性提问技能、评价技能、图解的范例应用技能、运用材料技能、有计划地重复技能、交流的完整性技能。他和同事们经过反复试验，提出教师教学技能培训的方法——微格教学，即由师范生自行选择教学内容，缩短教学时间，并用摄像机记录教学过程，以便课后对整个过程进行细致观察和研究的系统方法。[3]英国教育家齐里康（Chris Kyriacon）认为成功的课堂教学中教师的基本教学技能可分为 7 个方面：计划和准备、课堂呈示、课堂管理、课堂气氛、纪律、评价学生的进步、自我评价。[4]

1994 年原国家教委（现教育部）下发《高等师范学校学生的教师职业技能训练大纲（试行）》，把教学技能分为五类：教学设计技能、使用教学媒体技能、课堂教学技能、组织和指导课外活动技能、教学研究技能，其中课堂教学技能又包括导入、板书、演示、讲解、提问、反馈和强化、结束、组织、变化等九项技能。[5]沈世培提出为实现新课标要求必须运用互动式教学，让师生平等参与教学以培养学生的思维，促进学生全面发展。[6]陆荣认为在新课改背景下教学技能培训应遵循教学理论、教学技能熟练的方针，切实优化教育教学理论，提升师范生专业技能，着力提升历史专业学生的职业意识、职业技能，促进师范生在校期间经过专业训练养成必备的教学技能，与教学岗位“无缝对接”。[7]魏饴、张天晓把“技能”理解成方法。[8]谢尚果、黄健云建议建立完善的制度以保证教学技能的提高，包括学习制度、实践制度、竞赛制度；建立保证制度顺利运行的机制等，全面提高师范生的教学技能。[9]

综合上述分析，我们把教学技能定义为教师通过一定的练习，用专业手段使学生达到教育目标从而完成教学任务的技巧。这样界定是因为：（1）技能不仅是能力，更是灵活运用能力的技巧，因而技巧比技能、行为、活动方式更有技术含量。（2）从教的主体和学的主体出发，有利于准确把握新课标的内容。新课标提倡在课堂上激发学生的学习积极性。当然，这个定义未必能完全揭示教学技能的内涵，但对本课题的研究开展有实质性帮助。

（二）新课标对历史教学技能训练的要求

每个学科都有自身的特点，历史学科也有自身的特殊性。历史，距我们现今有一定的时间、空间的距离，因此很多事物、概念听起来很抽象，不易理解，这也给历史学科蒙上了神秘的面纱。

2001 年国家对基础教育课程进行重大战略决策改革，颁发《基础教育课程改革纲要（试

行)》，这意味着课程改革进入一个新的阶段；经过10年探索，课程改革卓有成效，教育部正式颁布《义务教育各科课程标准(2011 年版)》，完善了“具备中国特色、反映素质教育理念的基础教育课程体系”。[10]就历史学科来说，新课标颠覆以前的教学纲领，提出：学生方面，要以学生为主体，发挥学生的积极主动性，让学生变被动为主动；教师方面，教师从主体的角色变为起到引导、总结作用的角色；教学方式和内容方面，利用现代教学手段，教学方式宜多样化、内容宜丰富化。实际上，这是对师范生在教学内容的把握、教学理念的更新、教学模式的创造、教学评价的拿捏等方面提出的全新要求，即“通过各种经验学会再现他人，与别人进行交往，探索世界，学会继续不断地、自始至终地完善自己”。[11]因此，面对基础教育改革的新形态，随着新课标理念的出台和实施，作为培养未来教师摇篮的高等师范学校，应重新审视师范生教学技能训练的各方面，根据新课标对历史学师范生教学技能训练提出新的要求。

基于上述认知，我们认为历史师范生教学技能训练至少包括：培养师范生的教师职业道德素质；训练师范生说普通话与写三笔字的能力；积累历史学、教育学等专业知识；训练师范生听课、评课、编写教案及上课、说课的技能；训练师范生应用课堂多媒体技术进行教学的能力等几个方面。

二、历史教学技能训练现状与分析

一般情况下，我们把师范院校的教学技能训练分为四个阶段：预备阶段，培养教师道德与提升教师素质、加强普通话与三笔字的训练、提升多媒体技术的应用水平；尝试阶段，训练课时教案编写、听课评课说课、课堂试教、微格教学实践等技能；实践阶段，加强实习；提高阶段，工作试讲及毕业论文的撰写。

本课题主要研究历史学师范生教学技能训练状况，选取玉林师范学院政史学院历史学专业2010级学生作为调查对象。四年里，他们先后经历了辩论赛、普通话比赛与考试、三笔字竞赛、教师教学技能大赛、分组试讲、教育实习等各项与教学相关的技能训练与竞技。该专业设一个班，共74名学生，其中44人参加学校统一安排的2013年冬季学期国培顶岗实习，为期3个月。此间，实习生独当一面，独立承担两个教学班的历史课教学任务。25人自主实习，时间为1~2个月，另外5人为教育实习(玉林市城区中学代课)，时间为4个月及以上。本次调查问卷于2014年5月15日发放，共发出问卷74份，全部由学生自行填写，收回有效问卷74份，有效回收率100%。

调查含三部分：第一部分12道选择题，包括对学校课程设置、教学技能训练考核和重视程度、实习中技能运用情况等的调查，意在了解教学技能训练的基本情况；第二部分28道判断题，分别从教学技能理论知识、试讲情况、心理状态、训练方式、指导老师和训练环境等角度拟题，旨在了解具体的教学技能训练情况和出现的问题；第三部分结构式访谈，旨在更多了解历史师范生对历史、教师、技能训练的看法(见表1)。

（一）统计数据及数据分析

表 1　教学技能训练的基本情况调查

序号	态度、看法 问题				
1	你认为教师技能对胜任教师工作是否重要	非常重要 45（60.8%）	较为重要 29（39.2%）	不太重要	完全不重要
2	你对目前学校的教学技能训练情况是否满意	非常满意	较为满意 17（23.0%）	不太满意 52（70.3%）	完全不满意 5（6.7%）
3	你目前最需要加强的书写技能是	毛笔书写 5（6.7%）	钢笔书写 24（32.4%）	粉笔书写 45（60.8%）	
4	你最需要加强的表达技能是	普通话技能	口头表达技能 69（93.2%）	板书版画技能 5（6.7%）	体态表达技能
5	你认为开设教学技能相关理论课程	有必要 57（77.0%）	没有必要 17（23.0%）		
6	你认为历史教学技能理论课程	课程太多，重点不突出 17（23.0%）	课程正好，重点突出 33（44.6%）	课程太少，广度不够 24（32.4%）	
7	你对教学技能训练考核	非常重视 29（39.2%）	比较重视 29（39.2%）	不太重视 16（21.6%）	完全不重视
8	你对计算机多媒体辅助教学技能的掌握程度	很熟练	较熟练 45（60.8%）	不熟练 29（39.2%）	
9	你认为在教育实习中教学技能的提高	很多 63（85.1%）	一般 11（14.9%）	不多	
10	你本科四年的总共教育实践时间（包括实习、顶岗、自主联系）	小于 1 个月	1—2 个月 25（33.8%）	2—3 个月 44（59.5.4%）	4 个月以上 5（6.8%）
11	你在实习时在课堂教学中遇到的最大困难	教学基本功不扎实 40（54.0%）	教材理解不透彻 5（6.8%）	不能很好地组织课堂教学 24（32.4%）	不知如何评价教学表现 5（6.8%）
12	你最希望加强哪方面的教学技能训练	教学设计技能方面 12（16.2%）	多媒体使用技能方面 5（6.8%）	课堂教学技能方面 57（77.0%）	教学研究技能方面

如表 1 所示，60.8%的受访者认为教学技能对胜任教师工作非常重要，但是高达 70.3%的受访者对学校教学技能训练不满意，这就说明大部分历史师范生对教学技能有一定的认识，而学校对师范生教学技能的训练工作还应该加强一些。

三笔字方面，60.8%的受访者选择加强粉笔字的书写训练，可见平时练习比较少又与课堂关系密切的粉笔字成为师范生基本功训练的首选。在“你最需要加强的表达技能”中，93.2%的受访者选择口头表达技能，说明教学技能训练中口头表达能力的练习效果不太理想。

在问题 5“你认为开设教学技能相关理论课程”中，77%的受访者认为有必要，23%的受访者认为没有必要。教学技能理论课程有利于师范生开展教学技能训练和实习教育，符合师范生的需求，大部分师范生已就此达成共识。

23%的受访者认为历史教学技能理论方面课程太多，重点不突出；44.6%的受访者认为课程正好，重点突出；另有 32.4%的受访者认为课程太少，广度不够。60.8%的受访者表示对计算机多媒体辅助教学技能的掌握程度比较熟练。大多数人（85.1%）认为在教育实习中教学技能提高很多，可见教育实习是教学技能训练的有效途径。

实践是最好的检验办法。在“你在实习时在课堂教学中遇到最大的困难”中，54%的受访者认为自己的教学基本功不扎实，各有 6.8%的受访者认为自己对教材理解不透彻和不知如何评价教学表现，32.4%的受访者认为自己没能很好地组织课堂教学。在“你最希望加强哪方面的教学技能训练”中，77%的受访者选择课堂教学技能，说明多数师范生教学基本功还不扎实，但已经开始进行教学反思。

表 2　历史师范生教学技能训练的详细统计

序号	问题选项 / 调查内容	对 人数/比例	错 人数/比例		问题选项 / 调查内容	对 人数/比例	错 人数/比例
1	教学技能训练前不清楚技能训练的目标	45（60.8%）	29（39.2%）	15	指导教师在训练时很少涉及新思想、新方法	71（96.0%）	3（4.0%）
2	训练前对相关技能的训练要领还不明确	71（96.0%）	3（4.0%）	16	平时训练时，有时会对指导教师的点评不太认可	71（96.0%）	2（4.0%）
3	做教学设计时一般都是在网上搜索到的他人成果的基础上进行修改，没有认真地思考和构思	63（85.1%）	11（14.9%）	17	教学技能训练后感觉自己问题很多，比较忧虑	57（77.0%）	17（23.0%）
4	在课堂模拟教学训练前，对自己将要讲的内容没有提前演练过	63（85.1%）	11（14.9%）	18	训练次数和时间少，对教学技能的提高作用不大	63（85.1%）	11（14.9%）
5	课堂模拟试讲训练时，面对指导教师和同学，不由得紧张	71（96.0%）	3（4.0%）	19	训练后很希望教学技能有很大的提高，但不知道有什么好办法和途径	71（96.0%）	3（4.0%）
6	课堂技能模拟训练个人单独讲课时间太短，没有充分发挥就得停下来	59（79.7%）	15（20.3%）	20	若没有参加教学技能大赛会感觉很遗憾	34（45.9%）	40（54.1%）
7	课堂技能模拟训练时总担心自己会出丑	62（83.8%）	12（16.2%）	21	教学技能大赛没什么意义，不参加无所谓	17（23.0%）	57（77.0%）
8	台下准备得很充分，但是训练时却没有发挥好，跟自己想象的不一样	74（100%）		22	没被选拔参加技能大赛，怀疑自己比别人差，从而对自己的教学缺乏信心	57（77.0%）	17（23.0%）

续表

序号	调查内容 \ 问题选项	对 人数/比例	错 人数/比例		调查内容 \ 问题选项	对 人数/比例	错 人数/比例
9	在模拟讲课训练时，板书大多用 PPT 代替，手写很少	8（10.8%）	66（89.2%）	23	整个教学技能训练过程中没有得到指导教师的及时指导和帮助	71（96.0%）	3（4.0%）
10	不知道怎样维持课堂纪律、调动学习氛围、与学生互动交流等	57（77.0%）	17（23.0%）	24	教学技能训练实践考核由老师制定，缺乏详细评价量表，不够客观	74（100%）	
11	有讲述不清楚、重复讲述、语速快、颠倒逻辑关系、专业术语的使用不规范等情况	71（96.0%）	3（4.0%）	25	比较担心技能考试不能过关，下面会好好训练	62（83.8%）	12（16.2%）
12	不知道怎么配合相应的表情、手势、姿势，增强对学生的感染力，创设好课堂学习氛围	59（79.7%）	15（20.3%）	26	技能考核成绩不重要，只要能过关就行	71（96.0%）	3（4.0%）
13	不知道什么时候该提问或者怎样提问	3（4.0%）	71（96.0%）	27	反正基本都能过关，不用担心	57（77.0%）	17（23.0%）
14	训练基本都是单一的轮流模拟试讲形式，很少进行其他形式训练	74（100%）		28	曾想过自主训练，但是没有专门的训练场地或设备	57（77.0%）	17（23.0%）

如表 2 所示，关于教学技能理论知识训练前的准备工作，60.8%的受访者训练前对训练目标不明确，96%的受访者在训练前不得要领，85.1%的受访者的教学设计都是通过网上下载修改制作的，且在试讲前没有演练过。课堂模拟试讲训练师范生心理状况的调查结果显示，96%的受访者在课堂模拟试讲训练时会紧张，83.8%的受访者担心自己会出丑，100%认为自己在训练时的发挥不充分。这说明大部分师范生在教学技能训练之前对于理论知识没有清晰的认识，在教学设计上缺乏创新，对分组试讲重视不够，准备不充分，也侧面反映出师范生内心对教学技能训练的重视和对自身的要求比较高。

关于教学技能训练的详细情况，79.7%的受访者觉得单独讲课时间太短，100%的受访者表示教学训练方式单一，85.1%的受访者认为训练次数少导致进步慢，可见师范生讲课训练时间少、方式单一，但有一定的粉笔字板书训练，对粉笔字的练习情况比较乐观，符合课堂教学要求。

第 10、11、12、13 题是对课堂教学技能情况的调查。77%的受访者表示没有掌握课堂纪律的约束、学习氛围的调动等基本课堂手段，96%的受访者在讲课过程中语言表达和逻辑思维存在问题，79.7%的受访者不擅长运用肢体语言，4%的受访者不会设置提问，可见师范生对于课堂把握和讲课的语言、教姿教态等基本功的运用不娴熟，但绝大部分师范生不存在设置提问方面的问题，说明其教学设计有一定的水准。

第 15、16、23、24 题是针对指导老师的调查。96%的受访者认为指导老师在教学技能训练时涉及的新方法、新理念少，在教学技能训练中没及时得到指导老师的指导和帮助，且有时对指导老师的点评持有不同意见；100%的受访者认为教学技能训练考核把关不严，缺乏评分细则。说明指导老师在一定程度上还是用传统授课方式，很少运用新方法、新思想教授理论知识，对新的教学模式缺乏深入剖析。平时训练中师范生很少能得到指导老师的帮助，一方面说明教学技能训练的师资匮乏，另一方面说明师生间关于训练的了解、沟通不多；在考核中没有给出考核各项成绩的评分细则，单凭指导老师的个人经验，不够客观和严谨。

第 17、19 题是调查教学技能训练后的情况。77%的受访者在训练后觉得自己问题很多，比较忧虑，96%的受访者在训练后希望得到提高但不知道方法，说明大部分师范生在教学技能训练后都能发现问题，也希望能解决问题提高技能水平，但还处于迷茫的状态中。

第 20、21、22 题是关于教学技能大赛的调查。45.9%的受访者对没能参加教学技能大赛感到遗憾，23%的受访者对比赛持无所谓的态度，77%的受访者会因为落选而自暴自弃。可见大部分师范生对于教学技能大赛有很强的积极性，但对于教学技能大赛落选而对自己失去信心则是对大赛没有充分的认识，这甚至会对以后的教学有消极的心理暗示。

第 25、26、27 题是关于师范生对教学技能训练考核态度的调查。83.8%的受访者表示会为了考核反复训练；96%的受访者对考核成绩不重视，但求过关；77%的受访者对考核抱有侥幸心理，认为都能过关。说明大部分师范生重视教学技能训练考核，但对于成绩的要求不高。

第 28 题是对教学技能训练条件、环境的调查。77%的受访者因为没有固定的训练场地或设备而放弃自主训练的机会，说明学校对于教学技能训练的基础设施设置不完备、不合理。

表 3　教学技能训练方式的有效性调查

有效程度 / 训练途径	非常有效	比较有效	效果一般	几乎没效	根本没效
学习理论知识		3 人（4.0%）	71 人（96.0%）		
参加教育实习	57 人（77.0%）	17 人（23.0%）			
优秀案例视频分析		22 人（29.7%）	52 人（70.3%）		
微格教学并同学互评		34 人（45.9%）	40 人（54.1%）		
参加师范生技能比赛	12 人（16.2%）	34 人（45.9%）	28 人（37.8%）		

表 3 主要是调查教学技能训练方式的有效性。数据显示大部分师范生认为学习教学技能的理论知识对于训练有一定的效果；教育实习对于教学技能训练的提高非常有效；对优秀案例的视频分析也有利于教学技能的提高；微格教学虽然接触不多但可以直观地看到自己和别人的不足，对自己教学技能的提高和借鉴别人的优点和长处也有一定效果。参加教师技能大赛会对教学技能形成一个系统的认识，是大部分师范生都非常认可的提高教学技能的途径。

（二）访谈情况分析

1. 问题设置

（1）你喜欢历史学这门学科吗？
（2）你怎样看待教师这个职业？
（3）你对教学技能训练有何建议？

2. 访谈情况

共有10位访谈对象，全部为参加学校统一安排的顶岗实习的学生。访谈结果显示：

第一，大部分师范生（6人）喜欢自己选择的专业。

第二，一半人（5人）认为教师是一神圣的职业，能为国家培养出人才，因此感到很幸福；半数以上的访谈对象认为教师虽然工资不算高，但是待遇好，稳定，有一定的社会地位和固定寒暑假期；小部分师范生谈到当下师德缺失，频频出现猥亵案，导致社会对教师职业的看法存在偏差。

第三，对于教师技能训练的建议，部分师范生反映当前指导老师的指导不够，管理不过来，授课不细致，分组模拟课堂教学人数多、时间紧，学生获得的锻炼少，建议缩小训练分组规模，指导老师及时给予帮助，多加练习；还有的师范生反映历史教育专业课设置不合理，学校不够重视，导致理论与实践脱节；而一些考古、珠宝鉴定课学生并无太多亲身体验，光靠死记硬背不利于学习基础知识，没有实效性；教学技能考核过于形式化，建议加强师范生的社会实践，提升师范生的动手操作能力。

3. 存在的问题与成因分析

结合调查现状分析，目前历史教学技能训练主要存在以下问题：

（1）学校方面。

第一，教学设施不能满足教学技能训练的需要。历史教学大纲中对多媒体应用技能提出了相关要求。在调查问卷中发现，集体训练的时间有限，有些师范生想要自主训练却缺乏固定的训练场地和设备，即使有场地和设备，公开使用的多媒体设备要么有时间限制（正常上课作息时间），要么不对外开放，虽然每间教室都配备多媒体，但不供单个师范生课外训练使用，学校有微格教室，但通常不开放。这些虽然都是教学技能训练的有效场所和方式，但这些教学设施在师范生中使用率低，不利于师范生教学技能的提高。而且，图书馆的教学技能理论书籍也远不能满足学生的需要。

第二，课程安排不合理，不能体现师范专业的特点。目前高师历史教育的课程基本上可分为公共选修课、专业课（必修与选修）、教育理论与教学技能课三大板块。专业选修课中中国通史和世界通史的比重过大，选修课成为一种装饰，而历史教学理论课直到大三下学期才开，一共两门课（历史学科教学论和课程设计），课程少、课时短。师范类专业的特色是不仅会学更要会教，这样的课程设置对于师范生来说是不合理的，不能体现师范专业的特点。

第三，组织活动过于形式化，考核管理不严。主要表现在：假期很少组织义教活动、与他校交流活动和教学技能大赛；考核制度没有规范的评分细则。调查数据显示，大部分师范生对教学技能大赛是积极参与的，在教学技能训练方式调查中教学技能大赛是仅次于教育实习排在第二位的有效方式，义教是实现理论与实践相结合的有效途径，与他校交流能相互借鉴彼此的经验，三者都是促进教学技能提高卓有成效的方法，但却很少能在学校的组织下实现。在问卷调查中我们还发现大部分师范生重视教学技能训练考核，但对于成绩的要求不高，甚至抱有侥幸心理，侧面说明考核制度评分等还不规范，学校在考核这一块缺乏系统的管理。

（2）指导老师方面。

第一，指导老师队伍薄弱。调查中我们发现大部分师范生在教学技能训练时不能及时得到指导老师的指导，归根结底是学生多，虽说历史专业的教授多，但历史教学技能指导老师屈指可数，本专业的老师重在科研，对教学技能没有系统培训，教学经验不足。

第二，指导老师指导不到位。由于指导老师少，指导教师指导的学生人数较多，在试讲时不能掌握好大部分师范生教学技能训练情况并进行具体分析，大部分师范生表示在训练时不能及时得到指导老师的帮助。

第三，指导老师教法单一。在问卷调查中发现大部分师范生认为指导老师在课堂教学技能训练时采用的是单一的轮流模拟模式，主要还是用传统授课方式，在授课时没有详细说明国家新出台的教育相关文件要求，对新的教学模式缺乏深入剖析。教学手段仅限于课堂讲解和优秀视频案例分析，微格教学涉及少。

（3）学生方面。

第一，师范生对教学技能训练认识不深。大部分师范生虽然对教师技能训练很重视，但训练意识淡薄。从问卷调查可知，在课堂教学技能训练中，虽然师范生都很积极，但对于教学技能训练的目标和要领都不明确，在训练过程中普遍心理素质不过硬，存在紧张、发挥失常、失落等负面情绪和行为，长此以往会失去教学技能训练的耐心和自信。

第二，基本教学技能掌握不娴熟。如前表所示，大部分师范生对“三笔一话”有一定的练习，但仍普遍存在板书设计、书写规范、语言表达、教姿教态等基本功不扎实的问题，部分师范生对于教材的理解还不够透彻，逻辑性不突出，故教学设计缺少创新，加上苍白的语言和呆萌的教态，课堂氛围不活跃。究其原因是师范生教学技能训练时间短，练习不够，对于听课、评课、备课、说课、讲课缺乏系统的认识和有效的方式、方法。

第三，课后自主训练得不到指导和保障。大部分师范生在课后自主训练时没有得到及时的帮助和指导，单靠同学间相互点评，以及在教学技能训练后自己发现自己的问题是无法提高教学技能的；还有部分师范生在课后想要自主训练却苦于没有场地和相应设备。

三、优化师范生教学技能训练的对策

（一）学校方面

1. 改善硬件设施

学校应加大投入，把部分资金用于改善师范生教学技能训练的硬件设施，如多媒体的投影仪、电脑、微格训练需要的设备等。良好的设备条件为师范生教学技能的训练提供保障。

2. 优化课程结构和内容

设置课程时，注重专业必修课与专业选修课的比例，适当加大专业选修课的比重，这有利于学生拓展专业知识，提高专业素质。同时可适当在大一大二就设置相关教育理论与教学技能训练的课程，让师范生从大一开始了解教学技能，树立职业理想。此外，还要安排好“历史教学论”和“中学历史教材研究”等课程，进一步突出学科专业性。

3. 建立全面科学的教学技能评价体系和师范生教学技能训练档案袋

评价要全面、科学、客观，包括基本的“三笔一话”、教姿教态、师范生设计教案以及讲课能力等内容。在访谈过程中，有个别师范生提到考核前应有指导老师事先对教学设计提出修改建议，学生改进后再进行考核，这样才能发现问题、解决问题。

4. 健全指导老师队伍

加强师资队伍建设，强化教师的教学与指导技能，选择在教学技能方面既有雄厚理论基础又有丰富实践经验的指导老师，才能更好地训练师范生的教学技能。平时训练，可以聘请中学一线优秀历史教师到现场指导，组织学生观摩中学优秀教师公开课视频。

5. 严明组织管理

多开展教学技能比赛，假期跟缺乏师资的学校联系开展送教活动，与兄弟学校多开展交流活动；严格把关教学技能训练考核，不流于形式；及时与教育实习、见习学校沟通师范生情况。

（二）指导老师方面

1. 根据课标改革教法

新课标要求改变旧有的单一、被动的教学方式，建立和形成能够充分发挥学生主体性的多样化的教学方式，以促进学生的创造性和个性的完善发展。指导老师应该根据新课标的要求和内容来指导师范生的教师技能训练，要求师范生平时对教材多做深入研究，一方面全方位地把握和认识教材的功能和作用；另一方面要按照新课标的要求对教材内容进行创新整合，创造性、多样化地进行教学，以激发学生的积极性。

2. 加强教学技能训练的指导

指导老师在分组练习的时候要对人数有一定的限制，人数过多则试讲时间长、点评多、时间不充裕，训练目标也不能落实；在进行教学技能训练之前要确保每个师范生都清楚了解训练目标和要领，对训练有深刻的认识；对听课、评课、备课有系统的讲解，课后布置规定数量的听课、评课记录以及教案书写等任务；在模拟课堂试讲时适当给予客观的点评；在教学技能训练时及时与组长联系了解情况以便解决问题。

3. 规范考试，严把考核

考试方式，可采取闭卷或者开卷考试形式，可设计教案等，还可进行课堂讨论、提问，将师范生的积极性与活跃度作为期末考核的指标。也可进行现场操作，让学生制作多媒体课件并上台讲课。指导老师应严格把关，将考核与教师资格证挂钩，以引起学生重视。

（三）学生方面

1. 端正价值取向

有意识地端正自己的价值取向，树立职业理想，学好本专业的课程，提升专业理念，增强新课标意识，转变课程观、教材观、课程资源观、教师观、教学观、学生观，按照指导老师的要求不断学习、巩固、提高自己的教学技能。

2. 积累专业知识和技能

从入学开始重点训练“三笔一话”，同时训练提高自己多媒体课件的制作水平，力求做到形象性、系统性、简洁性。积极参与教师技能训练，设计教案，并且尽可能增加教学互动。

3. 勤于反思

对每一次教学技能训练都要及时反思，在教育见习和教育实习过程中遇到问题要及时与指导老师讨论，争取更大的进步。

综上所述，历史师范生要适应新课改的要求，在教学技能训练理论和实践的链接中落实新课标要求，全面提升自身的综合素质，转变教师观、教学观、学生观，只有这样才能成为一名合格的现代化人民教师。基础教育课程改革还在不断推进，对历史师范生的要求也会越来越高，历史师范生要不断与时俱进、自我提高；而作为输送师资力量的主阵地，高师应该承担起培养合格、优秀教师的责任，完善教学设备和管理方法，保障和提高师范生的教学技能训练质量，减轻师范生的就业压力。高师任重道远。

参考文献

[1] 教育部．义务教育历史课程标准（2011）[Z]．2011.

[2] 玉林师范学院门户网站. http：//www.ylu.edu.cn/index.php？m=content&c=index&a=lists&catid=3，2014-05-22.

[3] 刘幸东，等．师范生教学技能训练教程[M]．山东：中国石油大学出版社，2008.

[4] CHRIS KYRIACON. Effective teaching in schools[M], Basil Blackwell Ltd Publish, 1986.

[5] 教育部．高等师范学校学生的教师职业技能训练大纲（试行）[Z]．1994.

[6] 沈世培. 试论高师历史课堂互动式教学的改革[J]. 滁州学院院报，2005（4）.
[7] 陆荣. 高师历史专业学生职业技能的提升[J]. 安徽教育学院学报，2007.
[8] 魏饴，张天晓. 教师职业技能训练[M]. 北京：高等教育出版社，2008.
[9] 谢尚果，黄健云. 关于中小学教师教学技能的现状及对策研究[J]. 玉林师范学院学报：哲学社会科学版，2012（4）.
[10][11] 义务教育学科课程标准解读：2011 年版[Z]. http://www.eol.cn/zt/201202/ xinkebiao/, 2014-5-20.

历史学（文化旅游方向）应用型人才培养模式研究

——以玉林师范学院为例①

张银玲

【摘　要】北部湾经济区旅游经济圈及玉林市旅游业的发展需要大批中高层旅游管理人才，玉林师范学院历史学（文化旅游方向）在历史学教学的基础上不断完善专业培养计划，重视学生理论知识的累积和实践能力的提升，培养具有旅游管理专业素质的应用型人才。

【关键词】应用型人才　培养模式　文化旅游

玉林市是中国优秀旅游城市，景色秀丽，素有“天然南国园林”之称，更有“岭南美玉，胜景如林”之誉，旅游资源丰富，类型多样，以名胜古迹、侨乡风情、宗教文化、商贸旅游为特色，丹霞地貌和岩溶地貌景观遍布，自然风光独特，综合性强，目前已经形成玉东、玉西、玉南三大旅游区。

北部湾旅游经济圈没有玉林的参与是不完整的，玉林旅游的发展也需要玉林师范学院的人才支持和配合。北部湾经济区城市旅游合作的广阔前景，呼唤大批高层次的旅游管理人才。玉林师范学院为此开设了历史学（历史文化旅游方向）（本科）、旅游与酒店管理（本科）、旅游管理（本科）等专业，但是开设专业渠道较窄，需要形成多层次、多类型的旅游人才培养体系，以满足本城市旅游人才的需求，促进本区内旅游业的发展。

一、玉林师范学院政史学院历史学（文化旅游方向）发展现状

（一）玉林师范学院

玉林师范学院是一所广西壮族自治区属全日制普通本科院校，坐落在广西东南部的千年古城玉林市。学校有东、西两个校区，校园面积约 120 万平方米，校园建筑面积 34 万平方米，教学仪器设备总值约 9 000 万元，馆藏文献总量 179 万册。

学校设有 17 个二级学院，学科涵盖了 9 大学科门类，有 42 个普通本科专业（含 15 个师范类专业，24 个应用型专业，3 个工程类专业），23 个高职（专科）专业。学校面向全国

① 本文系 2014 年度玉林师范学院校级高等教育教学改革项目“地方高校‘历史学+旅游管理’复合应用型人才培养模式研究——以玉林师范学院为例”（项目编号：14YJJG39，主持人：张银玲）研究成果。

28 个省（市、自治区）及东南亚国家招生，现有全日制普通本专科生（含留学生）15 643 人，成高生 12 000 人。2007 年，在教育部本科教学工作水平评估中获得良好成绩。2010 年，成为广西 2011—2015 年新增硕士学位授予点的立项建设单位。

（二）玉林师范学院政史学院

政史学院前身为 1977 年玉林师专史地科，1986 年更名为政史系，2000 年开始招收本科生，2002 年更名为政治与法律系，2011 年分立政史学院和法商学院。政史学院现有思想政治教育、历史学、历史文化旅游、行政管理等 4 个本科专业，全日制在校生 995 人，在编教职工 31 人，其中教授 7 人，副教授 6 人；博士 7 人，硕士 16 人。玉林师范学院政史学院是桂东南培养高级旅游人才，从事旅游科研的高级学府。

（三）玉林师范学院政史学院历史学（文化旅游方向）

玉林师范学院政史学院从 2009 年开始招收历史学（文化旅游方向）本科生，2009 和 2010 年招生时采取“3+1”模式即中外合办专业，其中 3 年在玉林师范学院学习，1 年在泰国学习。以此办学模式为平台，我院不断加强与泰国旅游管理教学的交流与合作，不断提升旅游管理专业的办学水平。但同时，在招生管理过程中也暴露一些问题，主要表现在一是招生人数少，二是仍有少数未出国同学，单独为其开班授课造成教学资源的极大浪费。究其原因主要有以下几个方面：（1）中外合作专业的招生门槛相对较低，很多学生因为考试分数低而报录或调剂到此专业，但后来由于对此专业不是很感兴趣而放弃入学；（2）中外合作专业的学费相对较高，很多学生在入学时因为高昂的学费也放弃了读书；（3）中外合作专业“3+1”模式的“1”是在国外学习，花费相对较高，同样是因为家庭经济状况，很多在校学生没有申请出国学习，造成部分学生滞留国内，又因为人数太少（2009 级 15 人，2010 级 10 人），单独为其开班授课造成教学资源的极大浪费。

基于招生人数少及对未出国同学开班上课所造成的资源浪费问题，在学院领导和老师的共同努力下，经过教育厅和学校批准，从 2011 年开始，玉林师范学院政史学院历史学（文化旅游方向）由“3+1”中外合作模式转为普通本科，虽然招生分数线有所提高，但学费降为普通本科收费标准，使得招生人数大大增加，现 2011 级在校学生分为两个班，人数达到 80 人，2012 级人数为 58 人，2013 级 40 人，均远高于 2009 年的 28 人和 2010 年的 21 人。随着招生人数的增加，学生的应用型实践能力的培养问题也提上了议事日程。

二、玉林师范学院政史学院历史专业（文化旅游方向）学生能力培养研究

（一）专业培养目标

历史学专业（文化旅游方向）以历史学为依托，培养具有历史文化与旅游管理的基本理论和基础知识、良好的道德品质、较强的业务水平，富有开拓精神，能适应社会主义现代化建设和市场经济需要的文化旅游开发与管理的应用型人才。

（二）专业培养要求

历史学（历史文化旅游方向）要求学生系统掌握历史文化基础知识、旅游学基本理论和相关的专业基础知识，掌握旅游文化业的技能和方法，具有较强的分析和解决旅游文化实务的能力，具备一定的公共关系协调能力和语言文字表达能力，较熟练地掌握一门外语。

（三）主干学科、主要课程和实践性教学环节

主干学科：历史学。

主要课程：中国通史、世界通史、旅游学概论、旅游管理学、旅游文化学、旅游地理学、旅游规划、旅游市场学、导游业务、旅游客源国概况、旅游公共关系学、导游基础知识、旅行社经营管理、民俗旅游等。

主要实践性教学环节：毕业论文、社会调查、专业见习、毕业实习等。

（四）毕业合格标准

（1）符合德育培养目标要求；

（2）学生最低毕业学分为 172.5 学分；

（3）达到大学生体育合格标准。

（五）修业年限和授予学位

修业年限：4 年，可在 3 ~ 6 年内完成。

授予学位：历史学学士学位。

（六）公共必修课

历史要籍介绍及选读Ⅰ-Ⅱ、中国古代史、中国近现代史、中华人民共和国史、世界上古史、世界中古史、世界近代史、世界现当代史、旅游地理学、旅游市场学、旅游管理学、文化学概论、旅游学概论、文化旅游规划与开发。

（七）系院限定选修课

2011 级：旅游实务（旅游公共关系学、导游业务、广西导游基础知识、旅游心理学、旅游客源国概况）和旅游文化与开发方向（中国历史地理概论、中国旅游文化、旅游宗教文化、民俗旅游、文化旅游策划、中外文化交流史）。

（八）系院任意选修课

2011 级：演讲与口才、旅游政策与法规、旅行社经营管理、旅游饭店管理、旅游景区管理、旅游经济学、旅游礼仪、中国旅游名胜。

三、玉林师范学院政史学院历史专业（文化旅游方向）应用型人才培养模式创新性研究

（一）明确培养目标

历史专业（文化旅游方向）具有一定的特殊性，它实施的是建立在历史学教学基础上的旅游管理培养模式，培养的是具有历史文化与旅游管理基本理论和基础知识、良好的道德品质、较强业务水平，富有开拓精神，适应社会主义现代化建设和市场经济需要的文化旅游开发与管理的应用型人才。

（二）完善课程教学体系

历史学（文化旅游方向）自2009年设立以来，至今已经招生六届，专业培养方案也在逐步完善。在历次培养方案的制订中，学院既注重对学生旅游管理专业理论和实践能力的培养，同时又兼顾历史学的基础作用，在课程设计上加大历史课和文化课的设置比重，最终形成“一条培养主线（培养应用型高级专门人才）、两种资质证书（学业合格证书和职业资格证书）、三大实践训练（校内实训、企业实习、社会实践、紧密相连，产学研一体”的教学思路，以此培养学生的创新精神和实践能力。

（三）建立实训和实习基地

为适应玉林旅游的形势发展，培养管理应用型人才，更好地服务社会，学校和学院应发挥积极性，与地方政府及企业合作，加快校内实训基地和校外实习基地的建设。现政史学院综合实训室正在建设中，其中涉及导游模拟实训室、饭店客房餐饮实训室及茶艺室等，投入使用后将为学生提供景区、旅行社、饭店等模拟工作场景；此外，学院与旅行社和饭店合作，建立校外旅行社和饭店实习基地各一处，为学生专业能力的培养创造相应的环境，不过合作数量较少，在一定程度上还无法满足所有学生的需求。

由于旅游行业对毕业生的实际操作能力要求较高，在专业课教学中运用实训和实习基地的旅游企业工作环境来培养学生的实际操作能力，无疑是解决学生知识与能力、能力与态度、教学与实践之间矛盾的良好途径，也是保障学生未来实习、就业的重要手段。

（四）鼓励学生创新和创业

学生通过创新、创业项目的申请和实施，可以实现与社会的充分接触，在调研和实践中发现和解决问题。现政史学院历史文化旅游方向学生已建立自办微型旅游企业“历览旅游信息服务中心”（2012年校级大学生创新创业孵化园项目），通过与旅行社合作，历览旅游信息服务中心已经实现了对校内学生市场的短程游及租车等项目的经营和管理；2014年成功申请到自治区级创新、创业项目四项，其中创新项目两项：桂东南教育基金的调查研究——以“博白县朱熹后裔联谊会”为例和广西高校旅游专业教育模式研究；创业项目一项：自助旅游网并逐步实现调研和经营。

（五）培养学生社会实践能力

培养计划注重对学生实践能力的培养，设置了见习和实习两个环节，并规定了相应的时间，见习一般为每学期一周，实习定在第七学期，共 6 个月时间，同时教师可根据课程需要适当安排社会调查等实践内容。此外，学生还可以利用周末、公共节假日和寒暑假时间到旅游企业或相关单位兼职，提高自己的工作能力，增强社会适应力。现 2011、2012、2013 级学生已有多人到旅行社兼职，带团到达过北京、上海、四川、云南、广东、香港、澳门等多地，了解了旅行社的工作流程，提高了导游带团技能；2014 年，2011 级近 20 人前往无锡多家星级及连锁酒店实习，分属于不同工作岗位，强化了对饭店专业知识的理解和工作流程的掌握；部分学生在玉州区、玉林市旅游局及相关旅游企业实习，锻炼和提高了工作能力、社交能力和管理能力，实现了从学校到社会的角色转变。

参考文献

[1] 李炳义. 应用型本科旅游管理人才培养模式的构建[J]. 江苏科技大学学报：社会科学版，2009（9）：74-77.

[2] 高路加. 历史系设置文化旅游专业的实践与思考[J]. 广州师院学报：社会科学版，1997，（19）：23-26.

[3] 祁颖. 历史专业与旅游专业学生素质特点之比较及其他[J]. 黑龙江教育学院学报，1997（4）：105-106.

应用能力培养导向下的本科旅游管理专业实训模块教学探究

潘　虹

【摘　要】旅游市场需求与旅游人才供给存在质量与结构上的矛盾，要求旅游管理专业以培养应用型人才为目标，但目前本科旅游管理专业普遍存在重理论轻实践的问题。因此，本文从专业人才应用能力培养的角度出发，提出本科旅游管理专业实训模块教学包括专业基本素质实训、导游能力训练、旅行社管理训练、酒店服务管理实训、景区景点管理实训及综合能力实训六大模块；本科旅游管理专业实训模块教学需要有“双师型”教师队伍、完善的教学体系与旅游实训基地建设三个主要支持保障条件才能得以正常实施。

【关键词】专业实训　模块教学　应用能力培养　本科旅游管理

随着我国旅游业的快速发展，各种新兴业态不断出现，这一态势对旅游人才的应用性、技能性提出了更高的要求。因此，旅游本科院系或新申办本科旅游管理专业的院系都开始从以理论研究为主要的办学目标转向以应用型人才的培养为办学目标，然而，目前本科旅游实训教学重理论轻实践，并未真正服务于应用型人才培养。因此，本科旅游管理专业的实训教学亟待调整与重构，以凸显并强化服务管理意识与专业技能。

一、本科旅游管理专业实训教学的必要性

（一）旅游市场对专业人才的需求

旅行社、饭店、旅游景区景点、旅游规划公司、旅游网络企业等旅游市场快速发展，对旅游人才的需要是巨大的。但由于旅游教育发展时间较短，旅游人才的质量、结构滞后于旅游市场的需求，因此，高素质的旅游人才的培养问题亟待解决。作为旅游人才培养主要基地的本科院校为了满足旅游企业的专业人才需求，必须加强专业实训教学，提高旅游管理专业学生的技能与管理能力。

（二）学生就业与学校竞争力的要求

旅游行业是服务行业，要求旅游专业人才不但有专业的理论知识，还要有实践经验和实践能力。这一要求促使高校旅游管理专业教学关注技能培训，突出高校旅游管理专业的

比较优势，提高高校旅游管理专业学生在就业市场中的竞争力，从而提升高校的竞争力。

（三）本科旅游管理专业实训教学现状的要求

目前旅游本科院系或新申办本科旅游管理专业的院系都强调应用型人才的培养目标，但是旅游管理专业实训教学并没有得到足够重视。其原因是多方面的，如师资力量薄弱、在专业培养目标和课程设置中没有给予实训教学应有的地位、实训课教学方法单一陈旧、实训课教学评价方法简单等，都致使本科旅游管理专业实训教学流于形式，难以达到预期的效果。

二、本科旅游管理专业实训模块教学设计

（一）实训模块教学的指导思想

以旅游专业理论知识为基础，以旅游专业基本素质培养、专业技能训练、综合能力提升三大模块为支撑，以培养旅游管理专业学生的行业技能与素质为目标，综合校内实训与校外实训的方法，形成理论与实践相结合、综合性的实训教学体系。

（二）实训模块教学设计与安排

大一阶段，实训教学着重培养学生计算机、口语、礼仪等基本素质；大二阶段，专业实训则以学习旅游专业理论知识为基础，着重培养学生的导游能力、旅行社管理能力；大三阶段，实训教学主要以酒店服务管理与景区景点管理能力的培训为重点；大四阶段，以 6 个月及以上的毕业实习来锻炼和提高学生的综合能力（见表 1）。

1. 专业基本素质实训模块

此模块训练的目的是使旅游管理专业学生初步形成适应职业和社会的能力，增强自身的社会适应能力和就业竞争力。第一，计算机基础应用训练。熟练操作 WORD、EXCEL、PPT、SPSS 等软件，通过对校内公共课程“计算机基本应用”的学习、专业教师上机辅导，结合全国计算机等级考试与本专业计算机考试来检验学习效果。第二，表达沟通训练。以“旅游英语口语”“演讲与口才”的理论教学为基础，以小组为单位，由专业指导老师指导训练，通过在班级、专业内举办英文/中文演讲比赛、辩论赛检验实训效果。第三，社交合作训练。在“职场礼仪修养（旅游）”“心理学”“领导艺术”等课程基础上，由专业老师指导训练各种场合的礼仪行为，以礼仪竞赛考核实训水平。第四，写作训练。以“旅游应用文写作”课程为基础，集中 4 周时间，由专业老师指导学生熟练掌握旅游政府部门、旅游企业等常规公文、文书的书写与运用。

2. 导游训练模块

首先，根据“导游基础知识”“导游服务技能”等课程，开展模拟导游教学。在导游模

拟实验室（若没有导游模拟实验室，教师指导学生搜集旅游景点的资料图片，在多媒体教室以幻灯片或多媒体教学图片的形式展示），本班学生和教师扮演“游客”，每位同学轮流扮演“导游”，以不同旅游景点的资料图片为背景进行讲解；其次，在校外，选择相应的景区景点进行实地讲解；最后，指导教师组织全体“游客”对某同学的导游过程（模拟）进行全程小结；实训结束举办导游风采大赛，以竞赛形式展现学生的导游能力。同时，结合每年的导游资格考试的情况，专业指导老师对考试学生进行辅导，加深他们对理论知识理解的同时，保证导游资格考试的通过率。

表 1　本科旅游管理专业实训模块一览表

<table>
<tr><th colspan="2">实训目标</th><th>实训课程</th><th>周数</th><th>学期</th><th>实训方式</th></tr>
<tr><td rowspan="5">基本素质</td><td>计算机应用能力</td><td>计算机操作系统基本知识</td><td>6</td><td>1、2</td><td>校内</td></tr>
<tr><td rowspan="2">语言表达能力</td><td>旅游英语口语</td><td>3</td><td>1、2</td><td rowspan="2">校内</td></tr>
<tr><td>演讲与口才</td><td>3</td><td>1、2</td></tr>
<tr><td>社交能力</td><td>旅游礼仪、团队合作</td><td>3</td><td>1、2</td><td>校内</td></tr>
<tr><td>写作能力</td><td>旅游应用文写作</td><td>4</td><td>3</td><td>校内</td></tr>
<tr><td rowspan="12">专业技能能力</td><td rowspan="2">导游能力</td><td>模拟导游</td><td>8</td><td>3</td><td>校内+校外</td></tr>
<tr><td>导游资格考试辅导</td><td></td><td></td><td>校内</td></tr>
<tr><td rowspan="4">旅行社管理能力</td><td>旅游线路设计</td><td rowspan="4">6</td><td rowspan="4">4</td><td rowspan="4">校内+校外</td></tr>
<tr><td>旅游市场调查</td></tr>
<tr><td>旅游电子商务</td></tr>
<tr><td>计调、外联操作业务</td></tr>
<tr><td rowspan="4">酒店服务管理能力</td><td>酒店前台实训</td><td rowspan="4">12</td><td rowspan="4">5</td><td rowspan="4">校内+校外</td></tr>
<tr><td>酒店餐厅实训</td></tr>
<tr><td>酒店客房实训</td></tr>
<tr><td>酒店管理能力训练</td></tr>
<tr><td rowspan="2">景区景点管理能力</td><td>旅游规划与开发</td><td rowspan="2">8</td><td rowspan="2">6</td><td rowspan="2">校内+校外</td></tr>
<tr><td>景区景点管理实训</td></tr>
<tr><td>综合能力</td><td>职业竞争能力</td><td>专业实习</td><td>24</td><td>7</td><td>校内+校外</td></tr>
</table>

3. 旅行社管理实训模块

结合“旅行社经营管理”“旅行社计调业务（外联）”课程，在实验室由专业教师指导旅游专业学生加深对旅行社内业管理、景区景点管理、旅行社计调与外联服务、旅游规划与产品开发、旅游营销等岗位的了解，提高实际操作水平；然后组织学生到指定的旅行社进行参观学习或短期实习。在这 6 周的集中训练中，学生要掌握旅行社外联、计调和营销等岗位的工作流程和工作技巧，熟知旅游电子商务的相关知识和旅游线路产品设计等操作技能，以旅游市场营销调查报告、旅游线路设计大赛、校园模拟旅行社等形式反馈实训效果。

4. 酒店服务管理实训模块

酒店服务管理实训的教学内容为酒店前台实训、餐厅实训、客房实训、服务管理能力训练。在校内实验室遵循“教师讲解知识、技能操作要领→教师演示服务技能→学生观察、模仿、练习操作→教师指导纠错→学生练习巩固”的工作流程；同时，组织学生到校外合作酒店进行参观考察，让学生与酒店管理与服务人员进行交流，听部门经理、部门主管等管理人员介绍酒店运营流程，观看服务技能演示，并安排学生参加短期的实习工作；整个实训结束后，举办酒店服务明星大赛，对学生的酒店服务技能进行考核。

5. 景区景点管理实训模块

在“旅游景区经营管理”“旅游开发与规划”等课程的基础上，将景区景点管理实训模块分为两大项：第一项，指导教师带领学生到景区（开发或未开发）进行为期 2 周的实地调研，要求做出资源标注分类、资源定性与定量评价，提交资源调查报告；第二项，将旅游景区景点管理技能培训课堂搬到景区景点进行，从景区的工作实际出发，以参观的形式听景区管理人介绍旅游景区市场营销部、游客部、经营部、督导管理部、人力资源部、安全保卫部等部门的岗位流程、技能要求等内容；安排学生到相应景区实习，充分了解景区管理工作的流程，掌握相应的服务技能。

6. 综合能力训练模块

在上述五个模块的基础上，学校与四星级以上饭店、国际旅行社、省级以上旅游景点、优秀企业等合作，统一安排专业学生参加毕业实习。在为期 6 个月的毕业实习中，专业负责人与骨干教师进行跟踪访查、巡回指导；并要求学生填写实习日志与实习鉴定表，在实习结束后开展实习专题讨论会、座谈会来交流总结实习经验。这个模块主要用来检测旅游管理专业学生的综合能力，让他们真正在实践中提升自身的专业操作技能与管理技能。

三、本科旅游管理专业实训模块教学实施的保障

旅游管理专业实训模块教学涉及课程设置、专业教师素质、实训基地等基本构成要素，只有这些要素不断完善，旅游管理专业实训模块教学才能得以实施与发展。

（一）培养一支“双师型”的专业教师队伍

提高实训教学水平，培养应用型、复合型旅游专业人才，必须具备一支既懂理论又懂实践的“双师型”的旅游教师队伍。一方面，本科院校可以对现有旅游专业教师进行职业培训，脱产或利用学生参与社会实践活动的时机，安排专业教师到酒店、旅行社等旅游企业进行专业实践，接触和熟悉旅游行业一线岗位，了解旅游企业运营机制和具体环节的操作技巧。另一方面，学校可引进具有“双师型”素质的旅游专业技术人员和管理人员到学校任教，外聘富有实践经验的旅游行业工作人员充实教育师资队伍。

（二）创新实践教学体系，完善考核制度

在具体的实践教学中，必须制订详细的教学实践计划，特别是校外实训或实习。在教法上采用灵活多样的教学模式，如聘请旅游行业的专家或一线骨干人员到学校讲课，也可以到旅游企业进行直观教学、模拟教学、实践教学等。同时制定一套完善的考核制度，结合过程性考核和结果性考核两种考核标准对学生操作技能和服务程序的准确性、规范性，以及学生在技能操作和管理服务过程中表现出来的职业素质、职业意识以及职业道德等内容进行考核。

（三）加强旅游实训基地建设，拓宽合作企业范围

校内实训基地（导游模拟实习室、酒店餐厅、客房实验室等）主要承担日常教学计划中的实训任务，是学生实训教学的主导。学校领导以及专业教师应认识到实训室建设的重要性，不断加大对实训室的投入，并制定规范、完善的实训室管理制度。另外，为了强化学生的技能操作，各旅游管理专业应根据自身情况确定实训室的开放力度，使实训室成为学生自主学习的第二课堂。应该看到作为校内实训基地的延续与拓展的校外实训基地已经成为旅游教育发展的一种趋势。因此，在学校与企业的合作中，要建立并完善实践教学与管理的运作机制，本着互利共赢的原则，制定合作协议，共同确定实践教学计划的基本内容。

参考文献

[1] 周杰，李乐京．基于比较优势理论的实训教学目标反思与重构——以应用型本科旅游管理专业为例[J]．贵州师范学院学报，2013（1）：45-48.

[2] 林淑飘．基于服务地方旅游经济的高校旅游管理专业实践教学研究——以咸宁学院旅游管理专业实践教学为例[J]．咸宁学院学报，2011，1（1）：133-134.

[3] 卢世菊，李东娟，王剑．利益主体理论在旅游管理专业实践教学中的应用分析 [J]．珞珈管理评论，2010（2）：163-168.

[4] 郝兴武．我院旅游管理专业校外实训基地运行管理模式探讨[J]．恩施职业技术学院学报，2010（1）：26-29.

[5] 刘霞．地方高校旅游管理专业实训教学原生认知及其建设对策[J]．遵义师范学院学报，2011．12（6）：117-119.

[6] 詹艳杰．高校旅游管理专业实训教学现状及应对策略分析[J]．世纪桥，2013（3）：91-92.

第三篇

历史教学的评价体系与教材编写

新课改背景下的历史课堂教学评价的理念和目的

李庆忠　莫伟华

“理念”一词中，“理”指理论、理性、思想；“念”指观念、信念、目标。综合起来即指富于创新的观念、追求可实现的目标。教学评价新理念要求教师在课程改革过程中具有能起到引领作用的教学评价观念和追求可实现的教学评价目标。

（一）树立历史教学评价的新理念

提到教学评价，人们很容易联想到考试和分数，可见以往的教学评价过于注重学生的学业成绩，而且评价方法单一。新课程提倡“立足于过程，促进发展”的评价方法，要求教师树立历史教学评价的新理念。

1. 教学评价的功能

对教师而言，一方面，历史教学评价的目的不再是检查、甄别、选拔，而是认识到“评价不仅要体现学生的学业成绩，而且要发现和发展学生多方面的潜能，了解学生发展中的需求，帮助学生认识自我，建立自信”，促进学生的发展。因此，评价不仅要体现考查学生对历史知识、历史技能的掌握情况，而且要关注学生掌握历史知识、技能的过程与方法，以及与之相伴随的情感、态度与价值观。看学生是否“会学”要比评价学生“学会了什么”更重要。另一方面，评价也可以帮助教师提高教育教学能力，促进教学工作的正常进行和教师自身的发展。

2. 教学评价的主体

在以往的历史教学评价中，评价主体是教师，评价标准是考试分数。被评价者大多处于消极、被动的地位，对评价结果往往是不得不接受。新课程提倡在历史教学评价中被评价者从被动接受评价转向主动参与评价，实现评价主体的多元化。学生、家长、管理者也作为评价的主体，其中学生从原来的被评价者转变为评价主体中的一员，主动参与评价过程，从而使评价过程成为其自我反思、自我教育、自我发展的过程。如学生通过记录自己的进步、成果和不足，对自己的历史学习成绩进行自评，可以清楚地看到自身的发展状况，为自己制订学习目标提供依据。

3. 教学评价的方法

新课程改革倡导评价方法多样化。过去的教学评价，过多强调书面考试的作用，基本上都是看考试的结果，忽视了其他的评价方法。平心而论，看考试结果的评价方法也有它的长处，但是容易导致教学产生僵化、简单化和表面化的趋向，因而考试不应该成为唯一的教学评价方法。历史教学评价的方法应该具有科学性、开放性和灵活性。对学生进行评价时，除了纸笔考试，还可以采用个人代表作品档案评价法、课堂观察和行为记录法、活动评价法、学生自我评价法等。应该认识到，只重视终结性的教学评价，而忽略形成性评价，过分关注结果是不科学的。我们可以根据历史教学阶段性的特点，将评价分为课堂教学评价、单元教学评价、学期教学评价和学年教学评价等，实现形成性评价与终结性评价的有机结合。

（二）新课改背景下课堂评价的目的

1. 关注学生发展

在以往的历史课堂教学中，学生大多是被动的，历史课堂教学评价主要关注教师讲得如何、教师的教学方法运用如何，评价的着眼点在教师，学生仅是“配角”。其实，历史教师的教是为了学生的学，没有学生的学，历史教师的教几乎没有任何价值。学生在历史课堂教学中的参与程度如何，在一定意义上决定了课堂教学的成功与否。所以，历史课堂教学评价必须把关注学生的学习、发展放在突出的位置。可以说，促进学生发展是历史新课程改革在教学评价上的指导思想与核心理念。

关注学生的发展具体表现为：一在历史教学目标上，突出历史学习的过程和学生在学习过程中表现出来的情感、态度、意志、信念、学习方式、学习策略，促进学生在“三维目标”上和谐发展；二在历史教学过程中，倡导学生积极主动地学习，参与教学过程，大胆质疑和提问，在多样化、开放式的教学环境中学会分析问题和解决问题的方法，养成探索历史问题的能力和实事求是的科学态度，具备创新意识和提升实践能力；三在历史教学反馈时，关注学生的个体差异，注重对学生进行多元评价，引导学生扬长避短，致力培养学生终身学习的愿望与能力。

2. 强调教师的成长

历史课堂教学是历史教师职业生涯最基本的构成部分，是历史教师人生中一段最为宝贵的生命经历。历史教师的综合素养，尤其是历史教师的职业态度和专业水平，直接影响甚至决定了历史课堂教学质量的高低、优劣。所以，历史新课程评价十分关注教师的成长，将其作为重要目标。

新课程标准下历史教师要更好地完成本职工作，需要具备较高的职业道德和最新的时代观念，正确认识自己的职业，具备较完善的历史知识结构，除了最基本的历史专业基础知识、生理学、心理学和教育学等知识以外，还要具备较强的历史教学、组织和管理能力。因此，历史课堂教学评价要有助于促进教师的专业成长，其重点不在于鉴定历史教师的课堂教学结果，而在于诊断教师课堂教学存在的问题，制订教师的个人发展目标，满足教师的个人发展需求。

从教学过程看，历史教师要不断增强课程意识和质量意识，不断学习他人成功、先进的教学经验，将他人的东西内化为自己的东西，将他人的教学经验与自己的教学经验相结合，创造性地驾驭课堂，优化历史课堂教学。从教学反思看，历史教师要注意自我反思，通过课后修订、教学后记、反思日记、案例研讨、行动研究等途径，不断反思自己的教学过程，反思自己的教学是否符合新课程教学理念，有没有激发学生的学习兴趣，有没有促进学生历史思维的发展，有没有促进学生历史学习能力的提升。从教学科研看，历史教师要围绕历史教学问题开展教学研究、教材研究、教学效率研究，不断纠正自己教学行为的不足和偏错，探索历史课堂教学的新特点和新规律，更好地掌握历史课堂教学的主动权，使历史教学常教常新，卓有成效。

3. 重视以学论教

历史新课程倡导以学生为主体，为此必须以学生的“学”来评价教师的“教”，以学生在课堂教学中呈现的状态为参照来评价课堂教学的质量，这就是所谓的“以学论教”。在具体操作层面上应重点考虑以下几个方面内容：

一是情绪状态。即学生在历史课堂学习时能否产生兴奋的心理状态。其主要表现是：学生对历史学习是否具有浓厚的兴趣、强烈的好奇心、热切的求知欲；是否能长时间保持兴趣，能否理智地自我调节和消除不良学习情绪；历史学习过程是否愉悦，学习愿望是否可以不断得以增强。

二是注意力状态。即学生能否把心神集中在历史课堂学习之中。没有注意力就没有学习，注意力被称为心灵的唯一门户。其要求是，学生是否能自觉排除干扰，迅速把注意力集中到历史教学的要求上，目光是否始终追随历史教师的教学行为；学生在倾听过程中是否不乱想、不乱动，全神贯注；学生回答历史教学问题是否具有针对性，符合要求。

三是参与状态。即学生能否参加、融入历史课堂教学。学生是历史课堂学习的主体，绝不是旁观者，只有主动参与学习、积极融入课堂，才能高效学习。其要求是：学生是否围绕历史学习目标主动阅读、积极思考；是否兴致勃勃地参与讨论，踊跃发言；是否勇于探究，成为历史知识的“发现者”；是否自觉地进行练习，主动巩固历史学习成果。

四是交往状态。现代学习理论认为，交往学习是当今社会最具影响力的学习形式，因为任何个体的学习都不是孤立的，都与特定的团队相关联，都有一定的交往活动。其要求是：学生在历史学习过程中是否友好地分工与合作；是否能虚心地听取他人的意见，尊重他人的发言；能否主动与他人对话、讨论、合作，共同解决历史学习问题，分享历史学习成果。

五是思维状态。学习的过程就是思维运作的过程，思维的水平决定学习的水平，历史课堂教学必须致力培养和发展学生的历史思维能力。其要求是：学生在历史课堂上是否敢于质疑，提出问题；是否围绕讨论的历史问题积极思考，各抒己见，敢于争论；学生回答问题时是否有自己的观点，语言是否流畅、有条理；是否有意识地锻炼自己的历史思维能力。

六是生成状态。生成，即“动态生成”，是新课程改革的理念之一，指的是在历史课堂上随着师生、生生之间的互动、对话和思想碰撞而即时生成新历史问题、新历史情境，从而深层次地激发学生的学习意识，提升历史课堂学习水平和品质。其要求是：学生是否理解历史学习目标，感悟历史学习情境；是否掌握应学的历史知识，是否有满足、成功和喜悦等积极的心理体验；学生的历史学习能力、实践能力和创新能力是否得到增强，并有历史方面的“灵感闪现”。

△ 注：本文已收录于刘祥学的《中学历史课程与教学论新编》，广西师范大学出版社2014年版。

浅议历史中考改革及其发展趋势

李庆忠　莫伟华

考试是关系培育、选拔和培养人才的大事，也是教育评价工作中最常用、最简便、最经济、最有效的手段。世界各国一直在积极研究考试的理论、技术，进行考试的改革。我国正在进行的基础教育课程改革中也正加大中考和高考的改革力度。

一、中考历史试题及其改革

历史中考，即初中毕业生历史课程学业考试，是义务教育阶段的终结性考试，是全面、准确反映初中毕业生在历史课程学习方面所达到水平的重要测量和评价手段。中考能引导教师转变教学理念、改进教学方式，促进学生主动、积极地学习，提高学生的探究能力、创新意识和人文素养。其考试结果既是衡量学生是否达到毕业标准的主要依据，也是高中阶段学校招生的重要依据。

据不完全统计，全国至少有20多个省、自治区、直辖市在中考科目中开考历史，而且分值有增加的趋势。但各地历史中考的要求不同，考查方式也不同，有水平测试（毕业考）卷与选拔测试（升学考）卷，有两者合一试卷；有面向全市（地级市）的考试，也有面向全省的考试；有综合课程试卷（思想品德与历史合卷），也有历史单科试卷。

从考试形式看，中考历史呈现多样化的趋势。鉴于历史学科的特点，主要采用纸笔考试，有闭卷、开卷以及开闭卷相结合三种形式。考试时间一般为90分钟至120分钟，题量在30至40小题左右。如果是综合课程试卷，历史试题在20小题左右，所占比分约在40%~50%。中外历史考查比例一般是：中国历史占55%，其中中国古代史占15%，中国近现代史占40%；世界历史占40%，其中世界古代史占5%，世界近现代史占35%；地方史占5%。试题一般由基础题、中档题、较难题组成，比例为5∶4∶1，或6∶3∶1，或7∶2∶1。也有的地方中考历史试题分为容易题、较易题、较难题和难题四部分，四者的分值比约为4∶3∶2∶1。试题难度系数一般为0.5至0.7，有的达到0.8或0.85。这表明，绝大部分试题仍以考查基本知识和基本技能为主，少部分试题具有一定的难度，以增加试题区分度。

（一）中考试题的特点

1. 命题原则

其一，基础性原则。根据历史课程标准确定考查内容与要求，注重从知识与能力、过程与方法、情感态度与价值观三个维度进行考查。着重考查“内容标准”六个历史学习板块所要求掌握或具备的基础知识与基本能力，突出主干知识，强调能力，尤其是注重考查学生收集、阅读历史材料，并从中获取和运用有效信息的能力；注重考查学生用历史的、发展的眼光观察现实社会的能力；注重考查学生自主与合作的探究性学习能力、实践能力和创新精神。

其二，科学性原则。在强调试题呈现方式生动性的同时，强调试题内容选择的科学性、表述的严密性和指向的明确性；试题力求符合初中生的认知水平和心理特征，避免专业化与成人化倾向。

其三，时代性原则。加强历史试题与社会生活的联系，与学生学习生活经验的联系。中考历史试题既要以历史问题为出发点，也要充分发挥历史教育的社会功能，促进学生身心的全面、健康发展。如 2012 年重庆市中考历史第 17 题（填图题）“南海诸岛自古以来就是中国的领土”，要求学生在清朝前期的地图上填出包括黄岩岛在内的“千里石塘”“万里长沙”的位置。这道题的大背景就是“南海岛屿争端”问题，通过对清朝前期疆域图的考查，引导学生关心国家与民族的命运，以维护国家主权与统一为己任。

其四，创造性原则。注意试题的人文性、探究型、实践性和开放性，有利于激活学生的创造性思维。如 2012 年长沙市中考历史第 24 题：湘湖文化有着深厚的底蕴，在中国文化中占有重要地位，其开拓者是谁？（答案选 A，即屈原、贾谊）这道题符合当前继承、建设、发展、繁荣中华民族优秀传统文化的时代要求，既与历史教科书的某些内容有联系，又与乡土历史紧密挂钩，符合学生的认知需求。

2. 主要题型

中考历史试题题型主要有 6 种，即选择题、填充题、识图题、列举题、材料解析题、问答题。从题型改革发展的历程看，在改造传统题型的基础上，主观题题量适当增加，一些具有创新性的新题型的比重也有所提升。

如探究题是近几年中考出现的新题型，是在原来问答题的基础上演变而来的新的考查方式，一方面仍重视对一些专题类知识的考查，另一方面又增加了探究这种新的考查方式的考查意向。材料性探究题类似于材料分析题，但与材料分析题有明显的区别。材料型探究题是以材料为引线考查对知识进一步探究的能力，而材料分析题则侧重对材料的分析能力的考查。材料课探究题中，材料呈现为多样化，有文字材料、图文结合型材料，还有图示型材料等。这类题型，材料只是一个引语或是提示，我们需要关注材料中的时间、人物或是其他重要提示，进一步结合所学知识才能够完成此类题型的解答。

3. 考试要求

中考历史的基本要求是准确、简明、规范、快速，主要考试类型分为开卷考试和闭卷考试。值得一提的是，开卷考试和闭卷考试一样重要。开卷考试并不意味着考试要求和水平的降低，与闭卷考试相比，它更注重考查学生的综合能力，这也正是历史学科的特点和要求。

开卷考试与闭卷考试不同，开卷考试不是考查学生死记硬背的能力，而是着重考查学生运用所学知识分析社会生活的能力。开卷试题的答案不要求千篇一律，允许和鼓励答案多元化，只要考生能够依据材料，结合所学的知识，言之有理即可。这大大减少了死记硬背的成分，切实减轻了学生的学习负担。

开卷试题一般都是“内容在书内，题目在书外”。这必然要求考生对学过的知识能够理解，知其然，知其所以然，还要能够进行知识迁移，举一反三，对学过的历史知识进行横向的、纵向的分析、比较，进一步理清知识脉络，准确把握知识点之间的联系，同时在应用上下功夫。

（二）中考历史试题发展趋势

1. 命题角度上的“变”和“新”

总的来说，中考历史试题题型基本稳定，并逐渐向高考题型过渡，略有变化。即弱化填空、连线、列举等题，凸显具有学习性、探究性、综合性的题型，将整个试题大体归于选择题和非选择题（或称“综合题”）两大类。坚持做到：试题设计科学合理，确保有效性；题型安排稳中求新，讲求开放性；题目呈现形式多样，充满创新性。通过中考历史试题，让学生感受到历史不是平面的，而是立体的，凸显其人文化、生活化的特点，以培养学生的创新精神和实践能力。

中考历史主要是考查学生对历史基础知识与基本能力的掌握情况，在基本题型保持不变的情形下，出题角度将继续发生变化，所用材料更加新颖，问题设计更加微妙，试题形式更加灵活，对能力的考查更加突出。如 2009 年河南省中考历史第 22 题，让学生结合材料和所学知识，用图示法表示中国近代化探索的轨迹，要求包含重大事件及其相互关系，并用箭头连接。这就摒除了以前只注重记忆、不重能力的偏向，符合整个课程改革的理念，对以后的历史教学和历史学习具有明确的导向性。

试题案例

2011 年福建泉州中考历史第 26 题，模拟情境为：学校历史兴趣小组开展“商鞅变法”专题学习，围绕参与“角色扮演”“理解学习”“方法探究”等活动，要求考生有针对性地进行回答。第 27 题，学校组织“第二次世界大战”研究性学习活动，要求考生围绕“图说历史”“论从史出”“历史启迪”三个方面参与研究性学习并作出回答。类似的题目在 2011 年山西中考历史试题中也有出现，该试卷的探究题即第 20 题是“和平与发展是当今世界的两大主题。但是，由于各种原因，国家之间、民族之间的冲突时有发生，世界和平不断受到威胁。2011 年 2 月，利比亚的局势成为人们关注的焦点。为此，小华和小明围绕国际形势变化进行了一项研究，请你也参与”。任务之一：梳理知识；任务之二：解决问题；任务之三：思考感悟。

这样的设计具有一定的探究性，不仅为考生提供了比较清晰的思路，而且让考生多角度、多方位地有话可说。同时这样的试题对改进教学有明显的指导作用。

再如 2011 年山东菏泽中考历史第 16 题，要求考生阅读西方历史哲学家科林伍德所说“一切历史都是思想史”的材料后，考卷给出了 7 个话题，即 A. 罢黜百家，独尊儒术 B. 八股取士 C. 文艺复兴 D. 启蒙运动 E. 毛泽东思想 F. 邓小平理论 G. 科学社会主义。考查要求：一是从 7 个话题中找出最早提出“人生应该追求幸福、快乐、智慧、情感，而不应成为伪善宗教的殉道者”的是__________；为资产阶级革命提供思想武器的是__________。（请在空白处填入英文字母）。二是让考生从剩余的5个话题中挑选2个话题，各设计1个相关问题（要求问题简洁明了，指向性强，并给出正确答案。试题给出了参考示例）。

这是一道典型的探究型试题。殊不知，过去的中考试题都是命题者提问，让学生进行思考、分析、回答，而这一道题却反其道而行之，让学生自我选择性地提出问题，分析并解答问题。

2. 具有地方史特色的试题将适当增加

在坚持中考历史试题贴近时代、贴近社会、贴近生活的同时，具有地方史特色的试题量将会适当增加。这主要是因为《初中历史课程标准》积极倡导“进行乡土历史的教学”，有效地推动了以地方史为基本特征的历史课程资源的开发，还因为中考历史主要是省市一级自行命题，显然打上了鲜明的“地方烙印”，彰显了地方特色，有利于激发学生了解家乡的愿望、热爱家乡的情感和建设家乡的责任感。中考历史试题的地方特色主要是围绕历史文化、地方概貌等内容来进行考查。

试题案例

柳州市的中考试题：“柳州有‘桥梁博物馆’的美称，如今有十多座风格各异的桥梁横跨柳江两岸，其中最早修建的公路桥是（哪一座）”（试题给出了文惠桥、柳江一桥、壶西大桥、红光大桥四个选项）。

桂林市的中考历史试题：“清真寺是伊斯兰教信徒礼拜的场所。在咱们桂林的崇善路，就坐落着一座古老的清真寺——崇善清真寺。1982 年巴基斯坦总统齐亚·哈克访问桂林时曾到该寺礼拜，并在寺门前亲手栽下4棵塔松。请说出伊斯兰教起源于（什么地方）”等。

3. 加强试题的人文关怀

历史教育对提高学生的人文素养有着重要的作用。历史试卷所反映的对考生的人文关怀则体现了历史课程改革的基本精神。

试题案例

2009年四川省南充市中考历史部分出现的温馨提示：“亲爱的同学，下面的历史问题是为了展示你的学习成果而设计的，一共四道大题，请仔细审题，认真思考，遇到困难也不要轻易放弃，相信你一定会成功。”

2010年安徽省芜湖市中考历史试卷（开卷）的温馨提示：“请沉着应对考试，相信自己的实力，祝你成功！”

2011 年山东省威海市中考历史试卷的卷头写着：“亲爱的同学，（经过）三年的学习，你定有许多收获和感悟，下面就展示一下你的学习成果吧！”“好了，平静一下心情，开始认真答卷吧，祝你成功！”

2012年青岛中考历史试卷开宗明义写着：“温馨提示：亲爱的同学，欢迎你参加本次考试，祝你答题成功！”在试卷的末尾又明确写道：“真情提示：亲爱的同学，请认真检查，不要漏题哟！”

中考历史试卷在试卷前言、题与题之间、试卷末写下一些具有亲和力的提示语，帮助学生正确对待考试，坚定考试信心，养成良好的答题习惯，顺利进行考试。字里行间流露出浓浓的关爱。这种关爱，体现了一种尊重学生、爱护学生的人文情怀，有利于缓解考生紧张的心理，减轻其心理压力，激发其创造的潜能。

总之，中考历史试卷改革是历史课程改革的一个重要组成部分，是初中历史教学的一张名片，在一定程度上代表了一个地区历史教师的教学能力与水平。中考试题是初中历史教学、教研的风向标，是教学、备考、评价不可缺少的指南，应当进一步得到重视与研究。

△ 注：本文已收录于刘祥学：《中学历史课程与教学论新编》，广西师范大学出版社2014年版。

关于高中课本“中法战争”的编写意见

张壮强　廖宗麟

在中国近代史诸研究课题中，中法战争研究成果远远落后于其他课题，这种情况自然影响到高中课本的有关论述。如果中学课本继续保留中法战争的内容，我们提出如下意见，供教材编写者参考。关于纸桥之战，黑旗军斩杀法军上校李威利，现在一般资料称“李威利”为“李维业”。这一战，法军出战官兵约 400 人，黑旗军出战官兵约 3 000 人，双方各死伤约百人。虽然这样规模的战斗在越南抗法战争史上可以算是大战，但和以后的黑旗军与法军、清军与法军作战的规模相比，则只算得是一场小战斗，称为“纸桥大战”，用词似乎重了点，不如称为“纸桥之战”为好。在这一战中，李威利的军衔是上校，所率军队仅只是一个营，称为“法军统帅”，用词也嫌太重，不如直接称为“法军上校李维业”为好。至于刘永福所获越南的“副提督”官衔并不是因此战所得，而是早在 1880 年因其他功劳而得。关于刘永福与天地会的关系。其实，刘永福参加广西反清农民起义军一事与天地会和太平天国的关系都不大，在介绍他的时候完全可以省略这些内容，可以写成“刘永福是广西反清农民起义军的头领，他的队伍以七星黑旗为战旗，故称‘黑旗军’。在清军的追剿下，刘永福率黑旗军转移到中越边境保胜地区，逐步发展到两千多人”。

关于清军的援越战争，即发生在 1883 年年底的山西之战和发生在 1884 年年初的北宁之战。在山西之战中，当时黑旗军主要是以越南军队的身份参战，严格说来不应称为“中国军队”，虽有清军为辅助兵力作战，但还是法越战争的继续或尾声，中法关系还完全处于敌对状态。而在北宁之战中，主力军是清军，黑旗军是辅助兵力。法军明目张胆地进攻主要由清军驻防的北宁，就等于是向中国挑衅，意味着中法关系处在敌对状态，后来法国向中国索赔就是由此而起。中学课本如果介绍，一定要分清这两次战争的性质。

另外，徐延旭当时任广西巡抚之职，虽然钦命督办广西关外军务，却是一个彻头彻尾的文官，不能称为“清军将领”，而且当法军攻打北宁时，徐延旭正逗留在北宁后方约二三百里的谅山后路，并不在北宁，说他驻守北宁不准确。马尾之战前，中法曾因中国援越抗法战争的失败，由法国使节福禄诺与清政府的代表李鸿章谈判，草签《李福草约》，这是后来的《中法和约》底稿，中法之间出现了短暂的和平时期。但由于很快就发生法军向清军挑衅的“观音桥事件”，中法重新起衅，才有后来的马尾之战的发生。它已不是法越战争的继续，而是中法战争的开始。

其次，马尾之战发生在位于闽江的马尾，并非海中，称“海战”不当，不如称为“马尾之战”好。马尾是福建舰队的驻泊地，但当时大部分的舰船已派往各地，留泊马尾的军舰已不多。由于指挥战事的张佩纶不懂军事，将各舰调集马尾对抗法舰，从而为法舰聚歼福建舰队创造了机会。假如没有张佩纶的鲁莽，也许就不会有法军在马尾的肆虐。所以在战后，奉命查处此事的左宗棠及清政府都归咎于张佩纶，给予重惩。这件事和李鸿章并无直接关系。李鸿章当时任直隶总督和北洋大臣，虽然是地方督抚中的第一人，但由于没有在中央任职，所以职权仍相当有限，是执行者而非决策者。有人说他“把持清政府实权”，这无论在情理上还是事实上都不恰当。此役失败之责在张佩纶。

关于法军侵犯台湾的战斗，最早应该是清军在光绪十年六月十五日基隆之战中打败法军，这时才是夏季，说秋季不准确。它还抹杀了清军在基隆之战中打败法军的功绩。八月法军占领基隆以及后来占领澎湖，台湾军民在基隆外围与法军反复鏖战，这些应当介绍。

关于镇南关大捷。广西边军执行清政府为解救台湾危局的“战越牵敌”策，以重大牺牲与侵越法军在越南北圻浴血鏖战，牵制侵越法军不能抽调兵力援助侵台法军，这个大局应当说明。在镇南关大战前，督办广西军务的是广西巡抚潘鼎新，帮办军务的是广西提督苏元春，只是到了形势紧急时，清政府才任命冯子材帮办军务。冯是当时军内的第三把手，说“清政府起用老将冯子材镇守广西边境”，就抹杀了其他将帅的功劳，似不公允。

《中法新约》的签订及其影响。当时是法国欲借“观音桥事件”，“踞台湾为质，向中国索取巨额赔款”，而不是“利用越南为基地进攻中国”。而中国则据理力争，拒绝赔款。由于中法两国在军事技术上的差距，因而中国军队抵抗十分艰苦。如台湾抗法战争在取得光绪十年六月的基隆之战胜利后，却有八月的基隆失陷；虽然取得淡水歼敌的战果，但在基隆外围争夺战中却屡屡失利，最后还丢失了澎湖。滇军围攻宣光的战事也不顺利，虽然以近万人的兵力与数百法军作战，却攻不能破城，守不能御敌，最后攻守两路均败退兵。广西边军在执行“战越牵敌”策时，更是屡战屡败，牺牲甚巨。从观音桥到船头一路被法军各个击破，法军甚至冲破国境线，一度占据了镇南关，震动整个西南，要不是老将冯子材出来力挽危局，中国的抗法大局就不可问了。因此，说“中国军队节节胜利，粉碎了法国侵略者利用越南为基地进攻中国的狂妄计划”，是过甚其词了。如写成中国军队节节抵抗，抵制了法国侵略者“踞台湾为质，向中国索取巨额赔款”的狂妄计划，就比较恰当。

关于议和。法国侵略者原来过高地估计自身的力量，过低地估计中国军民抵抗的意志，以为只要出动少量的兵力就可以轻易地使中国屈服，索取到赔款。但中国军队节节抵抗，粉碎了法国侵略者的如意算盘，迫使法国侵略者要出动大批兵力进行长期作战，大大加重了法国的负担。所以，尽管法军在具体作战中不断取得胜利，但要达到使中国屈服并攫取赔款却是遥遥无期。法国政府无力支持这样一场长期战争，因此，早在光绪十年十月即已表示愿意放弃赔款，在以《李福草约》为基础的条件下与中国议和，但一度为清政府拒绝。不过，双方的谈判一直在进行着，其中主要的是金登干在巴黎与茹费理的谈判，在镇南关大捷前，谈判已经基本完成。镇南关之战是侵越法军中了冯子材的诱兵之计，在兵力不足的情况下贸然再次进攻。因此，主动求和的是法国政府，而不是清政府。而清政府之所以在取得镇南关大捷的情况下愿意与法国议和，是因为在这同时法军占领了澎湖。按照当时中国海军的力量，中国是无法通过海战来收复澎湖的，在这种情况下，清政府才决定“乘胜即收”，与法国议和，以收回澎湖。

关于中法战争的原因。19 世纪 60—80 年代，法国为扩大海外市场不断侵略越南，想把越南变成它的殖民地，并危及中国的西南边疆。越南是中国的藩属国，当越南政府向中国政府求援时，清政府有救助的责任。但因为在第二次鸦片战争中吃过法国的大亏，清政府开始时不敢过问法越矛盾。驻法公使曾纪泽受洋务运动和民族抗争精神的鼓舞，深知经过普法战争惨败后法国的国力衰弱，主动对法国的侵越行动提出抗议，并建议清政府干预法国的侵略，唐景崧也受刘永福所率黑旗军抗法业绩的鼓舞，上奏清政府请缨入越助刘抗法。加上刘永福在越南抗法也取得了一定的战绩，清政府为这些事件所动，决定以助刘抗法的方式支持越南人民的抗法斗争，这反映了中国人对于外敌侵略的抗争。

关于中法战争的过程，可以分为援越抗法和卫国抗法两个阶段。第一阶段从 1982 年 9 月 19 日唐景崧请缨入越、李鸿章与宝海谈判、黑旗军在河内纸桥斩李维业起，历经怀德、丹凤、山西、北宁诸战，至中法草签《李福条约》止。重要事件有唐景崧入越说刘抗法、援越桂军进驻北宁，李鸿章与宝海谈判及流产，刘永福率黑旗军在纸桥、怀德、丹凤、山西与法军浴血鏖战，援越桂军在北宁与法军决战并失败，及清政府改换军机处，李鸿章与福禄诺谈判并草签《李福条约》。其中黑旗军在山西和援越桂军在北宁的两次战败，标志着清政府援越抗法战争的失败。第二阶段从 1884 年 6 月 1 日的观音桥事件起，至 1885 年 4 月中法签订《中法和约》，两国军队撤回边境止。第二阶段的重要事件有观音桥事件、法国向中国索赔和中国反索赔的斗争、法军侵略台湾和刘铭传领导的台湾抗法战争、清政府定策战越牵敌、马尾之战、援越桂军与侵越法军在越南北圻的浴血鏖战、滇军和黑旗军与宣光法军的艰难作战、镇海之战、金登干对法谈判、镇南关大捷、茹费理内阁倒台、中法签订《天津和约》、清军撤回边境等。中法战争中的重要人物有刘永福、唐景崧、李鸿章、曾纪泽、刘铭传、冯子材、茹费理。至于怎样从中选择史事编入教材，请教材编写者根据有关原则考虑。

由“器”及“道”

——历史本科生培养指标的现代解析

杨天保　张壮强

21世纪以来，回归传统、复兴国学、重建人文精神呼声日蹙。20世纪末跌入边缘处境的现代史学，面临此景，借机转向，在“大众化”的浪潮中，收拾山河，陶铸学子，期于得见往昔盛况之一斑。同昔日相较，传媒时代下的现代高校运作机制、人才市场供需规则、历史教学观念及其对象属性的异变等，无不改写了历史本科生传统培养指标的各项“函数”。无视此端，现代史学走出“边缘化”的努力终是镜花水月。基此，我们拟就日趋变化的各项指标函数略作解析。

一、能“听”到的“活”史

讲坛课堂，悉心于听，这已是传统授课的主调。“非礼勿视，非礼勿听，非礼勿言，非礼勿动”。师道尊严、循循善诱之风，养就的是一群惯于学堂生活的“史学雅士”。在这样一个半封闭的子系统里，一是对外界动态信息的缺失，一是趋于贵族化史学的成型。前者常常促动个体离却鲜活的当下处境，泛游书海，与古典同眠，这的确能滋生出好古慕道的品性。然而，钻进去而无法抽身的“蠹虫”生态，哺育的仅仅是一批批“史学老道”。忘却了现实，但又时常以古衡今、以古非今，并抒发些今不如昔、遥尊三代的慨叹，长此以往，闭目塞听，也并非益事。所以，走出学堂，走近乡村，“降落民间”，听听底下的声息，堪为重要。

首先，就历史文献学而言，地方上大量未成文字记载的风谣民谚、山歌巷曲、神话传说、志怪异俗等已突破传统史料学的文本体系，另辟蹊径。这些未加修饰的“另类”文献，流传千年，封存绝代，难登大雅之堂，但始终与民生息，患难相恤，真正是传承历史、见证裂变的合格之链。聆听这样一种下里巴人式的田园牧歌，既足资考补、证实和辨伪阳春白雪式的黄钟大吕，更能让人亲眼得见“活”史，亲身体验到触摸历史脉搏的真实动感。

其次，就历史观念而言，中国区域博大，差异性鲜明突出，但历代整理国故、修撰“正史”、勒为经典的过程，实质上也是一个统一思想、隐没多元化存在的政治谋略。现在，与自上而下的方向大相径庭，个体能从底层听到具体生命的呼吸和基层生活的旋律，这就在“正统”历史观念之外置下了新史学增长的思维空间。

再次，就史学渊源而论，文字出现以前，原始初民口耳相传，“族史”不断。英雄创世、民族灾变、部落冲突……皆凝成朗朗上口的故事，汇成历史资源，一一传教后人，民与史合，史魂不辍。这样一种在后世不彰的“口耳之学”，虽则因情就俗，自然化成而精致不足，然而实为史学根本。但是，文字形成之后，“传注训诂之学”大盛，以文载史，史学多为世家大族把持，成为一种立户扬名的权舆。于是，一家之学，代不外传，在“文字化”的学术生态里，史学始与目不识丁的下层民众无涉。能“听”出远隔千年的史学原型，并寻找出一个现代史学借以增长的平台，进而推动“口述史”大众化，善莫大焉。

最后，就方法论而言，“听”出来的所有情结、心态、理智、思念已经超出了传统史学方法掌控的界面。洞悉蛛丝马迹，针对各种刺激做出合理及时的反应，仅仅依赖校订文字，“纸”上谈兵，必将无果而终。因此，无论是考证史学还是义理史学，都不得不求助于文化人类学、宗教社会学等诸多学科方法。高校史学听音识性，皆离不开“科际整合”。

二、“说”得出来的“民史”

中国古代目录学素存“说部”,《世说新语》开其先声，后世概以“小说”“传奇”“演义”之属充之。因其记事离奇怪诞、考之无证，历来皆为谨守“言必有据”原则的“信史”者所诋毁。史家一事未明，则皆“失语”无方，噤若寒蝉，形同木讷。相反，“说部”诸君附会野史，罕究事实，街头巷尾，穷曲乡里，歆动民众，挥洒自如。郭沫若先生掀起曹操“翻案风”，与其说是一场学术之争，倒不如说是史学与“说部”的一场旷世较量。现代大众传媒时代到来后，“说部”翻成新曲，“戏说”成风。民众的“戏说”之嗜，一步步都在膨胀所谓“架空历史小说”“历史幻想小说”之类文本的市场需求。长此以往，谁还能相信“民史”不会“娱乐至死”？

换言之，难道中国民众获取历史知识的渠道自“文字化”时代以来就已终结不继？难道“经典下移”、唐宋新知识群体独开风气、宋元史学“义理化”等诸多现象皆是民间遥不可及的贵族游戏？难道历代诸多史家毕生寻究的历史知识一经产生即就宣告死亡？难道史家就是阻碍民众亲聆“民史”的祸首？难道真的应了“沉默是金”这句俗语？看来，普及历史，启蒙民众，高校史学非“说”不可！

当然，古今史界也不乏好“说”之徒。一者鹦鹉学舌，泛陈新意；一者装腔作势，代言他人。但是，二者都不是实践的典范。前者以剽窃为能事，拾拣他人牙慧，据为己说。古代史钞、史汇，即是其类。而一些为人师者，在“本本主义”的促逼下，所说出来的只怕也都是违心之语。古代御用史家、殿前经筵、两制翰林之属，概以史学之才，代行圣谕草制诏表之属，说的都不是本心话！

以上种种畸变，“无我”“无民”之言，是祸是福，已无需多言！值得注意的是，中国现代史家囿于身份品位上的“高贵”，过于谨守“道、器之辨”的学统原则，言道不言“器”，对现代大众传播技术的思想价值、工具理性缺乏深度认识，还未能长成自觉性的革新主体，而依旧在传统之路上流连忘返，以至于坐失良机，葬送前景。最终，他们失去的不仅仅是大众传媒这一“公共空间”的建构与经营，更重要的是，在一种自慰的幻影里，史家只为他们自己所属的狭小群体涂脂抹粉，史学仅仅只是史家的玩物，史学命运也就在这样一种沉默中走向默默无闻。没有现代大众性的表达与倾诉，史学自掘其墓，只能为“史学危机”写就篇篇华丽的葬辞。

所以，“说”得出来的历史，既要符合史学的学科特性，坚持自由和独立的思想精神，同样，也只有在与众人交流的过程中，“说”者才能将自己所属的学科特性潜移默化地传达给他者，达到与人为善的目的。其实，传统史学本身就拥有优良的修辞学特征，它足以为现代理性提供真正说服人的雄辩支持。

换言之，史学虽则是一个传统学科，但它的内骨却与现代性息息相关：史家面向民众“讲故事”，要营造的是一个说者与听者同悲共乐的开放性“公共空间”，要寻索的是一个个由“历史事实”组建的人文精神之链，要进行的是多角度的“移情”理解与多元文化对话。在“公共领域”里，双方增进和谐，建构友谊，激荡灵魂，陶冶精神，都是有责任的参与者，而不再只是“无恶意的看客”：要么“失语”无措，作掉头西顾的壁上观；要么“呜呼哀哉”，暗自销魂落魄。

列奥·施特劳斯认为，“历史不再是沉思的，而是实践的”。现代史学大众化的实践策略，不外就是降落民间，走入基层；先言后行，言行合一：讲清的是故事，说明的是道理，做出的是行动。

三、读史、读经与读诗

历来读史，主流就是圈点“正史”、浏览方志、捃拾私家野史笔记。近现代以来，还会增加涉猎期刊、点击网页、搜罗国际汉学专著等等。学子终其一生，懈于“读”，恐怕也未必能读出个究竟。北宋司马光撰《资治通鉴》，本来就是为了删繁就简，以便读者通览古今，然而其时能终其篇者，也仅仅是王益柔一人而已（卷二八六《王曙传子益柔》）。自从印刷术成熟之后，历史读本快速递增，在卷帙浩繁的书海面前，读者更是望洋兴叹。

这是一个日趋专业化的时代，史学已非博闻强识、“多识前代旧事”之学。高校史学做惯了“加法”，习惯于广征博引，以知识量的增加为指标，朝向培养“电子数据库”型历史本科生的方向发展，忘却了做“减法”的时代价值和史学的专业性要求。学习虽不是一项减负的运动，但是合理加重，实为必要。

为此，首先就是要清除“狼奶”，颠覆学生在基础教育阶段所吸纳的“社会发展简史”式的潜观念，终止学生为充实此种庸俗简便的社会发展模式而埋头累积历史知识的“加法”进程。换言之，删减往昔非专业性的误导，屏蔽污染，腾出思维的空间，重建个体的历史知识体系，才是高校“读史”的第一步。

其次，“弱水三千，只取一瓢”。“史”海无边，“读”者无涯。“多多益善”式的增长理念，与精益求精的“史魂”相背而驰。贪多务广的史学，其结果只会提供一种茶余饭后的谈资或佐料。所以，培养“专家之学”，个人兴趣与研究方向尤其重要。在司马迁看来，“究天人之际，通古今之变”的最终归处，就是要“成一家之言！”

另外，“读史”与“读经”“读诗”相结合，它包括两个方面的含义：一是在传统“经史子集”四部分类法中，研读史部之外的相关著述；一是以“经学”“诗学”的理论方法寻求史学的艺术风韵。

在中国传统国学体系中，经以论道，史以载道。古人不乏“经史一体”的实例，要么以经统史，要么借史传经。到了清代，史家章学诚综论众说，直接提出“六经皆史”的观点，极具借鉴意义。所以，高校“读经”，既有助于启发史学思维，丰润史意，推动义理化史学的发展，同时，经学系列中的训诂名物、考订版本、校勘文字等学问也为考证史学提供了支持。

亚里士多德曾在《诗学》中详论史学，以“诗”观史；尔后，雅各布·布克哈特认为，“历史在很大程度上仍然是诗，它是最美最生动的篇章”。而海登·怀特更把历史研究和诗歌创作等同起来。可见，“读史”如“诗”，消解其真实客观性，西人长有此嗜。

在中国，文史不分，文质合一，历来是古人言谈的主题。孟子曾抒发“《诗》亡而后《春秋》作”“其事则齐桓、晋文，其文则史”的悲叹。到了近现代，无论是史家陈寅恪先生首创“诗史互证”之法，撰成《元白诗笺证稿》《柳如是别传》，还是文学家钱钟书先生坚信“古史即诗”，厘订出《宋诗选注》，在诗学范式与思维的进度上，二者迥然相异，但是，他们都在“史”中究出了“诗”的苗头。虽则这些观念、做法屡遭后人异议，但无论耿耿于“求真”的史家如何评价，失去“读诗”的史学只会是一躯散发腐臭的木乃伊。

四、从自传开始，究问本心

千古文章，历来皆为学子景仰、临摹。人以文贵，以文取人，亦皆渐积成中国传统社会的游戏规则。编修史书是一项“得失一朝，荣辱千载”的盛事，所以，论史“作文”，考究“写”的能力，诸多史家乐此不疲。一门中国历史编纂学，说到底，就是要身后留名、典册汗青，但发展到今天，经日常练习、期末测试、撰写毕业论文等高校教学环节，已或多或少地远离了古人的治史“大节”，史学学科特性的一般要求，在公整化的现代教学模式下，与他者无异，“史”迹难寻！

首先，史学“作文”皆源于“做人”。古谚：文如其人，学如其人。道德心性、文章气质、学术造次，三者缺一不可。在中国古代史界，刘知几首倡“史才三长论”，未及于人格品性，故此，后继者章学诚在“史才”“史学”“史识”之外，质问“著者之心术”，提出“史德”标准以补其不足。

其次，读史明智，前提是著者自智，然后达及他人。老子说：“知人者智，自知者明。”王安石也认为，“知己者，智之端也，可推以知人也。爱己者，仁之端也，可推以爱人也……能知人爱人者，未有不能知己爱己者也”。古希腊德尔斐神庙碑铭亦曰：“人啊，认识你自己！”所以，史学作为一种“为己之学”，中西亦然。

可见，撰写自传，寓史法、史意于一文，既钩沉索引，周详往事，又纵列编年，横系人事，历史文献学之学问高低，一目了然。甚者，思想嬗变之秋毫、心态倏忽之递变、交游人事地域之波折离奇、来日治事行世之祈望期盼……辨章学术，考镜渊流，点面结合，尽诉笔端。总结既往，认清自我；规模他日，以俟来者，皆在个人历史画卷的舒展之际。

另外，在个人自传的基础上，举一反三，由一到多，遍以亲朋好友入题，频更传主，博采“列传”“世家”“族谱”之旨，日渐悉知众生相之间的前后因缘或社会因果关系。如此治史，则生活如史，社会如史！

当然，史学作为一门传统学问，根深叶茂。在每一个具体的研究方向上，做好学术史的回顾，写出明辨大流主向、洞见曲折是非的专题研究综述，亦同样不容忽视。与重在“以学系人”的人物传记相比，史学综述偏好“以人系学”，二者相辅相成。

最后，现代传媒发展日盛，各类取材于历史资源的文本相竞迭出。它们是否合理利用资源，是否有助于历史资源的可持续性开发，是否偏离了史学之维而异化了历史之实……这些问题的提出，皆有待于高校史学予以回击和解答：其一是书评短讯的撰写，其二是历史小说、历史剧本的编纂。尤其是后者，传统史学由于素鄙野史笔记之文，皆置身事外。结果，未谙史学、未识史性的好事之徒趁势举事，喧嚷一世，名利双收。中国史界要到何日才能醒悟培养“现代写手”的重要性？

五、主善：道不远人

如今是一个充分技术化的时代，但是，高校生仅仅依赖于听、说、读、写能力的培养，将史学技能成熟化、现代化，仍旧无法迎来现代性的史学。换言之，只要守得住本心，言“道”不言“器”，作为传统人文学科的史学就仍有价值！所以，由“器”入“道”，“道”“器”相合，才堪称建构史学现代性的最佳范式。史学即人学，“人们的社会历史始终只是他们个体发展的历史”。而且，“历史叙述和阅读的私人化将促使历史学成为一种实验史学”。所以，道不远人，历史研究以记载中的古人为参照，它所能探讨和企及的只是研究者个人的心性道德、观念情感、行为模式等，它所面对的不是什么抽象的社会关系或阶级团队，否则，史学就会蜕变为社会学等其他学问。例如，中国义理史学发展到宋元时代，在“存天理、灭人欲”的观念驱动下迅速哲学化。原本作为经学附庸的中国史学转手又沦为哲学的附庸。

同样，史学是一种为己之学，主善是史学永恒的函数。在孔子看来，史学即仁学。它的功能莫过于“以史为鉴”，进而促动史家自身向善为仁，让自身的存在一次次被灌注新的意义。然而，史学功能一直都被夸大化，以至于上演出“史学救国”的闹剧。“真实”的谎言一次次将众多的心智才识，浪费在诸多标榜具有同一性内质的“天理”“定则”“规律”的混战之中。诸多史家受其束缚和催眠，终其一生都在为某种绝对性、必然性而摇旗呐喊，都希冀以自己个人的思维活动来规定和统一他人活生生的物质行为。昆廷·斯金纳在驳斥功利性思想史家时指出：“试图从思想史中找到解决我们眼下问题的途径，不仅是一种方法论谬误，而且在某种程度是一种道德错误。”罗素亦认为：“过分肯定必然性是当今世界上许多最坏事情的根源，而且这正是历史深思所应当给我们纠正的东西。”此番言论，对于高校这一史学“培养基地”而言，堪为药石！所以，在现代功利社会，历史本科生始终都要摒弃要“史”求生、以“史”干世的幻想。史学实乃精神之学，与个人的仕途福利并无内在的逻辑关联性；作为文化之学，史学参与社会的方式并不是轰轰烈烈、力挽狂澜的救世运动，它只以其自在自足的学术属性，江河万古，“人文化之”。

可见，现代诸多高校也并非就是现代史学唯一的生存发展之路，正因为如此，以上历史本科生培养指标的现代函数，决计不是此类高校指令性文件的翻版！希望高校能在校外重觅现代史学新的“培养基”！

参考文献

[1] 李小树．论中国史学发展的形态演进与特征变化[J]．学术研究，2000（5）．

[2] 何晏．论语注疏[M]．北京：北京大学出版社，1999.
[3] 何晓明．降落民间——21 世纪中国史学走向管窥[J]．史学理论研究，2001（1）.
[4] 赵世瑜．传说·历史·历史记忆——从 20 世纪的新史学到后现代史学[J]．中国社会科学，2003（2）.
[5] 李永采．论历史学的起源和早期历史记载方式[J]．史学理论研究，2006（3）.
[6] 左玉河．方兴未艾的中国口述历史研究[J]．中国图书评论，2006（5）.
[7] 董国强．略论新理论新方法在史学研究中的应用[J]．江苏社会科学，2004（1）.
[8] 于沛．理论与方法——历史学与社会科学的关系及其他[J]．历史研究，2004（4）.
[9] 王洪波．幻想小说〈新宋〉颠覆历史[N]．中华读书报，2005-12-01.
[10] 李芸．成就写作梦想 创造百万销量[N]．科学时报，2006-4-20.
[11] 韩松．架空历史和现实世界[N]．科学时报，2005-12-01.
[12] 列奥·施特劳斯．政治哲学与历史[C]//丁耘．思想史研究．桂林：广西师范大学出版社，2005.
[13] 脱脱．宋史[M]．北京：中华书局，1977.
[14] 葛兆光．思想史——既做加法也做减法[J]．读书，2003（1）.
[15] 章学诚．文史通义校注[M]．叶瑛，校注，北京：中华书局，1985.
[16] 恩斯特·卡西尔．人论[M]．上海：上海译文出版社，1985.
[17] 海登·怀特．旧事重提——历史编纂是艺术还是科学·书写历史：第 1 辑[C]．上海三联书店，2003.
[18] 赵岐．孟子注疏[M]．上海：上海古籍出版社，1990.
[19] 钱钟书．谈艺录[M]．北京：中华书局，1984.
[20] 刘知几．史通[M]．沈阳：辽宁教育出版社，1997.
[21] 雷戈．“史德”新论[J]．史学月刊，2006（8）.
[22] 王安石．王安石全集[M]．上海：上海古籍出版社，1999
[23] 周宁．从历史构筑意识形态——中国现代史学与史剧的意义[J]．人文杂志，2003（2）.
[24] 马克思恩格斯选集：第四卷[M]．北京：人民出版社，1972.
[25] 陈新．实验史学——后现代主义在史学领域的诉求[J]．北京师范大学学报，2004（5）.
[26] 郭学信．略论宋代士大夫的“史学自觉”精神[J]．山东师范大学学报，2000（6）.
[27] 罗炳良．从宋代义理化史学到清代实证性史学的转变[J]．史学月刊，2003（2）.
[28] 罗素．论历史[M]．何兆武，等，译，桂林：广西师范大学出版社，2001.

地方院校历史学特色专业建设的实践探索

——玉林师范学院的个案分析

曾凡贞

【摘　要】自升本以来，玉林师范学院历史学专业确立“立足地域文化，突出专业特色”的专业建设指导方针，构建“立足地方需要，突出应用性”的人才培养方案，形成“传承历史文化，凸显地方特色”的课程体系，打造“侨乡文化特色研究团队”，建立依托地方资源的实践实训平台并探索地方文化研究性学习路子。实践探索了地方院校历史学特色专业建设的路径。

【关键词】地方院校　历史学　专业建设

近十年来，随着经济的快速发展，新建地方本科院校的办学规模不断扩大。然而，新建地方本科院校的专业建设却出现了一个令人尴尬的局面：各院校开设的很多专业，大多是借鉴老牌本科高校的办学经验，不仅专业名称相同，专业方向无明显差异，而且专业主干课程也几乎没有区别，导致专业缺乏特色，专业建设“同质化”倾向明显。如此既导致了我国有限教育资源的低效与浪费，又使地方新建本科院校人才培养与区域经济发展对人才的需求相背离，同时还加剧了高校毕业生的就业难度。可见，新建地方本科院校要坚持内涵式发展方向，切实提高人才培养质量，在专业建设上避免同质化，打造好本校专业特色建设。

特色专业是指充分体现学校的办学定位，在教育目标、师资队伍、课程体系、教学条件和培养质量等方面，具有较高的办学水平和鲜明的办学特色，获得社会认可并有较高社会声誉的专业。新建本科师范院校的历史学专业如何打造自身特色，破解新建地方本科院校历史学专业同质化的办学难题？这一问题引起了我们的重视。在实践探索中，玉林师范学院历史学专业坚持“师范性、应用性、地方性，培养高素质的创新人才”的办学指导思想，着力于以培养“下得去、留得住、有作为”的优良基础教育师资和历史文化旅游人才为目标，运用系统论方法，遵循高等教育规律和学科、专业发展规律，结合历史学的学科特点，本着“以特色求发展”的专业建设思路，扬长避短，挖掘相对优势、构建自身特色。经过几年来的努力，学校探索出了一条适合本专业生存和发展的新路，形成了颇具本土特色的教学成果。

一、确立“立足地域文化，突出专业特色”的专业建设指导方针

从系统论的观点来看，专业建设是一个远离平衡态的开放的系统工程，其中包括人才

培养目标、人才培养模式、课程体系、教学团队、实践教学条件、教学管理等核心要素。这些要素彼此之间相互依存、相互渗透，并且相互转化，同时受人才市场等外部环境影响而实现动态发展，具有系统论的基本特征。如何将共性很强的历史学专业建设工作做出个性，做出特色，或者说，如何基于自身条件，创新专业建设工作，赋予历史学专业以新的内涵，切实提高专业人才的培养质量，这些是专业建设需要解决的核心问题。因此，只有找准专业建设工作的切入点，才能将整个专业建设工作激活。

玉林师范学院是桂东南唯一一所本科院校。玉林历史悠久，文化积淀厚重。晚清以来，玉林人走出广西，走出国门，走向世界。迄今，玉林已成为广西最大而闻名全国的侨乡。博白县客家人逾 100 万，占全县总人口 178 万的 60%以上，占整个广西客家人 500 多万的 20%，是广西最大的客家人聚居行政县。与玉林有重要关系的李宗仁、黄绍竑、黄旭初等新桂系重要人物，改写了广西近现代历史和广西在中国近现代史上的地位；王力、罗尔纲、陈柱、徐松石、冯振等著名学者，让中国和世界了解到广西人沉潜学术文化的一面。容县真武阁的建筑艺术水平令现代建筑学家叹为观止；容县都峤山是中国著名道教旅游胜地，吸引了中外无数游客和专家学者前来瞻仰和观摩……我们在认真分析玉林历史文化的情况后认为，身处其中的历史学专业，在挖掘、整理和利用这些历史文化资源，服务于历史学专业建设方面有着得天独厚的便利条件。历史学专业建设的切入点即桂东南特定区域的历史文化资源。有了这个工作切入点，我们的历史学人才培养目标、人才培养模式、课程体系、教学团队、实践教学条件等各方面专业建设工作就有了明确的努力方向，老师的精力和智慧就有了共同的汇聚焦点。因此，我们确立了“立足地域文化，突出专业特色”的专业建设指导方针，以社会需求为导向，科学合理地完善培养方案，优化课程设置体系，完善基础教学条件，逐步形成专业优势，培养“下得去、留得住、有作为”，基础优良的教育师资和历史文化旅游人才，努力为基础教育和经济社会发展服务。

二、构建“立足地方需要，突出应用性”的人才培养方案

玉林师范学院历史学专业在人才培养目标方面不趋同、不攀高，在日趋多样化、多层次化的社会人才需求中确立符合新建地方性本科院校自身实际的人才培养目标，不断优化课程结构，构建了“立足地方需要，突出应用性”的人才培养方案。2009 级培养方案将课程分为三个模块：必修课（公共必修课 + 专业必修课）、限定选修课（系院限选课 + 全校限选课）、任意选修课（系院任选课 + 全校任选课）。2011 级培养方案中调整为四个模块：公共必修课程、教师教育课程（必修课 + 选修课）、通识课程（必修课 + 选修课）、专业课程（必修课 + 限选课 + 任选课）。在 2012 级培养方案中，仍为四个模块，但将“专业课程”模块中的“必修课”部分修改为“学科基础课 + 专业基础课 + 实践教育活动”。在专业限选课中，设置了一些满足学生多样需求的课程，供学生自主选择。在 2009 级培养方案中，共设置了“经济史”“社会史”“思想文化史”“学科方法”四个方向。2010 级方案将“学科方法”方向改为“通修课程”。2011 级培养方案中，全面调整为四个方向：“华侨华人史”“西南边疆史”“专业技能”“专门史”，要求“专业技能方向必选 6 学分；华侨华人史方向、西南边疆史方向必选一个方向；其他从专门史方向上任选”。避免了以往学生只重学分、不管方向

的弊端。到 2012 级培养方案中，取消了“专门史”，调整保留了三个方向的课程、学分，要求“专业限选课一共需选修 16 个学分，其中专业技能必选 8 个学分，华侨华人史方向和西南边疆史方向必须选修其中一个方向，8 个学分”，使学生的知识结构更完善。

三、形成“传承历史文化，凸显地方特色”的课程体系

教育实践表明：教学与课程相互转化，互相促进。开发与利用地方课程资源，是保证课程实施、目标实现的基本条件之一，是我国新一轮教育课改中的一个亮点。为促进历史师资方向和历史文化旅游方向的学生建构起良好的专业知识结构，特别是着重帮助他们了解桂东南历史文化，增进对广西侨务、侨史、侨情的认知，激发学生的爱国爱家乡情怀，我们加强了专业核心课程群建设，形成了以广西壮族自治区级精品课程“中国近代史”为龙头，以校本课程“广西华侨华人史”“华侨华人经济研究”“侨务知识与政策”“桂系专题”为特色，以“史学概论”“中国古代史”“中国近代史”“世界上古史”“世界当代史”等校级重点课程为主干的专业课程体系。我们还充分挖掘了玉林廉文化以及容县真武阁、容县都峤山、太平天国金田起义遗址、玉林高山村、北流萝村、兴业庞村等历史文化名地和科举家族、陈柱、王力、徐松石、华侨华人、客家等地方历史人文资源，补充、更新专业课的教学内容。

历史学专业还开设了全校性选修课“华侨华人经济研究”“侨务知识与政策”“华侨华人与中国革命”，每次选修人数约 200 人；开展了“华侨华人与中国共产党”“养廉近在身边”“陈柱人生沉浮录”“桂东南地域文化”等专题讲座，促进了校内师生对桂东南历史文化的深入了解。

四、打造“侨乡文化特色研究团队”

“人才资源是第一资源”。历史学专业之所以能够成为玉林师范学院的传统优势学科，在很大程度上归功于该专业保持和稳定了一支年轻上进、能力较强的师资队伍。目前，历史学专业教师 20 人，45 岁以下教师 18 人；博士 10 人，硕士 10 人；教授 4 人，副教授 3 人。在特色学科建设过程中，历史学专业教师扎根本土，深耕细作，追求由专至博、由专至通的治学路径，以“专”挖掘深度，以“博”扩大视野，“博”为“专”服务，以“专”的积聚而成“通”，以“通”为最终目的。在具体的研究工作中，历史专业教师通过新一轮的资源整合，将研究具体方向定位在中国西南边疆近现代社会转型、华人华侨、岭南学术思想与文化、桂东南民间信仰等四大领域，注重将对地方基础史料的精深研读和对各类史料的旁征博引、相互参证结合起来，将对地方微观历史细节的建构和对宏观历史趋势、规律的揭示结合起来，将对历史特殊性和普遍性的思考与对历史发展时空差异性的阐释结合起来，将对具体专题的探讨和对“问题”化的理论提升、对学科方法论的凝练结合起来，将学术传统的继承和学术创新道路的开辟结合起来。值得一提的是，玉林师范学院坐落于侨乡，研究侨乡文化享有得天独厚的优势，近几年来学校办学狠抓“侨”牌，依托历史学专业先后创建了华侨华人学学科建设基地、华侨华人研究所、广西侨务理论研究基地、玉林市华侨历史学会，先后承担 “华侨华人与西南边疆社会稳定的历史考察”“宗教人类学视

域下东南亚华人庙宇跨境文化互动研究”等多项国家社科基金项目和“面向东盟自贸区的侨务理论创新与实践”“东盟自贸区框架下海外华侨华人与中国经济转型的互动研究——以广西为例”等7项国务院侨办和广西壮族自治区侨办课项，以及广西壮族自治区教育厅“侨务人才”的人才创新培养模式项目。通过近十余年的辛勤付出，历史学专业初步形成“人有我新”的颇具地域特色的专业。历史学专业教学团队成为玉林师范学院第一个获广西优秀教学团队、“侨乡文化特色研究团队”和 “广西文科中心资助建设的新型科研团队”。

五、建立依托地方资源的实践实训平台

历史学专业积极推进实践教学改革，深化实践育人模式，搭建了校内外衔接互动的大学生创新创业基地以及与教学科研基地相结合的实践教学平台。在校内，创办了“史风学社”及社刊《史风》，新建了“逐路者旅行社”“历览旅游信息服务中心”（校级大学生创新创业孵化园项目），建立了中国近代史研究所、广西华侨华人研究所、粤西人文重点基地，历史博物馆、中国史资料室、综合实训室也在积极筹建中。在校外，桂平市博物馆、容县博物馆、容县侨联、容县真武阁公园、运美旅游集团等均成为历史学专业的实践教学基地。自大二年级开始，在寒暑假期间，学院有计划地选送学生到实践教学基地进行短、中期实习实训，从而形成了“社会参与、校地互动、合作共赢”的人才培养机制。

此外，开辟“校园”和“田野”两个课堂，组织学生开展桂东南史情社情民情调查、华侨华人口述史调查等社会实践活动，撰写有价值的调研论文，提高学生的社会实践能力。每次考察之前，都要求学生精心准备，接受有关田野调查方法、步骤的培训，开展资料收集等前期准备工作；考察期间，围绕专题进行深入采访、调查；考察结束后，则要求学生完成考察报告的写作。田野调查的专业训练取向明确，避免了以往社会考察走马观花的弊端，在实践中调查方法和水平逐年提高，为今后的田野调查活动积累了经验。

六、探索地方文化研究性学习路子

历史研究性学习不仅能使学习者更好地掌握教材历史知识，而且能扩大研究性学习者的视野，为他们的研究性学习提供极大的便利，为他们今后的历史研究打下坚实的基础。研究性学习结果的取得又能进一步丰富地方文化内容，对史学的发展具有不可替代的作用。在教学实践中，历史学专业积极组织学生开展桂东南史情社情民情调查、华侨华人口述史调查以及“高山村考察”“太平天国遗址考察”等历史考察活动，以开阔学生的学术眼界，增加他们接触地方社会、感受地方历史文化的机会。

除此之外，在校学生通过创新项目的立项形式积极参与专业教师和团队的科研项目。2012—2013年，历史学专业学生共有20多人成功申报校级创新项目，其中有5个创新项目被立项为广西壮族自治区级创新项目，学生的动手实践能力和综合素质得以提升。学生陈坤、陈永祥、刘色燕分别在全国中文核心期刊发表论文《从“厅堂天下”到“空心村”——关于广西博白县客家村落乌鸦颈村文化变迁的调查报告》（《晋阳学刊》2009年第6期）、《舒尔哈齐死因考》（《满族研究》2009年第2期），《略论晚清时期桂东南地区自然灾害与民间

信仰》(《广西民族研究》2010 年第 1 期)。许彩盏发表论文《少数民族华侨华人与广西边疆社会稳定的历史考察》(《贺州学院学报》2010 年第 3 期)。学生覃宏愿获广西青联主办的"我所知道的广西学生军"征文比赛一等奖，学生调研论文《广西籍华侨华人在越南的生存与发展模式的历史考察》《容县侨乡文化的特点及其建设对策》获广西侨务理论研讨会优秀论文奖。学生张露莎参加广西第二届师范生教学技能大赛获历史组二等奖；学生覃宏愿、梁元枢参加 2013 年广西师范生教学技能大赛分获历史组二等奖和三等奖。

七、结束语

特色专业建设是确保国家高等学校本科教学质量与实施教学改革工程的重要手段之一。玉林师范学院历史专业依托地域文化资源建设特色专业的实践，不仅较好地实现了研究成果在人才培养中的转化和应用，实现了学科建设为人才培养服务的宗旨，而且完善了学生的专业知识结构，增强了学生对地方经济社会发展的适应能力，确保了历史学专业的人才培养质量。据统计，历史学专业 2010—2012 年共毕业 214 人，平均就业率为 90.8%；考上硕士研究生 9 人、特岗教师 126 人。据用人单位反馈，历史师资方向学生基本功扎实，吃苦耐劳，责任心强，大多在两三年内就成为义务教育阶段的中小学骨干教师。历史文化旅游方向尚未有毕业生，但学生的综合素质已初获社会认可，已有 25 人获导游资格证，带团走遍了神州大地。

党的十八大第一次报告中提出"推动高等教育内涵式发展"，确立了新的历史时期高等教育科学发展的方向，赋予了高等教育新的历史使命。无疑，在"十二五"期间，高等教育将实现由规模发展向内涵发展的方向转变，未来高等教育的竞争将集中在以特色和质量为核心的内涵发展上。新建地方本科院校与老牌大学相比，存在综合实力差距大、学科建设刚刚起步、师资状况不容乐观、科研水平不在一个数量级等方面的差距。在谋划新一轮内涵式发展办学的基础上，更应该从专业、课程建设，特别是人才培养体系上积累、沉淀和凝练彰显办学特色这一主题。如此，方可走向阳光大道。

参考文献

[1] 关于加强"质量工程"本科特色专业建设的指导性意见[Z]．教高司函〔2008〕208 号.

[2] 俞祖华．搭建五个平台，注重四个衔接，推进国家级教学团队与历史学国家级特色专业建设[J]．鲁东大学学报，2012（3）.

[3] 田澍，何玉红．以西北区域史教学为突破口，推动历史学特色专业建设——西北师范大学历史学本科教学改革的实践[J]．历史教学，2012（8）.

[4] 潘懋元，王伟廉．高等教育学[M]．福州：福建教育出版社，1995.

[5] 董泽芳．关于大学办学特色的思考，大学的理念与追求[M]．武汉：华中师范大学出版社，2003.

第四篇

历史教学模式探讨

“中国史学史”课程教学的探索与实践

刘小云

【摘　要】“中国史学史”是高校历史学专业的一门基础课，课程容量大，时间跨度长，教学难度大。多年来，学院积极探索教学改革之路，注重教学内容的基础性和前沿性的统一，合理调配课程资源，传输科学技术和培养人文精神并举，取得了良好效果。

【关键词】中国史学史　教学改革　课程体系

“中国史学史”是高校历史学专业的一门基础课，课程内容上起远古的传说时代，下迄当下，其主要任务是阐述史学发展的过程及其规律，阐述史学在发展中所反映的时代特点及史学的各种成果在社会上的影响。史学课程开设几年了，由于其时间跨度大，内容丰富，难度较大，学生普遍感觉难学，教师感到难教。作为主讲教师，数年来，我积极寻求改革良方，在选用教材、教学内容、教学方法和考核评价方式等方面作了一些尝试，收效良好。

一、以新版的权威教材为依托，兼采学科前沿信息，体现教学内容的基础性和前瞻性

北京师范大学是中国史学史教学与研究的权威，师资力量雄厚，成果迭出。其中，由白寿彝先生主编的《中国史学史》，是“新世纪高等学校教材”“面向21世纪课程教材”“北京市高等教育精品教材”；瞿林东教授著《中国史学史教程》，是普通高等教育“十一五”国家级规划教材。《中国史学史教程》是对《中国史学史》的继承、发展和完善。这些年来，我院主要以这两本教材为底本。大致说来，其内容体系共分八章，以古代、近代为序，结合朝代更替，梳理出中国史学的演进过程，揭示了中国史学不同阶段的特点及其规律，给人以连续性、系统性、完整性的总体印象，符合学生认知的逻辑顺序和思维发展的一般规律。

学生在总体把握中国史学史进程及其内涵的同时，接触和了解本学科最新发展动向，以开阔学术视野，是“中国史学史”课程教学的题中之意。随着网络信息技术的日益发展和不断普及，了解学科前沿信息的途径日益增多，已经突破过去全凭纸质文献的局限，日益走向无纸化、电子化、网络化。“中国学术期刊网”“超星数字图书馆”“读书秀”“中国博士学位论文全文数据库”“中国优秀硕士学位论文数据库”“中国重要会议论文全文数据库”“中国重要报纸全文数据库”等，成为检索和了解学科最新动向的基本渠道，此外，还有其他各种免费、简捷的搜索引擎和国内外各大免费网络图书馆。这样一来，获取信息不再是主要目的，如何在海量信息中，筛选出精品才是关键。换言之，获取信息的方法才是最重要的。在这一方面，教师应充分发挥积极引导作用，推介信誉好的搜索引擎和网站。

选择合适的教材版本，快捷地获取最新信息，提高学生自主学习的能力，是“中国史学史”课程改革的首要问题。一方面，它体现了“以本为本”的教学原则，信守学科知识体系是课程教学的基本前提；另一方面，它体现了“以新为心”的教学理念，纸质教材即便是最新出版的，也不可能跟上信息日新月异的步伐，而网络传输可以弥补纸制品的不足。所以，主讲教师要有灵敏的学术嗅觉，灵活处理教材和学科前沿信息的关系，把课程的基础性和前瞻性有机地统一起来，相辅相成。

二、准确把握“中国史学史”与“历史要籍选读”“史学概论”间的逻辑联系，合理调配课程资源，避免课程教学前后失序

在课程体系和教学内容上，“中国史学史”与“历史要籍选读”“史学概论”两门课程均有交叉和重合之处。如何处理它们之间的关系，牵涉到对专业知识系统的认知能力和对课程体系的把握能力。它不仅要求主讲教师要妥善处理专业知识的前后关联，同时要求与相关课程主讲教师加强交流与沟通，这样才能既省时、省力、省心，又使专业知识前后连贯，遥相呼应，提高教学效率和质量。具体来说，应注意处理好以下问题：

在“中国史学史”课程中，古代史家、史著的内容占了相当大的比重，从先秦文献到清代典籍，从史官起源到历代史家，若要一一阐述，在周课时 2 ~ 3 学时，一学期总课时 34 ~ 51 学时的教学安排下，很难办到，何况还要论及中国近现代乃至当下的重要文献与名家。“历史要籍选读”在本课程之前开设，主要介绍中国古代典籍及史家。因此，可与该课程主讲教师协商，这部分内容由该课程承担大部分，在系统讲授中国古代史家与文献的基础上进行一些重点分析。这样一来，“中国史学史”关于中国古代部分的内容就可以化繁就简了。主讲教师只需以两三个专题进行全景式概论，或采用学生自学，以书评、小论文、课堂讨论等方式，解决其中某几个重大问题即可，促使学生从“温故”中转入到“知新”阶段。

中国近现代史学自然是“中国史学史”课程教学的重点，主讲教师应当从史家、史书、史学流派、史学发展趋势等方面进行勾勒爬梳，在理清中国近现代史学发展脉络的基础上，提纲挈领，纲举目张，重点抓住著名史家的史学著作、史学思想及其史学成就、主要史学流派、现在史学发展趋势这几条主线，以把握中国近现代史家辈出、史学流派纷呈、史学成果丰硕、史学思想多元并进的格局。

“中国史学史”侧重于“史”，也就是突出了对中国史学发展过程的勾画，其内容基本上是属于叙述性的；“史学概论”不仅有“史”的内容，而且更多强调“论”。在“史”的部分，不仅包括中国史学，也涉及外国史学；在“论”的部分，同样是涉及古今中外的史学理论。在处理“史”与“论”的关系时，要注意它们并非一前一后的关系，而是“史”为“论”的前提和基础，“论”为“史”的指导和升华，“论”从“史”出，“论”指导和规范“史”的发展方向。

明确了“中国史学史”与“史学概论”的关系，主讲教师就可以拿捏适度，既不必互相替代，也不至于前后倒置，而是以前者为后者的前提和基础，后者为前者自然发展的阶段和结果。

三、以多媒体教学为手段，有效组织课堂讨论，把传输科学技术、培养学术规范、提高研究能力等因素融于一体

“中国史学史”信息量大，要充分利用网络资源，制作多媒体课件，这不仅仅是为了省却书写黑板的麻烦，更重要的是能最大限度地提供尽可能多的信息，让学生自主筛选，为我所用；同时，它也是教学手段现代化的客观需要。

“中国史学史”属于学术史范畴，与其他专业课程相比，显得抽象、生涩、玄虚。为了帮助学生理解基点，巩固重点，突破难点，主讲教师宜从学生实际出发，精心设计一些专题，组织开展一些课堂讨论。以中国近现代史学史为例，可设计这样一些专题：“梁启超的《清代学术概论》《中国近三百年学术史》《中国历史研究法》《中国历史研究法补编》对中国史学的贡献”；“王国维的古史新证的内涵及其学术地位”；“胡适、顾颉刚、傅斯年三人在史学领域的贡献及其治史趋向异同”；“陈寅恪和陈垣治史经验的启示”；“唯物史观的地位与影响”；等等。这些专题以中国近现代著名史家、史著及其史学成就、主要史学流派为基本线索，有助于学生深入理解本学科知识重点，把握中国近现代史学史的基本脉络，不至于在繁芜的史学知识架构中迷失方向，主次不分，轻重不计，本末失序。

值得注意的是，有效组织课堂讨论非常重要，不可只重形式，而不讲实效。“席明纳”是一种可资借鉴的形式。“席明纳”，即seminar音译，亦可译作“讨论会”。它是欧洲一种传统的教学组织，也是一种教学方法，在欧洲各大学指导高年级学生时常被采用。据费孝通先生回忆，他留学英国时，在马林诺斯基（B. Malinowski）的席明纳里获益匪浅。马林诺斯基不喜登台讲课而善于搞席明纳，在当时的伦敦经济政治学院相当有名，在当时的人类学界也是为大家所推崇的。在席明纳中，教师主要是起组织作用，掌控席明纳里讨论的问题及其总体讨论方向。讨论者沿着这个方向，围绕主题，各抒己见。

可见，在课堂讨论中，教师关键是要当好引导者，不必个人长篇大论地发议论，而是随时用插话的方法，引导在场人的思路，指点学生怎样去思考问题、分析问题。学生并非被动、机械、简单的反应者，而是积极的、创造性的课堂讨论的主体，应当积极思索，敢于创新，踊跃发言。只有师生各得其所，各司其职，教师不越俎代庖，课堂讨论才会收到集思广益、教学相长的效果。

治史，需要懂得基本的学术规范，良好的学术道德和学术操守是一个人长期历练和教育培养的积淀。像其他课程一样，“中国史学史”肩负着培养学生恪守学术规范的职能。在教学过程中，主讲教师应当始终怀抱这一学术理念，利用一切机会，灌输这种思想，引起学生高度重视，要让学生们对学术常怀敬畏之心，不妄自轻薄学术研究，也不任意亵渎学术殿堂，自觉维护学术生态环境，作净化学术环境的后卫军。

四、考核不拘形式，评价重在人文涵养，不以分数论高下

考量学生的标准可以是多种多样的，但万变不离其宗。历史学作为人文学科专业，其本质要求培养适应社会需要和时代发展的现代人。“中国史学史”具有丰富的人文精神内涵，

主讲教师要尽可能地开发利用这方面素材，加强人文教化，春风化雨，润物细无声。

“人文”一词在中国出现较早。《易·贲》曰：“观乎天文，以察时变；观乎人文，以化成天下。”所谓“人文”，即泛指人类各种文化；“化”，即“教化”“教育”之意。就是要把人类各种优秀的文化元素，通过教育、传媒、环境熏陶等途径和方式，内化成一个人修身、养性、齐家、治国、平天下的素质，亦即“人文精神”。一个有人文精神的人，应当具有健康的心智、温良的气质、健全的人格、进取的品行，对他人、对家庭、对社会，充满爱心、责任心，等等。因此，人文精神在规范社会公民的日常行为、维系良好的人际关系、保持社会和谐稳定等方面具有重要作用。

考核是检查教学效果的一个重要环节，课堂讨论、考查、考试，都是考核学生常用的方式和方法。考核有助于教师了解学生掌握知识的程度，评价其分析问题、解决问题的能力。然而，这仅仅是课程教学的目标之一，我们教育的根本目的是教书育人，就是要培养学生在掌握科学知识、技能的同时，还要具有人文精神。心理健康、讲文明、懂礼仪、积极向上、乐观进取、勇于开拓、敢于创新，这些都是一名合格大学生必备的人文素养。

“中国史学史”作为历史学专业一门基础课，不仅是学生掌握专业知识和技能的基本途径，而且是化育学生良好道德品行的重要课程。历史上那些具有“良史之才”的史官、史家，往往德、才、学、识兼备，尤其注重史德的熔铸。我们在考核和评价一个学生的时候，分数高低、成绩好坏可以度量出他对知识、技能的掌握程度，但不能完全反映出其人文素质的高低，对此教师和学生都应该心中有数。所以，主讲教师在训练学生们获取科学知识、提高能力的过程中，一定要注重对学生个人的人文修养的培养，力求使他们成为真正意义上的现代人！

“师者，所以传道授业解惑也。”这是中国延续数千年的传统的为师之道。随着社会的发展和时代的进步，“师者”的标准更严格。为人之师，一定要与时俱进，不断更新教学理念，改进教学方法，刷新教学内容，运用新的教学手段，才能培育出适应社会需要、具有鲜明时代特征的优质人才。

参考文献

[1] 费孝通. 师承·补课·治学[M]. 北京：三联书店，2002.

[2] 赵立彬. “学术研讨会”与高校本科生的学术规范训练[J]. 历史教学：高校版，2007，(3).

高校“问题研究”教学模式的实践与探索

石维有

【摘　要】新的教学模式对新思想、新观念和新理论具有逆向作用。“问题研究”教学模式的六个教学流程，以创新能力和科研能力为目标，以建构主义理论为基础，以科学发展观为方法，取得了良好的教学效果，是一种值得交流的教改心得。

【关键词】教学模式　课堂改革　科学发展观　建构主义

课堂教学模式是课堂教学活动的稳定结构形式，与教育思想、教学理论和学习理论相互作用。后者作用于前者，为正向作用。反之，则为逆向作用。以教学模式为教学改革的切入点，将迫使新思想、新观念和新理论发生改变。

所谓教无定法，教学模式本身是丰富多彩的。1972 年美国学者乔伊斯和韦尔在《教学模式》一书中首次明确提出教学模式，系统介绍了 25 种教学模式，并将其分为 4 类。[1]不同视角和标准导致不同的分类方法。以师生角色差异为标准，课堂教学模式可大致分为教师中心、学生中心、教师主导和学生主体三种。环肥燕瘦，各有千秋。只要科学设计，每种模式都能发挥应有的作用。绝大多数的教师推崇“教师主导和学生主体”模式，体现在不同的教学程式中。笔者正在试验自称为“问题研究”的教学模式，运行于历史学专业 2005 级、2006 级的课程“华侨华人经济研究”“近现代国际关系史”。在科学发展观的指导下，日趋成熟。特撰此文，抛砖引玉。

“问题研究”教学模式的教学流程分为六段。第一段：课前学生获得问题。问题的来源很多，如重点、难点、疑点等都可以作为问题，目前我们选用教材的课后思考题。第二段：课前学生研究问题。既要在教材中找到答案，也要围绕中心问题继续发现问题，寻找解决问题的办法，获得研究的心得体会。第三段：课堂教师导入。每次课，教师大约占用三分之一的时间，理清教学内容的逻辑关系，便于学生整体把握。第四段：课堂上学生做研究报告。包括三层次：一是介绍教材问题的答案，二是说说新发现，三是谈谈研习心得体会。第五段：课堂提问和解答、质疑和释疑。台下学生提问，主讲学生回答。回答不出，则大家共同讨论。每个学生报告完毕，教师简要点评，指出主要的亮点和缺点，补充不足。第六段：教师全面评价以提升效果。根据教学目标点评整个教学活动，使学生明确研讨水平和努力方向。

“问题研究”教学模式的主要目标是培养学生的创新能力和科研能力。我们知道，知识分三个层面：第一层为概念和简单的重复操作，第二层为解决问题，第三层为设计和创造。不同的时代社会对知识层次的需求不同，蒸汽时代需求第一个层面知识，电气化时代需求第二个层面知识，信息时代需求第三个层面知识。我国大学传统教学模式来源于古代模式和西方大生产模式的结合，以教师为中心，通过教师传授和学生反复练习运用实现教学目标。现代社会已经进入信息时代，要求改革传统教学模式，培养学生的创新能力，因为"问题研究"教学模式的重要性日益突出。

"问题研究"教学模式的理论基础是建构主义理论。根据建构主义理论，调整教师、学生、教材（指导书）、媒体（教学设备、工具、器件等）四个课堂教学要素的联系。教师是教学活动的组织者和指导者，是学生意义建构的帮助者和促进者，而不是知识的传授者和灌输者，起主导作用。学生是认知的主体，是知识意义的主动建构者，而不是外界刺激的被动接受者，起主体作用。教材所提供的知识或涉及的技能不再是教师传授的内容，而是学生主动建构意义的对象。媒体也不再是帮助教师传授知识或技能的手段、方法，而是用来创设情境、协作学习和会话交流的工具，即作为学生主动学习、协作式探索的认知工具。

"问题研究"教学模式的实施要体现以生为本、全面发展、协调发展、可持续发展四个原则。第一，以学生为中心，着眼于提高教学质量，着手于提升学生发现问题、分析问题和解决问题的创新能力。在教学中注意学生之间的差异，进行区分性具体指导，挖掘学生的学习潜能。第二，全面培养学生的能力。在活动中，主讲学生要查阅资料、整理资料、上台演说、回答问题、主持讨论，从而锻炼了查、写、说、演、反应、组织、主持等能力。第三，注意课堂协调。要强调学生上台的数量与研讨质量相统一；课堂气氛与课堂效率相统一；知识构建与能力构建相统一；教材与资料相统一；学生主体与教师主导相统一。第四，注意学生能力的可持续发展。引导学生学会学习，由传统的接受型学习向自主、探索型学习转变，从"重记忆"向"重理解、重探索、重过程"转变，从依赖教材向超越教材转变，为终身学习打下坚实的基础。

"问题研究"教学模式取得显著的效果。第一，学生课堂表达能力和表现能力明显提高。从胆怯变成侃侃而谈，从不着边际变成抓住要点，从朴素的表现变成有包装的表现。第二，学生科研能力明显提高。通过"口述广西侨史"课程实践活动，学生掌握了一批一手材料，涌现出一批具有原创性的科研成果。具有标志性意义的是，3 位学生参加了 2007 年 12 月广州"2007 中国岭南'新儒学与和谐社会构建'"研讨会，其中两位同学还做了题为《继往世绝学，开天下和谐》《新建地方高校构建和谐校园的思路及其实践》的学术报告。第三，学生的创新热情空前高涨。学生成立了"史风学社""朱熹思想研究会""文天祥文化研究会"三个大学生创新基地。其中，"史风学社"以侨乡研究为特色，定期出版内部学术期刊《史风》，"朱熹思想研究会"与玉林朱氏宗亲会合作开展活动并进行研究，"文天祥文化研究会"与玉林文氏宗亲合作开展活动。第四，学生在各种学术比赛中获得好成绩。两人次进入"挑战杯"广西大学生课外学术科技作品竞赛决赛，两人次获广西大学生科研实践立项，获学院暑假社会实践活动优秀团队奖两次。学生的成绩虽然不能完全归功于本教学模式，但却与本教学模式的目标和过程相吻合。

"问题研究"教学模式对教师提出较高的要求。第一，要求教师具有良好的师风师德。为了保证该模式的运行质量，教师必须阅读和整理大量的资料，重组和更新自身知识结构，因此要付出超过传统模式的劳动强度。第二，要求教师进行角色转换。教师不仅是知识的传播者，而且是教学活动的组织者和裁判员，是学生构建知识和提升能力的指导者和引导者。第三，要求教师具有较高的驾驭课堂的能力。所谓“给人一杯水，自己要有一桶水”，要指导学生提高创新能力，教师自己必须首先要提高自身的综合创新能力。

“问题研究”教学模式难度较大，需要提前精心准备以及必要的环境条件作为支撑。不能盲目上马，或多门课程同时实施，要统筹兼顾。需要注意的是，“问题研究”教学模式的交流，首先是育人观的交流，其次才是育人法的交流。

参考文献

[1] [美]乔伊斯，[美]韦尔．教学模式[M]．北京：中国轻工业出版社，2004.

[2] 高文，徐斌艳，吴刚．建构主义教育研究[M]．北京：教育科学出版社，2008.

△ 本文原载于《都市家教》2009 年第 3 期。

浅析高校历史通识教学的瓶颈与对策

袁名泽

一、前　言

历史、文化、地理等是一个国家国情的重要内涵，历史教育是一个国家国情教育的重要组成部分，为了培养公民的爱国心和民族自豪感，绝大多数国家对此高度重视，我国也从小学开始就对在校学生进行历史教育。随之而起的历史研究也呈现出生机勃勃的局面，对历史本身的研究、对历史教材内容的研究和对历史课教学方法、目的的研究成为历史教学研究的重要组成部分。以往的历史教学研究中，五千多篇研究成果大多数集中在高中和初中阶段的历史教学研究，高校的历史研究成果不多；从期刊网来看，高校历史教学论文才 154 篇，并且在 21 世纪初才开始兴盛。经过笔者的仔细阅读和分析，笔者认为，这一百多篇历史教学论文都有偏颇之处，那就是不了解高校历史教学的具体情况，因而所写文章均是泛泛而谈。在高校历史教学中，存在历史专业教学和历史通识教学的区别，在历史专业教学中，教师大部分为本专业毕业的高级别人才，其授课对象也是本专业的专门学习者，这对授课的课时、结构、手段、方法和内容均提出了高于通识教学的要求，通史和各专门史教学的结构、手段、方法和内容基本上均有专门的专家级人才组织和安排，不存在本文所讨论的教学瓶颈，也不存在有些文章所说的教学成效差的问题。故而在高校历史教学探讨中有必要注意专业教学和通识教学的区别，不能对高校历史教学泛泛而谈。本文的历史通识教学主要指对非历史专业的文理科学生进行历史教学，这种教学虽然也通常由历史专业毕业的高材生进行，但是因学生素质参差不齐和教学目的、教学内容的不同导致教学手段、教学成果不同，有些专业教师历尽千辛万苦却总达不到自己或历史教学所要求的高度，这种主观愿望和结果之间的矛盾就构成了高校历史教学的瓶颈问题，这是本文所要探讨的内容。

二、历史通识教学瓶颈的表现

历史通识教学的瓶颈问题从根本上来讲就是教学课时不足和教学内容广多之间的矛盾，学生素质、兴趣与教学目的之间的矛盾，教学检验标准和教学结果之间的矛盾，其中最主要的是教学内容和教学实践的矛盾，现分别论述如下：

（一）教学内容与教学时间的矛盾

在历史通识教学内容中，“世界通史”和“中国通史”是高校历史教学中的主要课程，这两门课程虽然在初中和高中均已涉及，但是相对高校的历史通识教育来说还不深入。高校中这两门课均存在时空跨度大、知识面丰富、系统详尽的特点，教学内容繁杂。除此之外，高校历史教学的任务和目的也明显不同于初中和高中阶段，这就要求老师不仅自己要有丰富的知识面，而且还要谙熟教学内容，有很好的把握教材内容的宏观调控能力。高校的历史通识教育，由于受到学校教务处的课时限制，这两门课往往是两个学分，也就是说，这两门课每周只有两个课时，却要求在一个学期内完成，这就产生了繁杂的教学内容和十分有限的教学时间之间的矛盾，构成了教学内容和十分有限的教学时间之间的瓶颈。除此之外，文科非历史专业的其他专业史通识教育和理工科的科学技术史等历史通识教育也会遇到类似问题。

（二）教学对象素质与教学目的的矛盾

历史是对人类社会过去所发生的事实进行的回顾、叙述、概括和总结，是社会发展过程和发展规律的主观再现。有位哲学家说过；“人类唯一能了解的就只有历史。”我们学习历史的目的在于了解我国的兴衰史，丰富我国人民的文化知识，培养我国人民的民族认同感、归属感，增强其爱国心和民族自豪感。同时，历史的作用还在于积累知识，以古鉴今，改善我们的行为方式，从而提高人们认识社会、改造社会的能力。高校的历史通识教育除了能达到以上的效果外，还对扩大学生的知识面、开阔他们的视野、开发他们的兴趣提供了有力的帮助，所以，高校的历史通识教育效果比中学教学的效果更加明显，历史通识教育也显得更为重要。但是，高校历史通识教育的这种作用也会因学生的素质而异。素质是指个体在先天生理的基础上，通过后天环境的影响和教育所获得的比较稳定的、长期发挥作用的基本品质结构，它包括思想、知识、身体、心理品质等。尤其是个人心理素质，即个人认识、需要、情感、意志、性格等智力与非智力方面的素质决定他对外界事物接受的兴趣和能力。学生受遗传因素、家庭环境和教育机制的影响，其对自然科学和社会科学的兴趣和接受能力不同，有些人自然对理工科类的学科产生兴趣，如果在这样的学生中开设历史通识教育，其效果就取决于历史教师的学识水平和教学能力技巧了。那些学识贫乏、教学技能差的教师说不定费了很大的劲还收不到任何效果。但是，那些文科基础好、对文科具有浓厚兴趣的学生，说不定懂的历史知识比教师还丰富，此时的历史教学效果明显是“事半功倍”，但如果授课的历史教师知识面不丰富，教学技巧和能力不行，就会导致学生厌倦上课，进而影响教学效果，达不到历史通识教育应达到的教育目的。

（三）教学检验与教学效果的矛盾

高校历史教学的效果考核与检验一直是一个比较滞后的问题，考核方式和考核标准长期以来未曾修改，已基本不适应目前教育形势发展的需要，因此引发了教学检验与教学效果之间的矛盾。目前，我国高校历史教学考核方式单一，基本上采取的是单一试卷命题的考试方式，一张试卷、一次考试（即期末考试）便决定了学生每学期的学习成绩。过度强调书面考试的作用，而试题内容大都是以教师课堂上传授的知识为主，以致很多学生平时逃课，考试时抄笔记、背笔记，考完扔笔记，这种重结果轻过程的考试评价方式势必引导学生死记硬背，把学生对知识的掌握局限在教师讲授的范围之内，使学生成为背书的机器，束缚了学生的创新能力和个性的发展。[1]实际上，历史教学的效果检验是一个复杂的问题，因为学习历史的目的不仅仅是记忆、丰富文化知识，最重要的是通过对历史的学习，提高自己以古鉴今的能力，促进自己的个性发展，提高自己的创新能力。而对这种能力的检验与单纯的书面考试是相矛盾的，如何改变这种矛盾和瓶颈是当务之急。

三、破解历史通识教学瓶颈的对策

从上文看，历史通识教学瓶颈问题的产生，既有学校方面教学安排的原因，也有学生方面的兴趣爱好和重视程度的原因。要破解这种瓶颈，既要改变学校的课时设置、课程标准，也要促使教师改变工作态度、工作方法，爱岗敬业、因材施教，合理利用学校的各种资源。

（一）因人而异设置课程标准

高校历史通识教学内容和目的明显不同于中学阶段，中学阶段以通史内容为主，主要涉及政治、疆域与民族关系等内容；而高校历史通识教育则存在各学科之间的差别，各学科的学生既要学习自己学科的专业史，又要学习通史。各科学生对历史通识内容的学习各有侧重，例如理工科的学生普遍重视科技史，尤其是各专业史的学习，而文科的学生比较重视通史的学习。各学科的课程标准是不一样，因此，各学科的考核体系、考核难度也应该是不一样的。

（二）因时而异、因人而异设置授课内容

既然高校历史通识教学因学科不同其课标体系不同，检验标准的要求自然也不同，那么各专业、各学科的历史通识教学的课时分配也应该不同，而课时分配不同就会导致历史教师对授课内容的选择不同，授课重点不同。自20世纪初，夏曾佑先生创制章节体裁以来，将近一百年时间里，无论大学还是中学的历史教材体裁和记叙手法并无多大变化，都是从政治开始，扩展到经济、文化、军事、外交。教材明显滞后于现实[2]，大学教材比中学教材更体系化、细节化，所以，高校历史教学，不管是通史，还是各专业发展史，其内容更多，但高校课时不断压缩，这就要求历史通识教育的老师因人而异、因时而异地对教科书中的内容做一个既符合教学课标要求，又使学生具有掌握和应用历史知识的能力的组织和取舍。一般来说，要具有新颖的内容以及主次关系的主支线史学资料，要重视实践在历史教学中的融入。针对理工科学生的通史和科技史教育，因其课时相对较少，要求不如文科生那么高，所以重在对其进行专业史和国家有特殊要求的历史知识教育。对于文科学生，则在此基础上既要强调通史教育，又要突出专业史教育，表现在历史课的课时安排和学分上会明显高于理工科学生。此外，如果在国家课程标准所规定的历史教学任务中，再穿插或者增添一些同学们感兴趣的地方性历史知识，可能会增加学生学习的兴趣，也会进一步扩大学生的知识面。

（三）因时而异、因人而异组织教学

基于以上高校历史教材内容繁杂、学生专业差别较大、历史教学课时较少、课标不适等原因，要求进行历史通识教育的教师在上课时要因人而异、因时而异地组织每一堂课堂教学。在对理工科学生的历史通识教育中，主要课程设置中有必要将课程教学周期缩短，同时在教学过程中尽量避免烦琐细节的讲解，应当利用教育控制论等手段再现历史，将重点放在对历史线索的展示方面，并有目的地引导学生研究和思考，从而在提高学生历史素养的同时提升学生的自主探索能力。[3]这种组织教学的最好方法就是采用苏联教育家沙塔洛夫所创造的纲要信号法，“在纲要信号教学法中，如何设计提纲挈领、形象直观的纲要图表是关键”[4]。这种提纲挈领、形象直观的纲要图表对于处在 18～23 岁且已经具备较强的自主性、批判性、探究性和创造性的大学生来说具有重要的指导作用，能充分调动他们学习的积极性，加深对知识点的识记。但是，对于文科学生，尤其是对于那些有一定历史基础，又对历史有浓厚兴趣的学生来说，这种提纲挈领、形象直观的纲要图表则显得粗糙，这就要求教师在厘清知识点的基础上有选择地讲解一些重大历史事件的细节，当然也可以采用教育控制论视域下的语言媒体、传统教学媒体和包括幻灯、录音、录像、计算机、语言实验室等在内的现代教学媒体技术再现某一事件的历史过程[5]，以减轻教师的教学压力，也便于学生直觉把握、加深理解。当然也可以采用研究性学习或探究式教学法等创新教学方式，其中既可以采用问题型探究性教学方式，将学习内容分解成若干个有利于启发思维的问题，师生（主要还是学生之间）共同分析、讨论，最后解决问题，从而获得相关知识；也可以采用主题型探究性教学方式，教师根据学生自己的心理特点和能力水平，选择一些与教材有关的具有研究性意义的专题开展探究活动，通过文献检索、小组讨论、调查访问等途径收集和处理信息，形成自己的结论[6]。研究性学习或探究式教学法既有助于提高学生的学习能力、创新能力，又便于教师选择教学内容，灵活把握教学进度。

（四）合理分配、组织和利用各种课外资源

近年来，传统的宏观史学受到很大的冲击，但地方史学、边缘史学等微观史学和应用史学却获得了很大的发展，因此，如何合理组织、分配和利用各种地方性课外资源，迎合历史教学的趋势是当务之急。历史属于人们对过去行为的符号化，因而充满了神秘感和抽象感，其教学效果主要取决于教师的知识水平和思维、创新意识，以及教师利用各种资源的能力，除了灵活采用“自学—辅导式”“发现式”“主体性学习式”“创新学习式”以及“研究性学习式”等教学模式外，如果能采用美国心理学家卡尔·罗杰斯所创立的以学生为中心的“非指导性教学”模式[7]，把握时代脉搏，联系当今世界情况，克服历史与现实割裂的现象，做到“古为今用”，良好组织和充分利用各种课外资源，或者将教学内容故事化，甚至在教学过程中穿插生动的故事，使学生感受某一时代的特有气氛，甚至感同身受[8]，那么就会大大提高教学质量和教学效果。我国自从儒家文化产生开始，就有一种非常强烈的溯古情怀，因而各民族、各地区保存了大量的文物古迹，这些文物古迹成了我们今天历史教学的有利资源，各种类型的博物馆成了学生贴近历史、感受历史的有利场所。我们应好好加以利用。

参考文献

[1] 凌永忠. 浅谈高校历史教学改革[J]. 教育教学论坛，2013（43）.
[2] 高从容. 对高校历史教学改革的思考[J]. 中国科技信息，2005（10）.
[3] 赖俊锋. 高校历史教学存在的问题与对策探索[J]. 产业科技论坛，2013（12）.
[4] 欧阳萍. 论纲要信号法在高校历史教学中的应用[J]. 当代教育理论与实践，2011（5）.
[5] 董建勇. 控制论视角下的高校历史教学研究[J]. 中国成人教育，2008（7）.
[6] 曾维君. 论探究式教学法在高校历史教学中的运用[J]. 当代教育论坛，2009（14）.
[7] 侯竹青. 非指导性教学和高校历史教学改革[J]. 理论观察，2010（1）.
[8] 赵启栋. 对高校历史教学的探索和思考[J]. 读与写，2007，4（5）.

第五篇

专门史教学

试论中国历史地理教学中古地图的识读与改绘

——以“上思州舆图”为例①

高茂兵

【摘　要】地图是用特定的符号和图形来表达地理事物或特定现象的一种有效工具。在中国历史地理教学中，使用较多的是历史地图，而古地图的使用相对较少。引导学生正确识读古地图和改绘古地图，不仅可以发现古地图中蕴含的历史信息，更有助于拓宽学生的史学视野，培养学生的空间概念。

【关键词】中国历史地理　古地图　上思州　舆图

“中国历史地理”是大学历史学本科专业必修课程之一，是研究历史时期人类地理环境变化，以及环境与人类和人类社会发展关系的科学。中国历史地理教学内容主要包括历史地理理论与方法、历史人文地理、历史自然地理、历史地理文献研究和历史地图学[1]，而历史地理文献研究中还包含古地图研究。也就是说，在中国历史地理教学中不仅要涉及历史地图，还应涉及古地图。历史地图在历史教学中运用的比较多[2]，而古地图运用较少。为此，笔者将探究在中国历史地理教学中如何引导学生区别历史地图与古地图，如何去识读和改绘古地图。

一、历史地图与古地图

郑樵在《通志略·图谱略·索象》中说：“图，经也。书，纬也。一经一纬，相错而成文。……见书不见图，闻其声不见其形；见图不见书，见其人不闻其语。图至约也，书至博也，即图而求易，即书而求难。古之学者为学有要，置图于右，置书于左，索象于图，索理于书。”[3]此处，不仅表达了图与书的关系，更强调图的直观性和优越性。古人学史“左史右图”，今人不仅应结合地图来学习历史，更应从地图中获取有价值的历史信息。

在中国历史地理教学中，地图又分为历史地图和古地图，两者既有关联，也有区别。历史地图是指“今人”以其所在时代的当代地图为底图，依照“今人”需要，以历史上某一年代或时期的地理状况为内容而编制的地图。因其表现对象为绘制者所在时代以前的历

① 本文是“玉林师范学院校级教育教学改革工程项目（编号：14YJJG18）”成果。

史时期内容，习称“历史地图”，如谭其骧主编《中国历史地图集》。古地图是指辛亥革命以前使用传统方法绘制的当时的地图，即古人、近人绘制的“当代”舆图，如元代朱思本《舆地图》和明代罗洪先《广舆图》等。[4]简而言之，古地图是古人绘制的“时代舆图”，历史地图是今人绘制的“古代地图”。

随着岁月的迁移，历史地图终将会成为古地图的一部分，如清末杨守敬绘制的《历代舆地沿革险要图》时至今日就属于古地图。即古地图包含有历史地图，而历史地图却不一定都是古地图。

在教学中，无论是中国史教学，还是世界史教学，教师和学生往往利用最多是历史地图。如中国古代史教学中，经常会用到谭其骧主编的《中国历史地图集》和张传玺、杨济安主编《中国古代史教学参考地图集》，而对古地图的接触较少。

为此，在“中国历史地理”教学过程中，笔者不仅以专题讲授中国历史时期古地图的绘制情况，还以清光绪时期的《上思州舆图》为例对其进行识读和改绘。

二、上思州舆图介绍与识读

1. 正确识图和读图

识图就是要明白地图的语言符号，古地图就是用各种图例符号来表示空间概念。在教学中，首先要让学生明白各种图例所代表的含义，如表示各种政治区用什么符号，各自的区别又是什么，各层政区之间的界线如何表示等。要了解这些图符的含义，就必须对每幅古地图的图例了解清楚。在正确认识古地图的基础上，教师还应该教会学生如何准确读图，读懂地图中所反映的历史知识。也就是说，不仅要让学生了解古地图中各要素的分布，还要让他们分析这种分布和格局的原因和影响。读图时，教师要提醒学生注意地图中的时间要素，把时空紧密联系起来，了解同一历史时期内不同地点或地区发生的历史事件，注意同一地点或地区在不同历史时期内发生的动态变化。总之，在教学中，教师要善于引导学生多角度地去解读古地图。

2.《上思州舆图》介绍

《上思州舆图》收录在华林甫主编的《英国国家档案馆庋藏近代中文舆图》中，编号为F.O.931-1884b（见图 1）。

其对该图的介绍为：

> 彩色手绘，单页，纸地，无作者、时间、地点、比例尺，尺寸为 60.5 cm×57.0 cm。原有图名《上思州舆图》在背，并盖有 7.3 cm 见方的上思州红色官印。尽管图的上下两部分所标文字方向正好相反，但原已标明方向，从州城文字书写来判断应是上北、下南、左西、右东。庞百腾先生推定时间为无日期。

结合华林甫对该图的解读，可以对其进行详细分析。

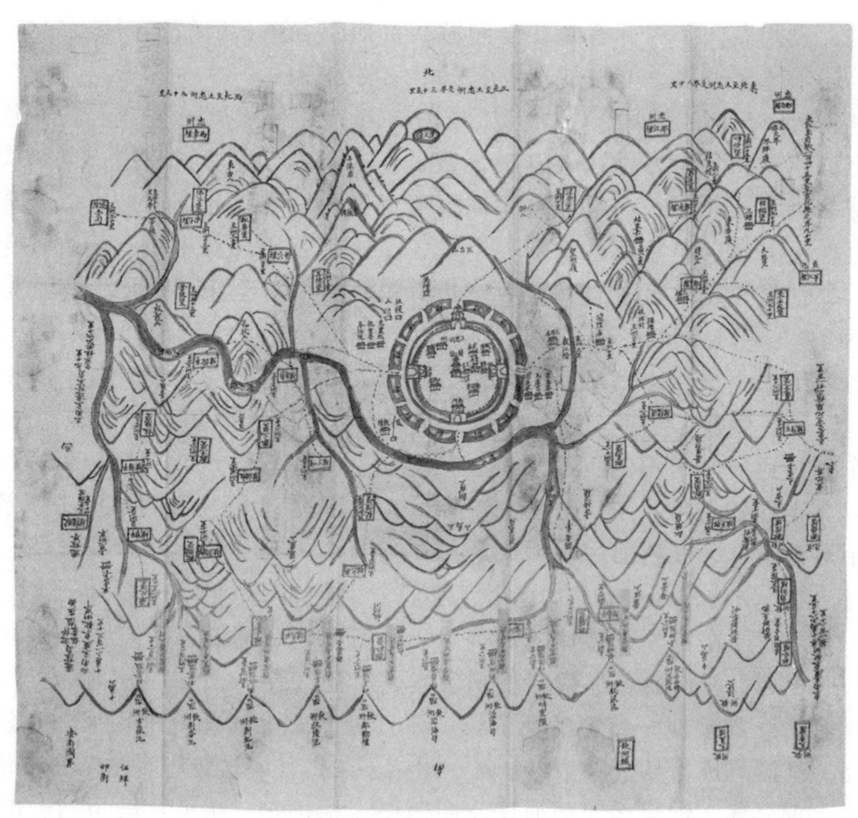

图 1　上思州舆图

首先，该图既不是采用宋代以来传统的“计里画方”的方式绘制，也不是采用明清西方传入的测绘方式绘制，而是采用了民间所绘地图的方式——景观地理图的基本绘制方法，即将各种地理信息以写景的方式绘制于图中。所以，该图比较形象化，如山水、城关之类，多是近于写实的绘法，而不用简单符号。

其次，根据该图所反映的主要内容以及图背面的图名，可以确定这是由地方政府绘制的基层政区图。其中不仅包含了官方制图机构所关注的治所内涵，如对州城内公共设施分布、城墙边界城门位置的记录以及主要交通干道空间形态的描述；还包括了上思州治所周边山川地势环境与邻近政区的方位关系，境内山川河流走向、位置和名称，境内重要聚落、关隘的方位与名称。

3.《上思州舆图》识读

上思州置于唐，属邕管都督府。北宋属邕州左江道，元属思明路。明洪武初年省，二十一年（1388）复置，属思明府，弘治十八年（1892）属南宁府，迁治今上思县。清初因明制，光绪十三年（1887），改属太平府，十八年（1892）升为直隶厅，并隶迁隆峒。民国元年（1912 年）升为府，二年六月废府改为县。十六年，并入迁隆峒。[①]

① 华林甫解读：“此图被掳走之前的清上思州为散州（属南宁府），即今广西上思县。”

据原图《上思州舆图》中标有东北至府城二百四十五里，府城在州城东北，故当时尚属于南宁府，还未属太平府。可知是光绪十三年之前的舆图。

此图范围，西南角标“江坪”“邙街”（今芒街）、“安南国界”；正南为广东钦州各汛司隘口；东南至广东钦州界十万山八十五里，城一百八十里，标有钦州城、钦州大直墟、大寺墟、那吞墟和岗利墟；正东至宣化县桥式村一百里，标有宣化那悟墟、钦州那隍墟；东北至府城一百四十五里，至宣化县交界九十里，至土忠州交界八十里，标有宣化平江墟和忠州那白墟、那江墟；正北至土忠州交界三十五里；西北至土忠州九十五里，标有忠州西常墟；正西至迁隆土峒九十里，交界板挂山六十里。西南至广东钦州界十万山一百三十里。①

图中心地域则为州城，绘出城墙、城门、州署、捕署、千总署、钟楼、都间署、大昌书院、武庙、圣庙、城隍、学署。城外绘有：西有先农坛、祝圣庵、养济院，西南有教场，南有明江，东有圆通庵、玉虚宫、云来庵、三界庙、关隍庙，东北有厉坛、社稷、山川。其中图例多以写实性的符号表示，署、庙、院、庵、坛等是用象形的小房子表示，厉坛、社稷、山川用黑色小框，红色加边。②

图中共标出 27 个墟，其中州内 18 个，它们分别是北部：佛子墟、平公墟、那通墟、那禁墟 4 个，南部：平防墟、蓬楼墟、那美墟、平安墟、口细墟、平谐墟、熟康墟、平福墟、板细墟、叫丁墟、平潭墟、那懒墟、剥包墟、平良墟等 14 个；州外墟 9 个，东南钦州的那吞墟、岗利墟、那隍墟，宣化的那悟墟、平江墟，东北忠州的那白墟、那江墟，西北忠州的西常墟，迁隆界驮桥墟。共 27 个墟。州内堡 21 个，北部从西向东有：佛子堡、那麻堡、弄怀堡、蕾号堡、渌骨堡、那通堡、叫悟堡、枯桃堡、东平从堡 9 个，南部从东向西有：护边堡、那马堡、那岗堡、那驴堡、那工堡、那况堡、板强堡、驮怀堡、那懒堡、西平从堡、那萎堡、那红堡 12 个，共 21 个。并在州内的墟和堡旁边标出距州城的离数。10 个隘口从东向西有：吞细隘（险窄，少有人行）、妹姆隘（险窄，肩挑可过）、叫怀隘（稍宽、牛马可过）、珂瑰隘（稍宽、牛马可过）、停岩隘（险窄，肩挑可过）、叫夏隘（稍宽、牛马可过）、平弄隘（稍宽、牛马可过）、剥机隘（险窄，肩挑可过）、平寨隘（稍宽、牛马可过）、枯登隘（险窄，少有人行），还特别标明了通往钦州各隘口的交通现状，用贴黄的形式标出“稍宽、牛马可过”5 处，“险窄，肩挑可过”3 处，“险窄，少有人行”2 处。图中标注墟、堡有明显的区别，州内的墟是用黑色小框，红色加边，框内字体横排。州内的堡是用黑色小框，红色加边，框内字体竖排。州外的墟标注是东南钦州和宣化的墟（红色边框，字体竖排），东北和北面忠川的墟和西面迁隆的墟（红色边框，字体横排）。③州内有 5 卡：南面的板门卡、那萎卡，东面的大吉卡，东北的枯直卡，西面平岩卡。图例为小房子表示。图中黑色与红色相间的虚线表示交通线路。山岭用黑色细线和蓝色稍粗线条象形表示。

---

① 华林甫解读：“此图范围，西南角标‘邙街’（今芒街）、‘安南国界’，正南为广东钦州各汛司隘口，东南至钦州，其余均不出州界。”

② 华林甫解读：“而中心地域则为州城，绘出城墙、城门、州署、捕署、学署、钟楼、城隍、大昌书院、千总署以及明江。”

③ 华林甫解读：“标出州内 27 墟、20 堡、10 隘，并以红色虚线标示各地至州城之间的里距，还特别标明了通往钦州各隘口的交通现状，标出‘稍宽、牛马可过’5 处，‘险窄，肩挑可过’3 处，‘险窄，少有行人’1 处。”

与这批地图归入同一卷宗的文本文件内，有一份劳崇光的奏报，提到上思："李士芳一股，自钦州堵回之后，由上思州窜至宣化，飞饬南宁府宣化县驰赴那蒙痛剿，将吴晚歼毙，漏网不过二三百人，四散窜逃，现饬各路搜捕。"F.O.931/1312 号档案奏报还提道："如果永安会匪刻日荡平，而南、太一带其时尚未事，再酌量奉请分援重兵来邕协剿……""永安会匪"是指占领永安州的太平天国军队，可见这是 1852 年上半年的事。

三、改绘上思州舆图的方法和步骤

1. 科学绘制地图

在学生能充分识读、读图的前提下，应该教会学生如何绘制地图，通过绘制地图加深学生对历史知识的理解。在教学中，最简单的绘制或改绘古地图的方式就是要求学生对照课本中所附的地图进行模仿绘制，但是这种机械模仿的绘制方式不适合大学生。在中国历史地理教学中，教师可以用放大法绘制示意图来教学生绘制历史地图，这种方法也是教学中行之有效的训练方式之一。更科学地绘制历史地图的方式就是借助各种绘图软件，比如用 CorelDRAW 软件借助恰当的底图重新去绘制各种类型的历史地图。而谭其骧主编的《中国历史地图集》包含了大多数历史时期和各地区的总图或分幅图，在其基础上稍加修改就可以成为各种专业地图可靠的底图，为各种专门历史地图和地区性的历史地图的编绘奠定了坚实的基础。

2. 改绘上思州舆图的方法和步骤

以 1966 年广西壮族自治区地图集（内部用图）为底图，参考民国四年（1915 年）《上思县志》中的"上思全县图"，对编号为 F.O.931-1884b 的"上思州舆图"进行改绘。

（1）州界的确定。

编号为 F.O.931-1884b 的"上思州舆图"是中国古代传统的写意性地图，既讲究图形的规则性（图形略似正方形），也体现绘画的写实性（图例符合）。从该图判断上思州的州界不仅需要对图上州界的信息进行分析，还需要借助图中关于四至八到的距离描述。参考民国四年（1915 年）《上思县志》中的"上思县全图"，可以判断上思州的州界大体为：南以十万山与钦州为界，东与东北可以通过原图上标有的大吉卡、钦州的岗利墟，忠州的那白墟和那江墟判断，与 1966 年的县界基本一致，正北以四方岭与土忠州为界，西以佛子墟、平福墟和平岩卡为要点，确定是以明江和明江的两条支流（一条北向四方岭，一条南向平福河）与迁隆峒为界。

（2）山岭、明江的确定。

根据原图并结合底图能确定的山岭主要有：十万大山、四方岭和弄怀岩。河流主要是明江及其部分支流。

（3）州治、墟、堡的确定。

明弘治十八年州治，迁至今上思县思阳镇。各墟、堡位置的确定通过以下方式：第一种，今地名中有与原墟、堡同名的且位置相近的就以今地名所在地确定，如佛子墟、佛子堡、那通墟、那通堡、蓬楼墟、熟康墟、平福墟、板细墟、弄怀堡、那马堡、那岗堡、那工堡、板强堡、西平从堡等 14 处；第二种，今地名与古地名音相近且位置也相近的就以今地名所在地确定，如那懒墟（今那兰）、剥包墟（今百包）、枯桃堡（今古桃）、那懒堡（今那兰）等 4 处；第三种，以其他地名为参照标准并参考与州治的距离来确定其所在地，如平公墟、那禁墟、平防墟、那美墟、平安墟、口紬墟、平谐墟、叫丁墟、平潭墟、平良墟、那麻堡、蕾号堡、渌骨堡、叫悟堡、东平从堡、护边堡、那驴堡、那况堡、驮怀堡、那萎堡、那红堡等 21 处。

（4）隘口、卡的确定。

州内有 5 卡，其中今地名与原地名相同且位置相当的有大吉卡和平岩卡，其余 3 个南面的板门卡、那萎卡，东北的枯直卡根据周边参照地名确定位置。

10 个隘口根据今地名确定了当时通钦州扶隆汛（今扶隆）的平弄隘，通钦州那勤墟的叫夏隘，叫怀隘的驻兵在那齐村，妹姆河附近确定妹姆隘，平寨隘通钦州剥仑汛（今北仑）等 5 个，然后根据其相互间的距离和 1966 年底图中的交通线来确定其他 5 个隘的相对位置。

（5）交通线的确定。

原图中黑色和红色虚线为交通线，如果原图与底图有相同交通路线，则以底图为基础确定交通线。改绘中我们发现底图与原图交通线基本吻合。

依据上述方法和步骤，改绘后的上思州舆图如图 2 所示：

图 2　上思州示意图

参考文献

[1] 华林甫．中国历史地理学[M]．济南：山东教育出版社，2009.
[2] 高茂兵，苏雪．试论中国古代史教学中历史地图的利用[J]．兰州教育学院学报，2012（3）.
[3] 郑樵．通志略[M]．上海：上海古籍出版社，1990.
[4] 华林甫．英国国家档案馆庋藏近代中文舆图[M]．上海：上海社会科学院出版社，2009.

毒品安全教育与预防大学生涉毒措施

陆吉康

大学时代正是青年学子走向成熟的关键时期，青年学生可充分利用大学阶段学好理论知识，积极参与社会实践，在现实社会中践行为人民服务的理念，为将来步入社会打好基础。随着社会经济快速发展，社会给大学生提供了许多灵活的岗位和勤工助学的机会。这些岗位包括超市促销员、某些公司推销新产品进行宣传活动的临时工作人员、娱乐场所的服务员，以及各类小型企业临时雇用的一些从事服务业的工作人员，等等。这些工作引起许多大学生的关注并参与其中。大学生积极参与社会实践，既锻炼了自己的能力，又增长了见识，还培养了为人民服务的意识。但社会本身是很复杂的，充满各种诱惑，涉世未深的大学生无法坚决地抵制。有些人利用大学生的单纯与热情，哄骗他们从事一些违法犯罪活动，比如诱骗大学生帮忙贩运毒品。因此，适时对大学生进行相关的法制教育，避免其误入歧途从事涉及毒品的违法犯罪活动是很有必要的。

一、大学生对毒品的认识

在课堂上询问大学生们对毒品的认识情况时，许多同学认为毒品主要是指海洛因，也叫白粉，还有些同学能说出大麻、摇头丸等等。网络上也常曝光一些娱乐圈的名人吸毒的新闻，许多大学生通过网络新闻对毒品也有些粗略的认识。各个大学校园里面也经常张贴“远离毒品，珍爱生命”的公益广告，许多大学生觉得毒品离自己很遥远。但事实上，毒品离大学生并不遥远。现代社会日益开放，尊重不同的生活方式与个人充分的自由是现代社会进步的明显特征。个人的私生活越来越自由，有些人为了追求感官享受与精神刺激而吸毒。现代社会涉及毒品的场所很多，比如各种私人会所、各种娱乐场所、各类 KTV 等等。目前在社会上打工兼职的大学生越来越多，很有可能一不小心就会涉及毒品犯罪活动。因此，适时加强对大学生关于认识毒品与远离毒品的教育，预防大学生涉及毒品的违法犯罪活动是一个很重要的课题。

就我国来说，国家规定管制的麻醉药品和精神药品有两百多种，这些药品被非法使用就成为毒品。目前，社会上较为常见的毒品主要在一些娱乐场所出现，比如不规范的 KTV 里面常有兴奋剂 K 粉、摇头丸、海洛因、大麻、冰毒等等。许多大学生在这些场所兼职就有可能会被动地卷入涉毒的漩涡。

二、毒品离大学生有多远

社会公益广告加大了对毒品危害的宣传力度，但娱乐圈里许多明星涉毒的事件也屡见不鲜，令许多大学生感到困惑。“宣传广告里面说毒品有严重的危害，可这些明星为什么要吸毒？”这是个令大学生感到困惑的问题。现代人吸毒的原因很复杂，从那些名人吸毒情况来看，开始吸毒可能是为了保持亢奋情绪，或由于工作狂热所致，或是为了逃避生活的压力；有些人吸毒是因为朋友们的带动与劝诱，有不少年轻人吸毒则是为了追求感官刺激。不管是什么原因，只要吸毒上瘾就很难戒掉。为了维持日益增加的吸毒经费，不少人走上了违法犯罪的道路。2014 年 12 月下旬，沈阳某高校的一名女教师李某贩毒给学生的事情遭曝光，引起社会关注。李某主要负责形体方面教学，她不仅自己吸毒，还以贩养吸，不但向社会成员贩毒，还引诱学生吸毒，并以学生为对象，将冰毒贩卖给自己的学生，毒害在校大学生。李某涉毒案一共涉及学校 2 名教师和 8 名在校大学生，造成极坏的社会影响。可见，毒品离大学生说远也远，说近也近。

三、预防大学生涉毒的教育措施

我国经济快速发展，社会上能给大学生提供的勤工俭学岗位越来越多。许多家境困难的学生通过勤工俭学的方式补贴生活，减轻家里的负担。甚至有些家境优越的学生也通过勤工俭学的方式来体验生活，为将来创业积累经验。这是现代社会发展出现的一种良好的现象。针对大学生日益丰富的业余生活和日益广阔的活动空间，让大学生清楚了解毒品对自身的危害和毒品可能的侵害方式是很重要的。那么，如何进行这种教育呢？笔者认为可以从如下几个方面着手进行教育：

第一，对大学生进行普及教育。大学生是一群充满激情且自我意识较强的青年群体，内心渴望通过自己的劳动赚些生活费，尽最大能力减轻家庭的经济负担。如今，社会出现很多较为灵活的临时工作岗位，适合大学生在周末或假期勤工俭学。大学生勤工俭学，一方面可以减轻家庭经济负担，另一方面可以增加社会阅历，培养为他人服务的良好品德。但在社会上参与实践活动的风险也是存在的。由于大学生较为单纯，往往对社会上存在的风险估计不足，容易陷入他人设计的圈套。一不小心，大学生就可能因为做兼职而误入歧途，涉及毒品的违法犯罪活动。因此，有必要对大学生进行社会兼职可能面临的各种情况做出估计，有针对性地给予指导教育，让大学生清楚在社会兼职中可能遭受的危害。在指导教育大学生走进社会参与实践活动中，让大学生懂得通过勤劳的双手挣得的钱是光荣的，但要以平常心对待兼职收入，避免企图在短时间内通过非法手段获得巨额利益的心态。贩卖毒品能在短时间内使人致富，但这是严重的违法犯罪行为，大学生要避免走这条非法的途径。

第二，对大学生进行警惕性教育。随着信息技术的飞速发展，社会成员通过网络认识的朋友越来越多。大学生是信息时代频繁使用网络的群体之一，当代大学生通过网络认识和结交朋友已经是很普遍的现象。部分大学生通过与网友的交往获得友谊或者赞许，在一定程度上弥补了心灵上的空虚，但网络上也存在许多安全隐患，有些不法分子利用网络进行罪恶的贩毒活动，他们中的有些人把眼光对准了大学生，利用在校大学生单纯与缺少社会经验的缺点，以给一点报酬为诺请大学生顺路带行李或其他物品，许多大学生一不小心而上当，成为贩毒分子利用的对象进而陷入涉毒犯罪深渊。因此，适时地教育大学生在社交活动中注意保护自己，对社会朋友委托办理事情要提高警惕，避免上当，避免成为别人利用的工具。显然，这种警惕性的教育是很有必要的。

第三，对大学生开展误入歧途及时报告学校或警方的教育。现实社会中，不少大学生在社会兼职时不小心被动地陷入涉毒的圈套当中，遇到这种情况应该怎么办呢？学校要针对这种可能出现的情况，教育大学生如果遇到这种情况要及时报告学校，或及时报警，积极配合警方处理，避免涉毒太深，难以自拔。

总之，学校要有计划有组织地对大学生进行预防性的涉毒教育，保障大学生参与社会实践活动的合法权益，防止大学生因思想单纯而误入歧途。

论“科学史”的教育价值

张宏志

【摘　要】“科学史”具有重要的教育价值。从“科学史”的学科属性来看，“科学史”是“思想史”“鉴赏力史”和“方法论史”，是“文明史的轴心”。“科学史”在培养学生“求知”精神、塑造“高尚”品德、树立“辨证”科学观方面具有独特的作用。同时，“科学史”是一种“索引”，也是一种“指南”，因而具有重要的科学创新价值。

【关键词】“科学史”　教育　价值

进入21世纪，社会呼唤“复合型”的知识人才。从某些方面来说，忽视了对学生进行科学精神的教育、忽视了对学生科学观的培养，也忽视了对学生科学方法的训练，“学科分隔”导致学生的知识结构狭窄。在这种背景下，“科学史”以其独特的学科属性和教育价值受到有识之士的高度重视。

一、“科学史”价值认识的误区

目前，“科学史”在学校的教学体系中处于一种尴尬的境地，人们对于“科学史”的价值认识存在许多误区，主要表现为以下几种观点：

1. “科学史”“知识观”

第一种认识误区认为：“古代科学最好的东西已经吸收，并入我们现在的科学之中。其余的都应该忘记，记忆那些多余的东西不合适。”因为，科学是“连续选择”的结果，新的知识已经取代了旧的知识，真正有价值的东西已经被吸收，因此再去重新学习那些已经过时的东西显然是不恰当的。

2. “科学史”“著作观”

第二种误区认为：在“科学史”名著中，除了“已被肯定”“被条理化”的思想之外一无所有，阅读“科学史”名著对于科学知识的学习来说可能既浪费了许多时间，又往往没有多少收获。

按照“科学史”之父乔治·萨顿的观点：“亚里士多德、惠更斯、牛顿的著作，如果认为这类著作里除了已经被肯定被条理化的事实和思想之外一无所有那就大错特错了。如果真是那样的话，这些原著就没有参考意义，只需宣布那些事实和思想就够了……回到这些原著资料所受的精神鼓舞是什么也比不上的。”

3. “科学史”“错误观”

第三种误区认为：“错误的历史”对于知识的学习“毫无意义”。

乔治·萨顿也指出，“仅仅赋予历史全部启发价值还不足以追溯人类意识的进步。还必须回忆那些曾经阻碍历史进程的倒退、突然停顿以及各种各样的灾难。错误的历史特别有用，不仅能够帮助我们更好地评价真理的进步，还能帮助我们避免犯类似的错误。

4. “科学史”“内容观”

人们对于“科学史”的内容也存在认识上的误区，对于人文学科和那些掌握科学知识很少的人来说，他们往往怀着一种恐惧的心理，不敢涉足“科学史”的领域，因为他们认为“自己没有资格去评价它，因而从来不去读一本有关科学史的书”。而自然科学者正好相反，他们往往存在着一种轻视“科学史”的倾向，因为“科学历史的研究不可能是一种精确的研究。”

总之，目前还存在对于“科学史”的种种错误观点，只有全面认识“科学史”的学科属性和价值，才能使更多的人重视对“科学史”的学习。

二、“科学史”的学科属性

按照乔治·萨顿的观点，“科学史”是人类认识的“思想史”和“鉴赏力史”，同时也是“方法论史”，是文明史的“轴心”。

1. 作为“思想史”的“科学史”

萨顿指出：“科学史……并不只是对发现的描述。它的目标就是解释科学精神的发展，解释人类对真理反应的历史、真理被逐步发现的历史以及人们的思想从黑暗和偏见中逐渐获得解放的历史。发现知识昙花一现，因为它不久会被更好的发现所取代。历史学家不应只是描述转瞬即逝的发现，而应在科学中发现那些永恒的内容。”

在乔治·萨顿看来，“科学史”是人类“思想”发展的历史，也是“思想”从黑暗和偏见中获得解放的历史，“科学史”的一个主要目的在于说明科学“思想”的发展，作为“思想史”的科学史有助于帮助我们克服“时代的局限”。萨顿指出：“每一个时代当然具有自己的偏见。正像消除地域偏见的最好方法是去旅游一样，要想摆脱我们时代的局限同样必须到各个时代去漫游”。

2. 作为“鉴赏力史”的“科学史”

一部“科学史”也是一部“鉴赏力史”，“把科学史作为鉴赏力的历史来记述”。许多科学家同时也是优秀的作家，如伽利略、笛卡尔、帕斯卡、歌德、达尔文等，许多科学著作的形式是美的，此外，其内容也常具有很高的美学价值。科学家也是鉴赏家，他们很容易从其他理论中识别那些优美雅致的科学理论。

优秀的科学家往往就是优秀的“鉴赏家”，他们最能体会自然之美、创造之美。“鉴赏力”是学生创造力的一个重要方面，这种科学素养只有通过科学家的科学活动才能真正获得，“仅为这些原因也值得我们选择它们（指科学史）”。

3. 作为“方法论史”的“科学史”

“科学史”不仅是“思想史”“鉴赏力史”，也是“工具史”和“方法论史”。首先，“科学史”“不是发现的历史，而是使发现成为可能的历史，因为方法是一切过去、现在、将来的发现的源泉，它比起任何一种可能出现的发现自然更加重要”。其次，“科学史”是在专业科学家群体中产生的，其研究方法同科学方法有一种“天然的”联系。

萨顿指出：“在科学领域内，方法至为重要。一部科学史，在很大程度上就是一部工具史……每种工具或方法仿佛都是人类智慧的结晶。”

4. 作为“文明史轴心”的科学史

在萨顿看来，“从最高的意义上说，它实际上是人类文明的历史。其中，科学的进步是注意的中心，而一般历史经常作为背景而存在。”

“科学史”之所以是文明史的“轴心”，首先，从“科学史”的地位来看，科学的历史虽然只是人类历史的一小部分，但却是“本质的部分”。在所有历史中，“科学史”是“最重要”“最有价值”的部分，是“文明史的支柱”。

其次，从科学的特点来看，与艺术、社会改革、宗教相比（萨顿将社会活动分为艺术、社会改革、宗教和科学四种类型），科学是唯一“积累性”的事业，具有“显而易见”的累积性，以至于每个科学家都可以从他的前辈停下来的地方开始工作，而不像艺术家和笃信宗教的人那样总是做西西弗斯式的苦工，往复不已。“科学家则致力于把前人研究成果完全合并到他自己的工作中去……从根本上说是一个积累的过程。这正是科学史应该成为文明史主线的原因所在。”

最后，从科学对于全人类的意义来看，科学是全人类“唯一的”“无争议的事业”，科学最有利于和平，“在世界上，科学比任何其他事物都更有利于和平。它是把所有国家、所有民族以及奉行各种纲领的最有智慧、最广博的头脑接连起来的黏合剂。每一个国家和民族都从其他国家和民族所做出的发现中得到利益。”

三、“科学史”的人文教育价值

目前的科学教育存在以下几个问题：第一，狭窄的专门训练忽视了对学生创新能力的培养，忽视了科学方法、科学观的教育；第二，历史性的、进化着的科学理论被“神圣化”“教条化”；第三，以灌输知识为目的的教育体系剥夺了学生的怀疑精神和批判精神。而“科学史”教学有利于克服传统教育的局限。

1. 塑造高尚品德

“科学史”教学有助于培养学生谦逊、无私奉献的高尚品德。

“科学史”向我们展示，即使最伟大的科学家都保持着我们所推崇的谦逊品德，因为他们从自己的科学研究经历中认识到，比起广阔的未知世界，他们的成就只是“沧海之一粟”。牛顿是历史上最伟大的科学家，对全人类做出了巨大的贡献，但是他却说：

> “我不知道世人怎样看我，但在我自己看来，我只是像一个在沙滩上玩耍的男孩，一会儿找到一颗特别光滑的卵石，一会儿发现一只异常美丽的贝壳，就这样使自己娱乐消遣；而与此同时，真理的汪洋大海在我眼前未被认识，未被发现。”

巴斯德是法国著名的有机化学家和微生物学家，他奠定了微生物学的基础，开创了立体化学研究的先河，证明有机体发酵是空气中的微生物胚芽引起的。“巴斯德灭菌法”挽救了法国的制酒业和牛奶业，拯救了千万人的生命。但巴斯德在生命快要终结时却说：“我虚度了一生。”因为他想到的是很多他本可以做得更好的事。

“现代有机合成之父”伍德沃德（R. B. Woodward，1917—1979）在有机合成实验和理论方面做出了杰出的贡献，他在合成维生素 B_{12} 时，共做了近千个复杂的实验，历时 11 年之久。在有机合成过程中，伍德沃德以惊人的毅力夜以继日地工作，常常每天只睡 4 个小时，其他时间都在实验室工作。但在发表论文时，伍德沃德总把合作者的名字署在前边，有时自己干脆不署名，他经常这样对别人说：“之所以能取得一些成绩，是因为有幸和世界上众多能干又热心的化学家合作。”

伟大的科学家不仅为人类社会做出了杰出的科学贡献，也给人类留下了一笔宝贵的精神财富，他们是年轻一代永远学习的楷模。按照乔治·萨顿的要求来说，“科学史家……他也必须把那些科学家作为有血有肉的人向读者介绍，并且尽可能真实地讲出他们一生中的坎坷与沉浮。伟大的科学成就是罕见的，伟大的科学家更为罕见。”

“人性化”的“科学史”向读者展示了科学家的理想、高尚品德和奉献精神，是培养高尚品德的生动教材，萨顿指出：“科学的历史，如果从一种真正哲学的角度去理解，将会开拓我们的眼界，增加我们的同情心，将会提高我们的智力水平和道德水准，将会加深我们对于人类和自然的理解。”

2. 培养求知精神

求知是科学精神的本质和核心之一，是我们在科学教育中必须大力培养的精神，而“科学史”则是培养学生求知精神最好的教材。

氟化学的开山鼻祖莫瓦桑因为制备氟获得 1906 年诺贝尔化学奖。他在 1884 年开始研究制备氟，对这项研究的危险性是十分清楚的。在此之前，戴维、盖·吕萨克、诺克斯兄弟等人中毒严重，鲁耶特、尼克雷甚至为此付出了生命的代价。抱着追求真理的科学理想，莫瓦桑知难而上，终于攻克了这个科学上的难题，他在说明这项研究的目的时说：

> “老实说，从一开始，我就没有考虑过它有什么用途。我相信，所有早于我从

事这项研究的化学家都同样没有考虑过。这是因为，科学工作只是追求真理。”

莫瓦桑在临终前留给青年们的话是：“我们应该为自己树立永远为之奋斗的理想目标。”

实际上，在科学的起源上，古希腊人从事科学研究就是出于求知而探索自然界的奥秘，科学上那些产生了巨大应用价值的科学研究成果大多也都是出于求知的目的。吉尔伯特研究电和磁时，不曾想到以后产生的电力技术；赫兹研究电磁波时，认为它不可能用于通信；居里夫妇开始研究放射性元素时，并不知道放射性物质以后有那么大的用处。

萨顿指出：“英雄们一砖一瓦地建造了科学大厦，他们经受多少痛苦的斗争，表现出多大的坚韧不拔，这些事情，青年们知道得更多一些，不是将会以更大的勇气和热忱工作么？不是对科学怀有更高的崇敬么？或者，至少，他们看到科学事业在接踵而来的困难中完成，并曾分享欢乐与陶醉，不是会更好地评价全部科学事业的伟大与壮丽么？”

3. 树立辨证科学观

“科学史”教学有助于了培养学生辩证的科学观。“科学史”告诉我们，一切科学理论都不可避免的有其自身的局限性。历史上，牛顿理论曾经享有“绝对真理”的地位，20 世纪的科学革命却证明了牛顿经典力学的局限性，接近光速的领域并不适用牛顿定律。

查尔默斯把科学理解为“一个历史地演化的知识体”，是“发展着的”对自然界的认识。由于发展，其中的错误不断地被排除；由于发展，最新的学说也不会是人类认识的终结。

“科学史”也告诉我们，任何正确的认识都不是一蹴而就的，人们对光的本性认识就经历了一个复杂曲折的过程，直到 1905 年，随着爱因斯坦光量子论的提出，人们才认识到光的波粒二象性。

著名科学家法拉第就曾经这样指出：

> “世人何尝知道：在那些通过科学研究工作者头脑的思考和理论当中，有多少被他自己严格地批判，非难地考察，而默默地、隐蔽地扼杀了。就是最有成就的科学家，他们得以实现的建议、希望、愿望以及初步结论，也只不到十分之一。”

达尔文甚至走得更远，他说：“我一贯力求保持思想不受拘束，这样，一旦某一假说为事实证明错误时，不论我自己对该假说如何偏爱（在每一个题目上我都禁不住要形成一个假说），我都放弃它。我想不起有哪一个最初形成的假说不是在一段时间后就被放弃，或被大加修改的。”

对于科学家来说，他们绝不能容许自己的思想固定不变，不仅自己的见解不能固定不变，而且对待当时流行观点也会抱着批判的态度，不盲目迷信权威。莱纳斯·鲍林是 20 世纪最伟大的化学家，他在 1954 年获诺贝尔化学奖的演讲中这样说道：

> “一位德高望重的长者在向你们讲话的时候，应当抱着尊敬的态度认真地听——但别相信他，除了相信你自己的智力以外，不要轻易相信任何事。你们的长者，不管他的头发是否已经灰白，是否已经脱落，不管他是不是一个诺贝尔奖得主，都有可能出错……因此，你们应当永远持有一种怀疑的态度——永远需要独立思考。”

"科学史"体现出知识的"相对性"和"发展性"，能克服静态、教条的科学观点，培养学生辩证的科学观和批判的科学精神，对此乔治·萨顿也有深刻的认识，他指出：

"向学生详细介绍一项发现的全部历史，向学生指明在发明者道路上经常出现的各种各样的困难，以及怎样战胜它们、避开它们，最后，又怎样趋近于那从未达到的目标，再没有比这种做法更适于启发学生的批判精神、检验学生的才能了。"

4."科学史是进行综合的最好工具"

"科学史是进行综合的最好工具，是科学家和哲学家之间最自然的连接物"。著名科学家贝弗里奇指出："科学史对学科的日趋专门化是最好的弥补，并能扩大人的视野，使人更全面地认识科学。"实际上，从"科学史"的关注对象来看：

"科学史不应满足于只研究各门学科之间相互作用的方式，还应该分析时常出现于科学思想与其他文化和经济现象相互影响的方式……我们研究的本来目的，首先就是确立科学思想的连贯性。所有能够影响并改变科学现象之演化的自然现象、心理现象或经济现象，都将在我们的研究之列。"

"科学史"是一门栖息于科学、哲学和历史之间的学科，它通过研究科学技术的历史发展与社会经济和政治的相互关系，揭示科学技术与社会的内在联系；通过研究科学的历史发展与教育和哲学的相互关系，揭示科学与文化结构的内在联系；通过研究科学的历史经验，促进科学决策和科学管理。从编史学来看，它既注重思想史的"内部"进路，又注重社会视角的"外史"进路，黑森的《牛顿（原理）的社会经济根源》、贝尔纳的《科学的社会功能》、默顿的《十七世纪英格兰的科学、技术与社会》，都是"外史"的经典之作。

总之，《科学史》的学习有助于克服狭窄的专业分工局限，使学生了解科学、社会、哲学诸多方面，"补偿过度专门化"的缺陷。

四、《科学史》的科学创新价值

1."科学史"是一种索引

"科学史"是一种索引，丰富的科学史料是科学创新的重要源泉。

竺可桢先生关于气候变迁的研究就是应用了古代历史文献中的科学资料。竺先生从1925年开始，不断从经、史、子、集等史料中收集天气变化、动植物分布、冰川进退、雪线升降等资料，于1972年发表了《中国近五千年来气候变迁的初步研究》，指出在5000年中的前2000年，黄河流域年平均温度比现在高2 °C，冬季温度高2 °C ~ 5 °C，后3000年有一系列的冷暖波动，每个波动约历时300 ~ 800年，这些研究成果引起了世界性的轰动。

吴文俊先生对《九章算术》的重新求解也是一个典型的例子。汉代的《九章算术》就创造了一种表示法，它将246个应用问题分为9章，但是它的算法比较机械和刻板，每前进一步后，都有有限多个确定的可供选择的下一步，这样沿着一条有着规律的刻板的道路一直往前走就可以得出结果，吴文俊利用计算机和宋元时期发展起来的增乘开方法与正负开方法，对《九章算术》的应用问题重新求解，可以求解高达 5 次的方程，达到任意预定的精度，引起国际学术界的高度关注。

竺可桢的“中国近五千年来气候变迁的初步研究”、 吴文俊的“古代数学问题的计算机算法”、席泽宗的“超新星遗址认证”等有影响的科学成就，都是在广泛利用古代科学资料的基础上完成的。

可以看出,《科学史》包含着自然史和社会史方面极为丰富的历史信息，包含着丰富的科学事实和科学思想，这些科学事实和科学思想的重新整理和发掘必将产生新的重要发现：

> “曾被忽视的思想被认为非常重要，某些不为人知的事实变得引人注目，因为它与某种新理论嵌合而有助于说明这种理论。”

所以说，“历史……是一种索引，没有它，从新的观点进行综合和选择是不可能的”。

2. “科学史”是一种指南

在科学研究中，人们总要运用一定的方法，遵循一定的原则和步骤，才能获得一定的认识成果。方法正确，可以不走或少走弯路。“科学史”的科学创新价值在于，除了有可以重新利用的历史资料以外，更重要的是“科学史”案例中还有可以借鉴的科学方法。

近代科学的奠基人伽利略在运动物体的规律方面取得杰出的科学成就与他使用科学方法是分不开的。为了解决测定运动物体下落速度的问题，伽利略巧妙地利用考察小球在斜面上的滚动来代替对自由落体的直接研究，他之所以能找到问题的答案，关键的步骤在于转移中心或重定中心。

19 世纪奥地利遗传学家孟德尔创立了分离定律、自由组合定律，他成功的关键在于正确地选择豌豆作为实验对象。美国著名生物学家摩尔根创立了基因论，运用新的物理手段在人工环境下进行受控实验，有控制地让两组特定性状的果蝇交配繁殖，避免了其他性状的果蝇的干扰，因而精确地取得了实验统计数据。

实际上，无论是伽利略的理想实验、孟德尔的材料选择，还是摩尔根的受控实验，类似的研究方法在科学研究的历史上反复出现。“科学史”蕴含着丰富的科学方法案例，这些古老的方法可能启发研究者发现类似的联系，或者通过改进以后应用于新的研究领域，正如萨顿所指出的：

> “昂贵的老方法变得经济了，因此，化学家和工程师对于已经废弃不用的化学流程有不衰的兴趣……科学史对于他们来说就好像废弃的矿脉对于勘探者一样。”
>
> “旧的科学发现提示类似的联系，已经废弃不用的方法，巧妙地改进以后，可以重新有效。懂得了这一点，科学史实际上就成为一种研究方法。奥斯特瓦尔德走得更远，他甚至这样说：‘科学史只不过是一种研究方法。’”

虽然科学发现不可能重复，但是科学方法是可以反复使用和借鉴的，因此，向学生介绍一些历史上著名科学家的思维方式和研究方法，分析他们的成功经验和失败教训，让学生从中获得借鉴和启发，从而增强其方法论意识，培养其科学创新的能力和方法[16]。从这个意义上说，“科学史”也是一种指南。

参考文献

[1] 乔治·萨顿. 科学的生命——文明史论集[M]. 刘珺珺，译，北京：商务印书馆，1987.

[2] 詹志华. 论科学史学的创新意蕴[J]. 自然辩证法通讯，2008（5）.

[3] 贾玉树，邢润川. 科技史与历史关系的理性思辨[J]. 科学技术与辩证法，2007（1）.

[4] 黄瑞雄. 萨顿的“人性化的”科学史观评析[J]. 科学技术与辩证法，2002（6）.

[5] 吴国盛. 科学的历程[M]. 北京：北京大学出版社，2002.

[6] 贝弗里奇. 科学研究的艺术[M]. 陈捷，译，北京：科学出版社，1979.

[7] 魏屹东. 巴斯德：科学王国里一位最完美的人物[J]. 自然辩证法通讯，1998（4）.

[8] 黄瑞雄. 萨顿科学人性化的理想与现实[J]. 自然辩证法研究，1998（4）.

[9] 胡亚东. 世界著名科学家传记 化学家 I [M]. 北京：科学出版社，1990.

[10] 李思孟. 近代科学的传入与中国人对科学的误解[J]. 自然辩证法研究，2003（6）.

[11] 李申. 中国古代哲学和自然科学[M]. 上海：上海人民出版社，2002.

[12] 哈格. 鲍林——20 世纪的科学怪杰[M]. 周仲良，等，译，上海：复旦大学出版社，1999.

[13] 童鹰. 世界近代科学技术发展史：上[M]. 上海：上海人民出版社，1990.

[14] 于祺明. 试论科学顿悟与思维方法[J]. 科学技术与辩证法，2004（6）.

[15] 胡化凯. 简论科学史与现代科技人才素质培养[J]. 教育与现代化，2000（4）.

突出文明史的视角

——高校“世界古代史”教学改革的探索与实践

谢振治

如何激发学生学习“世界古代史”的兴趣，展现历史学科的迷人魅力，进而提高“世界古代史”的教学质量，成为历史教学中一个重要的问题。

世界古代史包括世界历史的上古时代和中古时代，即17世纪之前人类历史的演进过程，涵盖原始社会、奴隶社会和封建社会，囊括亚非欧美大陆的众多区域，时空跨度极大，涉及的理论问题甚多，内容丰富。在课时较少的情况下讲授如此庞杂的历史内容，是该课程的难点。因此，无论是教师的讲授，还是学生的学习，都存在很大的难度。

如果在教学中突出文明史的视角，就会使庞杂的内容系统化，使学生认识到历史与现实生活息息相关，贴近人们的生活，学生就会喜欢进而认真学习世界历史，教学质量的提高才有源头活水。

一、文明史观简介

在德国著名学者诺贝特·埃里亚斯的代表作《文明的进程——文明的社会起源和心理起源的研究》第一卷中对“文明”的理解是一个与野蛮相对应的概念，是指“社会的一种进步的过程，一种进化所达到的状态，一种发展趋向”，将人类社会发展纵向地划分为农业文明时代和工业文明时代这两个大的历史阶段。文明史观认为：“一部人类社会发展史，从本质上说，就是人类文明演进的历史。”

我国文明史观的代表作是北京大学马克垚先生的两卷本的《世界文明史》，在导言中作者就旗帜鲜明地指出：“当今所说的文明是一个相当宽泛的概念，是指人类所创造的全部物质和精神成果，从这个意义上来说，文明史也是世界史，但另一方面，文明史又不同于通常的世界史，它是以各种文明作为自己的研究单位并着力反映各种文明在历史长河中不断发展、变迁和磨合的过程。一部人类发展的历史，从本质上讲就是一部人类文明演进的历史。可以说，文明史的内容几乎涵盖了我们以往通史所涉及的内容，并且还包含了宗教、语言文字、群体心理、风俗习惯等多领域。”

文明史观的主要观点有：

（1）文明史观以生产力的发展为依据，把人类文明演变划分为农业文明时代和工业文明时代，掌握文明史的基本线索、基本史实，了解人类文明发展的主要过程和成果。

（2）重视至今仍有重大影响的文明成果，从现实追溯历史，从历史联系现实，将历史与现实相结合。

（3）要正确评价各种文明成果，正确认识人类文明成果与代价的关系。

（4）以文明类型作为基本研究单位，承认文明的多元性。

（5）正确把握不同文明之间的关系。

（6）把中华文明纳入到世界文明中考察，从人类文明发展的大背景下考察中国文明的演进，同时还应从中国文明的角度看待世界其他文明的发展。

二、在教学内容上突出文明史的视角

自从杜兰夫妇的《世界文明史》面世以来，文明变成了风靡全球的词汇。文明是社会历史范畴，是指人类自身的创造和社会进化的状态，是人类改造世界实践活动的成果。

文明史的视角看重历史过程中的人，看重历史过程中人的创造力，看重人的历史创造活动过程，看重人的创造成果。如果在教学内容上突出文明史的视角，就能改变以往过分强调社会形态如何演变的问题，就能改变以往社会经济政治结构如何发展变化的内容所占比重偏大的问题。更加重要的是：文明史贴近人们的生活，如果在教学内容上突出文明史的视角，世界古代史就不再是重大事件的简单排列，不再是政治史军事史的闪现，不再是远离现实生活的死的记载。

现代教学技术的应用可以极大地丰富课堂，教学互动也可以吸引学生，引发学生的兴趣。但从长久来看，只有通过改革高校世界古代史课程，才能使这门课充满活力。具体改革内容如下：

1. 调整课程思路

世界古代史这门课程应突出以下思路：

（1）历史的演变绝非诸多偶然现象的无序组合，而是存在客观的规律；世界历史的基本线索在于从野蛮状态向文明时代的转变和从传统社会向现代社会的过渡，人的解放抑或摆脱依附状态而走向自由的过程构成世界历史的核心内容。

（2）综观世界历史，古代文明起源于东方而现代社会发轫于欧洲，东方与西方皆曾在世界历史的进程中占据重要地位，斗转星移，各领风骚，那些所谓的“欧洲中心论”“美国中心论”都与事实不符。

（3）强调宏观历史趋向与微观历史现象的有机结合，突出纵向的描述与横向的比较，分析人类社会在不同历史条件下的矛盾运动以及诸多文明的共性与特征，阐述野蛮社会和传统文明的演进过程，力求帮助学生从较深的层面并从整体的高度认识貌似零乱的历史现象，准确理解世界历史从分散走向整体的发展趋势，进而揭示现代文明赖以形成的历史基础。

2. 调整课程结构

“世界上古中古史”课程组针对教学重点和教学难点，着力结合宏观的历史趋向与微观的历史现象，对该课程的内在结构进行适当调整，具体做法如下：

（1）勾勒出文明史的框架。

把世界古代史分为四个主题：

人类早期文明。人类早期文明主题中包含文明的标志、文明与地理环境等内容，讲述大河文明、海洋文明、草原文明等。

人类生活。人类生活主题包含社会结构、社会生活、社会风俗等内容，讲述种族与人口、婚姻与家族、阶级与等级、服饰、饮食、居住、交通、节日、礼仪等。

人类文化。人类文化主题中包含法律、人文科学、宗教等内容，讲述早期成文法典、法系、审判制度、文学、史学、哲学、艺术、宗教的起源与传播，宗教组织与礼仪，教派纷争等。

文明交融与冲突。文明交融与冲突主题包含文明的传承、文明空间的拓展、文明历程中的磨难等内容，讲述农业革命、腓尼基航船、阿拉伯商道、军事技术、世界上古中古史典型的战争。学生通过四个主题的学习，就懂得：历史不仅是政治史、军事史、英雄史，历史还发生在最广阔的社会生活底层，就像在我们身边一样；

通过四个主题的学习，学生将树立起文明史的意识，并开阔文明史分析的视野。

（2）比较各个文明区域。

上古时代世界历史的突出现象，是若干初兴的文明在亚非欧大陆的诸多区域相对孤立地存在和演变，各个文明区域之间联系甚少。教师在讲授上古时代世界历史的过程中，在向学生交代必要的具体史实的基础上，对于不同区域的文明内容进行多方面的比较，注意分析古代文明在不同区域的共性和特征。中古时代的世界历史进入若干文明体系多元并存的发展阶段，教学内容亦做相应的调整；教师在向学生介绍各个文明体系的演进历程和相关成就的同时，着重阐述不同体系的文明区域之间的相互交往和游牧群体对于定居社会的冲击及其影响。

（3）贯通历史知识。

所谓“通”，即历史知识的贯通，而世界古代史作为世界通史的重要组成部分，其教学过程应当服务于贯通历史知识的目的。基于上述理解，本课程组在授课方面避免拘泥于个案的描述，而是将具体的历史人物和历史事件置于宏观的背景之下，剖析微观现象与宏观背景之间的内在联系，强调静态与动态的综合分析以及横向与纵向的历史比较，帮助学生拓宽视野，启发学生用历史的眼光看待具体的历史人物和历史事件，进而探讨历史运动的规律和方向。

（4）突出学科综合性的特点。

首先是史地学科的结合。世界古代史覆盖了亚、非、欧、美几大洲的历史，因此，要求学生具备读世界地图的能力，头脑中要有世界地图的概念，熟悉几大洲的地理位置和自然概貌等内容。在教学中，每一个区域的历史都要先从地图讲起，包括地理位置、自然条件以及由此决定的生存环境、经济特点、民族性格、文化特色等。此外，战争路线、商贸交通、民族迁徙等问题都要结合一定的地理知识来学习。总之，学好世界史首先要有“全球意识”，也要有读懂历史地图的能力。

其次是文史交融。古典文明时期诞生的许多经典著作，通常都具有极高的史料价值和文学价值，如《吉尔伽美什史诗》《摩诃婆罗多》《罗摩衍那》《荷马史诗》等四大史诗，既记述了人类的生存状态，也是世界文学的瑰宝，体现了民族文化的精神。在学习过程中，了解了这些史诗形成的时代背景、创作过程及其历史影响的同时，品味那些充满说服力和感染力的优美的文学语言，在一定程度上能够提高学生的人文素养。

三、结　语

综上所述，世界古代史蕴含了深厚的历史内容和文化传统，是人类文明史的重要组成部分。突出文明史视角，能够引领人们去追溯人类的远古文明，去探究现代文明的源头；能够引领现代人去除浮躁的心境去感受宁静、悠远的古代文明。回望人类的每段文明历程，我们能够感受到历史使整个世界亲近起来，历史就活在现实当中，与我们休戚相关。通过历史教学改革，激发学生的学习兴趣，进而为提高教学质量创造最重要的条件。

参考文献

[1] [美]L. S. 斯塔夫里阿诺斯. 全球通史：1500 年以前的世界[M]. 上海：上海社会科学院出版社，1999.
[2] 威尔·杜兰. 世界文明史[M]. 北京：东方出版社，1998.

第六篇

历史国培教学花絮

信息技术在历史教学中的运用研究

蔡乾清

21 世纪是信息化的时代，以计算机多媒体技术和网络通信技术为代表的现代化信息技术正在迅猛发展，信息化浪潮对当今世界政治、经济、文化等许多方面都产生了重要影响。面对信息化逐渐加强的趋势，各国政府都采取了相应的措施，以促进信息化社会的发展。为此，教育部在《基础教育课程改革纲要（试行）》中提出："大力推进信息技术在教学过程中的普遍应用，逐步实现教学内容的呈现方式、学生的学习方式、教师的教学方式和师生互动方式的变革，充分发挥信息技术的优势，为学生的学习和发展提供丰富多彩的教育环境和有力的学习工具。"

信息技术是当今最活跃、发展最迅速、影响最广泛的科学技术，信息技术的发展是社会发展的大趋势，特别是随着互联网和多媒体技术的广泛应用，人类的创造能力大大提高。信息技术不仅影响着人们的工作和生活方式，也改变了人们的教育和学习方式，使得教育的时空界限不断拓宽，人们的学习兴趣和能力进一步增强，效率进一步提高，成为教育改革和发展的强大动力。新一轮基础教育课程改革，突出强调信息技术在教学中的运用。信息技术不仅是一种手段，它还给学生提供合作学习、资源共享等学习环境，把学生学习的主动性、积极性充分调动起来，使学生的创新思维与实践能力在教学中得到有效锻炼。因此，信息技术在历史教学中运用研究适应了 21 世纪政治、经济和文化发展的需要。

广西实行新课程改革比较晚。一直以来，很多教师通过一支粉笔、一本书，采用我讲你听你记你背的传统讲授方法进行教学。信息技术在当前的教学中使用率还不高，受到的关注与重视也不够。也就是说信息技术在历史教学中的作用还未得到充分发挥，还有巨大的可逆空间和可挖潜能。由此，我们提出了"信息技术在历史教学中的运用研究"的课题。

关于信息技术在历史教学中的运用，可让学生充分利用网络资源和计算机平台，师师合作、师生合作、人机合作、生生合作，发扬合作精神。信息技术在历史教学中的运用，以网络课件为依托，以丰富知识为载体，可以使教师在教学中扬长避短。我校的学生资质在本市同类学校中属于中等偏下，学生学习的主动性不够，基础不扎实，学习目的性不明确，学习方法不够科学，学习兴趣不高，这就要求老师必须在提高学生学习兴趣上做文章，在教学方法的改进上下功夫。信息技术在历史教学中以其特有的长处，在提高学生的学习兴趣、促进学生学习方法改进上发挥独特的作用。根据我校的校情，在历史教学中运用信息技术既有优势也有不足。

基于以上形势分析，我们在历史教学中要完成以下两项任务：

（1）从理论上探索研究在信息技术支持下的教学策略、教学结构以及在新的教学环境中教师的地位和作用，探索研究如何利用信息技术创设有利于学生探究发现、建构知识体系的学习情境，探索研究如何将信息技术运用到历史教学中，以组织形成一个新的完整统一的知识体系。

（2）在技术上培养师生的信息素养，使他们学会使用计算机，通过网络搜集信息、处理信息，提高教师应用计算机的能力和简单制作适用教学课件的能力。

值得注意的是，在信息技术使用过程中要体现以下原则：

（1）协作性原则。

协作学习，通过群体活动，使每个个体的能力均有所提高。基于信息技术的网络协作学习将会更加方便、更加有效地培养学生的协作精神和协作能力，使他们懂得尊重和欣赏别人的劳动成果。

（2）实效性原则。

信息技术的运用要坚持结合本校实际，不搞花架子，追求实用和实效，实实在在为提高教学质量服务的原则，提高教师服务素养。

（3）激励原则。

充分利用信息技术的长处，从激发学生对信息技术的兴趣出发，通过对其肯定性评价，使学生获得成就感，从而增强他们学习的内在动力。

（4）人本原则。

以人为本原则要求，一切为了学生，为了学生的一切。因此，我们要授之以渔，为学生的发展奠定基础，从学生终身发展的角度评价教学质量。

（5）理论与实践相结合原则。

科学的理论只有在实践中才能发挥它的指导作用。而实践经验只有通过分析、归纳、总结、提高，才能形成具有广泛指导意义的科学理论。

（6）工具性原则。

现代化信息技术的基本特征是数字化、网络化。在教学中的应用主要体现为多媒体教学、模拟仿真、虚拟现实等。教师应当深入研究如何将学科知识数字化，如何借助网络和多媒体手段实现模拟仿真，创设有利于学生认知的学习环境。以计算机为主的信息技术应用于教学，要立足于计算机只是学生学习的必备工具和伙伴的思想。

在历史课教学过程中，充分有效地利用信息技术，既可以培养教师的合作精神，树立资源共享理念、创新理念、科学的教学质量评价理念、发展理念、人本理念，提高教师的教学科研能力和信息素养，为全面提高学生的学习能力奠定基础；又能改变学生的学习方式，让学生在运用信息技术过程中体会个性化学习和协作学习的途径和模式，使其明白信息技术对于提高自身素质和终身学习的意义，从而提高学习能力。希望各位历史教师努力探索和积极应用。

浅谈新课标下的历史教学技能创新

广西贵港市港北区大圩二中　陈燕莉

【摘　要】新课改强调以学生为主体，以人为本。在教学过程中要想体现以学生为主体，就需要加强教师的个人教学能力。本文主要论述了教师在教学过程中教学技能创新的几个方面，体现了新课改以学生为主体的教学理念。

【关键词】历史　教学　技能创新

我校学生厌学、老师厌教、家长厌管的现象特别明显，尤其是在历史学科上。造成这种现状的主要原因是老师上课没有计划，基本上都是照本宣科，读读课本、勾勾重点，且大多数历史老师都是其他科目的老师兼任，缺乏专业性。很多学生认为历史知识容易掌握，只要看书就可以掌握，想要高分，只要考前记记背背就行了。但是要真正学好历史，用好历史，以史为鉴，这种方法根本不适用。面对这样的情况，要想让学生喜欢上历史，老师得多在教学技能创新上下功夫，让学生真正体验到学习历史的乐趣。结合近几年的教学经验，我认为可以从以下几个方面入手：

一、让学生明白历史课既是教学课也是体验课

要让学生喜欢上历史，首先要让学生喜欢上历史课的老师。当然，这并不是说让学生一开始就喜欢上老师，学生喜不喜欢，完全靠老师的个人魅力，这不是一朝一夕就能做到的，而是要靠平常一点一滴的积累，树立起自己为人师表的形象。作为老师，我们要真正做到学高为师、身正为范。没有什么特殊情况，我一般都会比学生早三分钟到教室门口去等候他们，学生看见老师早早来了，也不好意思拖拖拉拉，通常他们会以最快的速度走进教室。另外，教师还要具备扎实的专业知识，备课一定要充分。每节课我都会花大量的时间来做准备，尽量做到心里有数，预设学生会问到什么问题。除此之外，我还很注重资料的收集以及拓展自己的课外知识。学生很喜欢我的课，因为上我的课不但可以学会课本知识，还可以拓展很多课外的知识。讲课时我特别注意声调的抑扬顿挫及肢体语言的运用，如讲中国近代史的鸦片战争时，特别是讲到不平等条约的签订时，我一般会用语言和行动来感染学生，让学生深刻认识到落后就要挨打，“弱国无外交”的历史教训。

二、运用多媒体教学激发学生的学习兴趣

教育心理学研究表明：人所获取的外界信息中，83%来自视觉，11%来自听觉，3.5%来

自嗅觉，1.5%来自触觉，1%来自味觉。很显然视觉和听觉是人获取信息的最有效的途径。多媒体把视频、文字、图片、声音结合于一体，图文并茂、声像并举，具有不受时间、空间限制的再现性和运动变化的可控性、模拟性以及强大的交互功能。因此，在历史教学课堂中能用多媒体的课，我都是用多媒体给学生展示的。

三、创设情境，情景交融

几乎每节课我都会创设情境让学生参与其中，让他们有表演的机会。比如上“开国大典”时，我让学生学习毛主席的讲话，感受那种自豪、骄傲、壮阔的心理。上“西周分封制”时，我让学生表演烽火戏诸侯的场景，感受忠臣遭遇欺骗后的无奈和悲愤，以及国君的昏庸与无能。这样做既能让学生参与课堂教学，又能从中学到做人的道理。

四、联系现实生活，多讲述学生感兴趣的话题

历史是死的，很多人认为学习历史就是记记背背，背得好就考得好。本来，很多同学对历史就不太感兴趣，在考前背背看看就行了的思想影响下，渐渐地就失去了学习的兴趣，上课总是老师唱独角戏。作为老师，如何才能把历史讲活，特别是如何联系当今热点问题，以引发学生的关注和兴趣，是值得探索的问题。

例如，我在讲述太平天国运动时，结合当地历史，带学生到东湖去看看石达开的铜像，使他们更加详细地了解这段历史；2010 年，我去北海学习时参观了广西合浦汉代文化博物馆，拍了很多关于汉代墓的照片回来给学生看，我还建议学生看中央电视台记录频道、中央电视台科教频道，特别是观看《探索·发现》节目，鼓励学生把自己看到的或听到的内容讲述给同学或老师听。

五、开展多种多样的比赛活动，进行启发式教学

上课时我把学生分成几个小组，每个小组承担一个教学任务，然后小组间进行比赛，看哪个小组能够把任务完成得最快最好。复习时我采用比赛记忆的方法，规定一定的复习内容让学生在规定时间内记，然后在黑板上进行历史听写，学生表现得非常积极，复习效果非常好，此办法可推广。课后我组织开展历史手抄报技能比赛，规定一个主题，让学生在规定的时间内以小组为单位完成一张手抄报，比赛后及时给予评价，对做得好的同学给予适当的鼓励与奖励。同时，我还经常在自修课的时候组织学生开展讲故事比赛、历史知识竞赛等活动。上课时，学生争先恐后地回答问题，课后学生对历史津津乐道。通过开展多种多样的活动，学生逐渐爱上历史、爱学历史，课时课后都想着历史。

作为一线老师，我们应该与学生一起学习、一起发现，把自己的心得及时撰写成文字与大家分享。

改进历史课堂教学方式，提高教学质量

兴业一中　卢　丽

【摘　要】在新课程理念下，探索初中历史课堂教学的方法与技巧，并通过新颖的教学方式、多媒体技术的灵活运用等手段提高教学质量，达到预期的历史教学效果。"学会学习"就是无数历史教师探索的结晶之一，它可以使教师教得轻松、学生学得轻松，同时气氛活跃，学生参与度高，教学效果好。

【关键词】学会学习　主导作用　主体作用　方法探讨

兴趣是最好的老师，学生学习没有兴趣，课堂死气沉沉，学生昏昏欲睡，教师的教学活动开展不了，教师亦提不起精神，从而进一步影响到穿插在叙述之中的分析部分的教学活动。部分教师采取传统灌输式的教学方法来开展初中历史的教学，而这种传统灌输式教学的结果就是教师教得累，学生学得也累，教师一遍一遍地讲，学生认认真真地记、一遍又一遍地背。死记硬背的学习模式使得学生生出厌学情绪，教师苦不堪言，可想而知，教学效果怎么可能好？一离开课堂，学生什么也没学到。如何在历史教学中变枯燥为有趣，变学生厌学为好学、乐学乃至学而不倦，从而提高教学成绩呢？笔者现从教师的主导性地位出发，结合教学实践谈谈在初中历史课堂教学中如何开展"学会学习"的教学活动。

一、教师领会"学会学习"的含义

纳伊曼说："'学会学习'的概念意味着受过教育的人将会知道从哪儿能很快地和准确地找到他所不知道的东西。"陈俊珂说："学会学习的本质是学会不断突出问题，进而学会不断解决问题。"从这两位教育专家的话语之中，我们可以得出学会学习的准确定义。所谓学会学习，就是在教师的指导下，学生掌握科学的思维方法和科学的学习方法，并自觉地、主动地参与每个学习环节活动，学会探索，迅速而准确地接收所需要的知识信息，并加以鉴别、筛选、分析和归纳，在整个学习过程中学会有意识地，自始至终地进行自我调节。也就是说，学会学习必须以教师为主导，学生为主体，通过教师的指导，学生充分发挥教学活动的主体性，积极主动地参与教学活动的每个学习环节。这里对教师的"教"与学生的"学"都提出了不同的要求。

二、把握教师"学会学习"的主导作用

学生如何才能主动参与学习活动，并找到一条学会学习的道路？这有赖于教师充分发

挥主导作用，对学生的学习活动给予科学的指导。课堂上，当好“启动机”，培养学生情感，为学生提供活动的愉悦空间；控制教学过程，把握教学方向，为学生提供活动的充足空间；引导学生学会思考、学会发现、学会学习，为学生提供探究的基本技能与方法。具体做到：

1. 善于激发学生情感

激情是调动学生主动参与学习的重要途径。愉悦的情感能激发学生的学习动机，使其大脑处于最佳活动状态，有利于学生主动学习。积极的思维、持续的学习热情，有助于学生更高效地接受知识，进而全面提高其他各方面的素质。因此，教师在教学的各个环节中要注意激发学生情感，调动学生的参与意识，给学生提供活动的愉悦空间。“感人心者莫先乎于情”，教师的情感对于学生来说是导体。精彩的导语给学生直接、鲜明的情绪感染，教师通过眼神、语言等把感情传递给学生，能调整学生的学习情绪，帮助学生快速进入角色，诱发他们的情感，从而产生强烈的心理冲动并迅速进入求知的最佳状态。针对不同的教学内容以及不同阶段的学生，设计的导语应该是不一样的。下面以一例作为说明，如初中历史八年级上册第 15 课——“宁为战死鬼，不作亡国奴”，可以以“南京大屠杀”时的照片、新闻报道或者是电影《南京大屠杀》《南京！南京！》等材料引入，就可以立刻调动学生的爱国情感、救国情感，从而带动学生的学习积极性。

2. 合理优化课堂时间

在历史课堂上，教师是主导，学生是主体，教师要为学生提供充足的活动时间。学生主体作用得以发挥的首要条件是有充足的自主活动时间。如果学生自主活动的时间被占用了，“发挥学生的主体作用”就将成为一句空话。在 45 分钟的课堂教学中，我认为教师活动时间不得多于 30%，学生活动时间不得少于 70%。在初中历史的学习中，对于事件的学习，首先要解决的是该事件发生的时间、地点、人物、发生了什么事，对于这部分非重要的内容，教师就可以讲，或者，干脆不讲，让学生自学；其次，对于某些事件的意义、影响或比较等主要内容，要给予学生充分的时间进行讨论分析。那么教师该如何具体操作把好这一关，既使得自身的主导作用得以有效地发挥，又给予学生充足的活动时间，让教学活动真真正正地变成学生的“学”？

（1）做好课前准备工作。课前准备工作除了教师对教材的把握外，还包括教师对学生的把握。在备课中，既要备教学目标，又要备学习目标；既要备教学方法，又要备学习方法；既要备教学思路，又要备学习思路；既要备教师的活动，又要备学生的活动。在备课时注意合理安排师生活动的时间比例，有意识地把更多的时间留给学生。因此，在备课之初，就要为学生留出较多的活动时间，让学生参与教学活动。例如，初中历史八年级上册第 7 课时——“戊戌变法”，它发生于什么时间，有哪些人参与，维新派有哪些，顽固派有哪些，它们分别采取了哪些措施，过程是怎样的，结果如何……这些问题课本上都有，不需要多说，学生看一遍就可以了解了，真正需要学生花时间去思考、分析、讨论、归纳总结的是变法的内容、百日维新失败的原因、得到哪些教训、有什么历史意义，以及比较日本的明治维新和中国的百日维新的异同点。

（2）优化课堂教学。依据几年来初中历史教学实践，我认为优化课堂教学的关键在于“放”与“扶”结合。① 大胆地“放”。“放”就是充分相信学生，给学生以自主权，最大限度地在时间上、空间上给学生自主学习的机会。初中历史有一部分知识比较浅显，学生通过自学就能完成；而相对较难的知识可以让学生自主探索解决。凭借旧知识探索新知识，找到新旧知识之间的内在联系，让学生摸索学习方法，找到适合自己解决问题的最佳途径。让每一个学生自主教学，唤醒学生的参与意识，有效地控制“讲”，给学生充足的自主学习时间。② 精巧地“扶”。“扶”的过程就是教师精讲发挥主导作用的过程，“放”之后的“扶”是有针对性的，是学生所需要的。“扶”在学生的疑点处，“扶”在学生的难点处。也就是说，要“扶”得精当，“扶”得巧妙，“扶”出效果。“扶”的关键在于精讲。问得多、问得碎是导致讲得多的原因。提问应紧扣教学目的，每一个问题都应精心选择、精心设计，让学生有所思、有所悟、有所得。精讲首先要抓住教材的重点、难点、疑点等关键点，确定好“突破口”，讲什么、怎么讲、何时讲，都需要精心设计。其次，要锤炼讲的语言。锤炼语言的准确性、条理性、生动性，使“讲”的语言具有启发性，具有情感性，既简明扼要，又画龙点睛；在讲的同时合理运用教学手段，改变“一块黑板、一支粉笔、一张嘴巴讲到底”的现象，运用现代化教学手段，可大量地节约课堂教学时间，有效地实现精讲。

三、发挥学生“学会学习”的主体作用

素质教育要求提高学生的能力。物理学家劳厄有句名言：“重要的不是获得知识，而是发展思维能力。教育无非是一切已学过的东西都已忘掉的时候所剩下来的东西。”这里“所剩下来的东西”就是指科学素质中的学习能力。“人们在细节被淡忘之后仍然应该记忆的知识洞察力和技巧”。这种求知能力才是教师孜孜以求的、学生受用一辈子的东西。那这种求知能力来自于哪里？来自于学生的课堂参与，来自于学生主体性的发挥。那么，该如何在学会学习中充分体现学生的主体性？

1. 创设情境，激发兴趣，吸引学生主体参与，体现学生“学会学习”的主体性

爱因斯坦曾说过：“兴趣是最好的老师。”孔子曰：“知之者不如好之者，好之者不如乐之者。”兴趣是人们积极探究某种事物或从事某种活动的意志倾向，是人们认识事物所需要的情绪表现，是动机中最积极、最活跃的成分。学习兴趣是和情感相联系的，它是学生学习活动中最现实、最积极的心理成分，是学习动机的最重要组成部分，是推动学生努力学习的强大动力。有学习兴趣的学生具有探求知识的热情，能发挥自己的积极性和主动性。因此，要想提高初中历史的教学质量，就要努力激发学生学习历史的兴趣，改变历史课枯燥乏味的形象。只有学生对历史感兴趣，才想学、爱学，才能学好。例如，初中一年级第一课，是关于原始社会时期的历史，那是距今数百万年、数十万年、数万年时期的人类历史。对初中一年级的学生来说，他们很难一下就形成“原始社会”的完整概念；对原始人类的生活状况也很难想象。教师可以从学生看过的动物园里的猴子和猿类的生活情景，引

导学生想象猿人的生活情况，用人类个体成长过程来比喻从猿到人的发展史，进而指出我们文明社会的起源，拉近学生与这一课的距离，引发学生了解自己祖先历史的渴望，进而产生一定的学习愿望和要求。

2. 培养问题意识，激发内驱力，唤起学生的主体意识，体现学生“学会学习”的主体性

“思之端，学之端”，问题意识是学习的基础，问题意识是创造的基础，陶行知说过，创造始于问题。亚里士多德说：“思维从问题惊讶开始。”学习过程就是一个不断发现问题、分析问题、解决问题的动态过程，学生带着问题走进教室，解决了问题后又带着新的问题走出课堂，这一过程是学生主体积极参与的体现，也是学生感受深刻、理解透彻的最好方法。我们要求学生主动参与学习、学会学习，要“好问”，李政道教授对自己的学生说过：“最重要是要会提出问题，否则将来就做不了第一流的工作。”由此可见，“提出问题”应成为教学活动中必不可少的环节。对于教师而言，最基本的教学技能是善于启发学生提问。要启发学生提问，就要营造质疑问难的氛围。首先，教师要鼓励学生提出问题，鼓励学生在任何情况下都要问一个“为什么”，不能轻易接受现成的结论。教师在课堂上要少给结论性的描述，多给思路，给学生留下产生问题的空间。其次，要尊重学生，因为学生提出的问题可能比较幼稚和不成熟，教师决不能因此嘲笑学生，尽量挖掘学生问题中的合理性，以激发其再次提出问题的勇气。学生提出问题后，教师可让其他同学去探究解决问题。学生不能解决的，教师予以指导分析。

3. 提供创造的时空，让学生亲身体验，从而体现学生“学会学习”的主体性

获得知识后要学会应用，课堂教学要培养学生的应用意识，就要经常为学生提供创造的时空，让学生有发挥、创造的机会，并从中体会到作为学习主人的乐趣。例如，初中历史八年级上册中的活动课二——模拟导游——重走长征路，就是学以致用的最好例子。学生通过模拟重走长征路相关活动，不仅巩固了学习效果，还培养了学习兴趣，激发了学习的动力，培育了情感价值，树立起正确的人生观、价值观、世界观。对青少年来说，亲身体验的活动最能引起他们的兴趣，而历史活动发生在过去，不可重演。即使如此，我们也可以通过组织各种活动，形成学生对历史的体验，加深他们对历史知识的记忆。例如，学习中国古代商周文明时，就可以组织学生搜集有关青铜器的图片、邮票或者模型。学生通过这种搜集的过程，必然大大加深对青铜器的认识，体会那高度发达的青铜文明。

四、“学会学习”任重而道远，吾将上下而求索

正如《学习的革命》所说：“全民族智力的有效发展将决定着国家未来的昌盛繁荣。”实施素质教育，教师任重道远。“一个发育很好的头脑、一种学习的热情，以及把知识融合到工作中去的能力，是每个学生通向未来的关键”。学生的头脑不是一个需要被填满的容器，

而是一把需要被点燃的火把。因此，如何使每个学生都学会学习是一个长远的常新课题，提高教学质量，需要我们不断探索。

参考文献

[1] 岳会英. 让学生在自主、合作、探究中学会学习[J]. 读与写：教育教学刊，2010（3）.
[2] 臧丽华. 学习教育与学会学习[J]. 吉林教育科学，1995（6）.
[3] 李众，白春穆. 谈学会学习[J]. 中北大学学报：社会科学版，2002（4）.
[4] 张春峰. 时代的呼唤：引导学生学会学习[J]. 新乡教育学院学报，2007（2）.
[5] 黄美华. 引导学生探究性学习，让学生“学会学习”[J]. 四川解剖学杂志，2004（1）.
[6] 黄小群. 学会合作 学会学习 达成交际[J]. 宿州教育学院学报，2007（6）.
[7] 徐凌云. 优化学习心理 促进学生学会学习[J]. 现代中小学教育，2002（3）.

关于历史学科教学设计的思考

贵港大圩三中　覃丹丹

【摘　要】新课程下的历史学科的内容已经基本摆脱了“繁、难、多、旧”的弊病，要求学生掌握的历史知识信息已经大为减少，更关注的是学生学习历史的基本技能、学习方法和情感态度价值观。历史教育工作者向受教育者传递历史知识信息是学校历史教学的基本功能；接受一定的历史知识信息是学生学习历史的重要任务之一。没有历史知识信息的传递，向学生传授学习历史的方法、培养学生学习历史的习惯、塑造学生的个性和引导学生树立正确的情感、态度、价值观就成了无本之木、无源之水。因此，向学生传递历史知识信息是历史教育工作者最基本的工作和任务。

【关键字】历史　课改　教学设计

所谓历史知识信息传递，是指历史教育工作者将历史学科体系中最基本的知识，如历史时间、历史事件、历史人物等已经基本形成统一认识的信息在师生互动的基础上经过一定的讲解、双向交流活动让学生掌握的一种教学活动。由于历史基本知识的掌握是学生学习历史的最基本内容，因此，我们将这一类以历史知识信息传递为主的教学过程称为历史常规课。这类教学活动较为基础，一般具有以下特点：

1. 教学侧重于归纳历史知识点，教学生掌握学习基础知识的方法和技巧

历史学科的知识体系是在基本的历史时间、历史人物、历史事件等基础上构建的，基本的历史知识点也是学生进一步学习历史的阶梯，没有掌握基本的历史知识，就谈不上具有历史素养的积累基础。

在新课程的教学中，其本身所具有的教育任务和教育功能与学生掌握基本的历史信息的要求之间并不矛盾。如果在新课程的教学中忽视了对历史基本信息的掌握而单方面地追求现代教学技术，那么培养学生学习历史的基本技能、历史思维、历史分析与综合能力都会成为一句空话。

《历史课程标准》“知识与能力”中指出：让学生掌握基本的历史知识，包括重要的历史人物、历史事件和历史现象，以及重要的历史概念和历史发展的基本线索。作为基于历史知识信息传递的教学课堂，就必须要在对知识点进行归纳的基础上引导学生掌握学习基础知识的方法和技巧。在这一方面上，忌讳只是勾画知识点，让学生死记硬背，而这又恰恰是历史教学中最容易犯的毛病。如果在历史教学中不摒弃让学生完全记诵知识点，不教

给学生掌握基本知识点的方法和技巧，那就绝不是新理念下新课程的历史教学。

2. 教学侧重于学生自主学习、合作学习和教师引导相结合的学习方式

中学阶段历史学科的知识内容已经大大减少，所涉及的历史知识绝大多数是基础性的、普及性的，其难度大大降低，学生通过自主学习就能够达到一定程度的了解和理解。

在传统的教学过程中，历史教师往往不厌其烦地对知识进行讲解、分析、强调，这恰恰违背了新课程注重遵循学生认知规律，要求能够让学生“从感知历史到积累历史知识、从积累历史知识到理解历史”，没有发挥学生在学习历史知识过程中的自主性，也没有体现学生在教学中的主体地位。

从某种角度上讲，在历史学习的过程中，没有学生的自主学习，教师很难得知学生学习的困惑，导致教师在教学过程中眉毛胡子一把抓，始终不能让学生摆脱被动的学习状态而体现参与学习的积极性，也不能及时使学生学习的状况表现出来，更不能有针对性地及时解决学生在学习过程中遇到的疑惑或困难。

自主学习强调学生参与到学习过程中，参与到学习目标、学习进度的制定过程中，能够把在学习过程中没有理解、掌握的问题迅速地反馈给教师，这同时也避免了教师大量的、重复的和无谓的讲解。这样通过自主学习辅以教师的指导、强调，学生对基本的历史知识信息掌握的效率要高得多。

3. 教学侧重于学生对基本史实的了解和掌握

任何不管基于何种能力培养的教学，其涉及的内容、教师指导的方式和学生学习的方式都不是单一的，作为以历史知识信息传递为主要目的常规课，显然也是如此，不同的是这类教学较侧重于对基本史实的了解和掌握。基本的历史知识是使学生形成正确的历史时空概念和掌握基本的学习历史的方法的基石，既是学生由感知历史到逐渐加深对历史认识的基础，又是学生学习历史的最基本的要求。学生对基本的历史知识的了解和掌握程度，是常规课需要重点把握的内容。

基于历史知识信息传递（常规课）的设计并不排斥现代教学技术手段，更不排斥学生通过各种活动来呈现对基本历史知识的掌握程度，但在设计这类课时，必须注重它所具有的特点，才能在教学设计时有的放矢，取得良好的教学效果。

教学设计都具有相同的部分，如教学目标的制定、过程与方法的选择、情感态度价值观的引导、教学重难点的分析、教具学具的准备等，但在具体的过程设计中，基于历史知识信息传递又有别于其他类型的教学设计，其具体要求如下：

1. 重视知识点的归纳方法的举例和引导掌握不同的归纳方式

教学的主要目的是教给学生学习的方法，只有这样，才能使学生真正形成终身学习的能力，才能让教师从不厌其烦的讲授中真正解脱出来。优秀的常规课的教学设计，往往在各部分中都尽量随机而不生硬地对知识信息进行归纳或对方法进行举例说明。通过对历史知识信息进行有效的归纳，帮助学生掌握基本的历史知识。老师能在举例后让学生逐步尝

试自己进行归纳，对学生的分析、归纳能力的培养是大有裨益的。

2. 重视学生自主学习、合作学习的组织设计

“历史课程改革应有利于学生学习方式的转变，倡导学生积极主动地参与教学过程，勇于提出问题，学习分析问题和解决问题的方法，改变学生死记硬背和被动接受知识的学习方式。”在新课程的实施过程中，学生新的学习方式主要有三种：自主学习、合作学习、探究学习。新课程下历史学科基本知识内容有所减少、难度亦有所降低，有利于学生进行自主学习和合作学习，在学习活动过程中掌握新知识的同时，培养他们健全的人格、积极进取的人生态度和团结合作的精神。

人在准备做某件事时与蜜蜂筑巢的区别在于人事先有了一个设想或设计，教学也是这样，如果没有教学设计中关于学生自主学习和合作学习的设计，即使在教学过程组织学生进行了自主学习和合作学习，往往都只是徒有其表，其效果终会大打折扣。而好的教学设计在这方面都会涉及。

总之，在常规课的教学设计中要重视自主学习和合作学习的设计，只有这样，才能在课堂教学过程中及时了解学生学习的情况，有针对性地解决学生在学习过程中遇到的问题。

3. 重视基本历史知识信息的巩固措施设计

掌握基本的历史知识，是历史课程的主要目标之一。在巩固历史基础知识的同时，要引导学生运用教学设计中的归纳方法，自己编写一些顺口溜，并善于用数字、图表等较易理解、掌握和操作的形式进行巩固。在这一方面，过去的教学过程中已经有较多的归纳和总结。

总之，在设计常规课的过程中，一定要以课程标准为准，以学生对基本历史知识信息的牢固掌握为基本要求。常规课的设计和教学过程并不与现代教学技术手段、学生的各种活动相矛盾，要让学生牢固地掌握基本的历史知识信息，可遵循上面三个基本要求。

试论初中历史课堂教学改革的尝试

广西玉林福绵二中　高　新

【摘　要】要使初中历史课堂成为学生向往的地方，本人认为必须要转变“唯本”观念，确立开放观念，确立教与学统一的观念，确立教学有法与教无定法相统一的观念，确立素质教育的观念。

【关键词】初中历史　课堂教学　改革尝试

当今世界，不同社会制度、不同教育体制的国家，都非常重视向青少年传授历史知识，在普通教育的教学计划中都把历史作为一门重要的学科。提倡学习历史、重视历史教学，这是由历史本身的特殊作用所决定的。但历史教学也有其自身的特殊性，这是由历史知识本身的特点所决定的。历史知识的特点主要有：科学性与思想性的统一、具体性、过去性、阶级性。基于这些特点考察发现，初中历史教学极易陷入两大误区：第一，只注重思想性，把历史课上成枯燥无味的说教课，导致学生对历史课失去兴趣。第二，只注重内容，把历史课上成故事课，兴致一来，就信口开河，学生兴致很高，但偏离了历史课思想教育的主旨。为改变上述弊端，本人在教学中尝试采取了以下几点改革措施：

一、转变“唯本”观念，确立开放观念

所谓“本”，既指课本，也指教参、教案。对教学来说，“本”显然是极为重要的，但历史课本上的内容都发生在过去，一般而言，学生对此都缺乏感性认识。如果只是照本宣科地讲解、灵机一动地提问、隔靴搔痒地分析，把复杂的教学变成对书本的简单重复，很难想象这样的历史课能培养出时代所需要的有创新精神的人才。基于此方面考虑，在教学中，笔者就试着打破书本框架进行开放式教学。如笔者在讲授《中国历史》第四册时，就不再照本宣科，而是把第一至第十五课内容重新组合分割成三部分：土地革命时期、抗日战争时期与解放战争时期。在讲解每一时期时，注意指导学生了解这一时期革命的任务、起止时间及标志，然后发动学生到图书馆、阅览室、新华书店等地方广泛收集资料，要求学生侧重了解这一时期的著名人物及其事迹，最后在课堂上进行交流。实践证明，进行这样的课堂教学改革后，学生产生了浓厚的学习兴趣，知识面广了，学习方法也更科学了。

二、转变“唯教”观念，确立教与学相统一的观念

现在，在我们的历史课堂教学中还普遍存在着教师的“教”不是服务于学生的“学”，而是学生的“学”服务于教师的“教”的情况。学生不是处于主体地位，而是成了被动接受知识的容器。在这样的课堂上，学生学习的主动性、积极性易被压抑，最终丧失学习兴趣，

教学的“双边活动”变成了教师的“单边活动”。这实际上是对教师主导作用的误解。古希腊学者普罗塔戈就曾讲过：“头脑不是一个要被填满的容器，而是一把需要被点燃的火把。”因此，我们要重视发挥学生的主体作用，并将其与教师的主导作用有机统一起来，其根本目的就是要把学习的主动权交给学生，让学生参与教学，自己探讨，自我教育，从而培养学生在掌握知识过程中的探讨和创造能力，让学生真正喜欢上课堂。

三、转变“唯法”观念，确立教学有法与教无定法相统一的观念

“教学有法，教无定法，贵在得法。”从心理学的角度说，学生总希望每一堂课都有新鲜感，每一堂课都能学到一些新的知识，能力得到提高。为此，我们必须从改革教学方法入手，变呆板为灵活、变单一为多样、变寡谈为有趣，不断创设新的“问题情境”，让学生置身于一种生动活泼并能满足学习需要、激发求知欲望的最佳课堂氛围。具体地讲，作为一名教者，在备课时，最重要的是备教法，而不能所有的课都千篇一律。问题法、调查法、竞答法、参观法、观赏法等都是笔者在教学实践中常用的方法。例如，在讲“世界历史”中“文艺复兴”这一课时，课前我就与学生一起把教室布置成“观赏室”，展示达·芬奇、米开朗琪罗、拉斐尔的美术作品，并附以对作者生平的简介，还展示莎士比亚、塞万提斯等人的名作，如《威尼斯商人》《哈姆雷特》《堂吉诃德》等，同时也以文字资料介绍了勇于与宗教神学抗争的哥白尼、布鲁诺、开普勒、伽利略等人在天文学上的贡献与哈维在医学上的贡献，并播放预先录好的《神曲》《歌集》的片段。上课时，学生徜徉在文艺的殿堂，感受着当时的人文氛围，师生之间不拘形式地提问、讨论。学生对此类教学形式很感兴趣，下课时，大家都还余兴未了。

四、转变“唯分”观念，确立素质教育观念

在很多地方，历史课既是“高考”科目，也是“中考”科目，于是，历史教学就不可避免地陷入了“应试教育”的泥潭，难以自拔。当然，考试并不是不可取，分数并不是不重要，问题是有的地方把考试绝对化了，分数压倒一切，这种教学的负面影响不可低估。很多地方将中考、会考、高考成绩作为教学的指挥棒，教师为分而教，学生为分而学，分数成了教学的出发点和归宿点，学生能力的培养被忽视，创造性被浩繁的习题训练所挤压。1999年7月2日《中国化工报》曾刊登了一篇发人深省的文章：有一次，女教师画了一个圆圈问大学生：“这是什么？”大学生思考良久，才底气不足地说：“可能是零。”又一天，女教师画了同样的圆圈儿问幼儿园的孩子：“这是什么？”孩子们立刻七嘴八舌地回答：“是太阳!”“是烧饼!”“是铁环!”“是足球!”“是鸡蛋!”“是老师的大眼睛!”……女教师听了，颇有感悟。教学应冲出“唯分”的牢笼，真正转化为素质教育，这种转化迫在眉睫、刻不容缓。

我国著名教育家叶澜教授从生命学的高度给课堂教学赋予了全新的含义：“课堂教学应被看作是师生人生中一段重要的生命经历，是他们生命意义的构成部分。”每一位热爱学生和自己生命、生活的教师，都不应忽视课堂教学，“让课堂焕发出生命的活力”，真正使我们的历史课堂成为学生向往的地方。

发挥学生主体作用　实现历史课堂有效教学

贵港市荷城初级中学　谢　奇

【摘　要】学生是学习的主体，在教学过程中必须发挥学生的能动性、自主性和创造性。因此，传统意义上的“单调枯燥”的历史课堂教学必须有所改变。通过激发学生的学习兴趣、营造民主和谐的教学氛围、树立学生的问题意识、开展有效的探究活动、充分发挥学生的主体作用等实现历史课堂有效教学。

【关键词】学生主体　历史教学　有效教学

现代教学论认为，学习过程是学习者自我教育的过程，学习活动是一种认知过程，但是是一种特殊的认知过程。要使学习取得好的效果，教师只能起主导作用，不能包办代替。学生是学习的主体，在教学过程中必须发挥学生的能动性、自主性和创造性。“教是为了不教。”那么，如何在一般人认为“单调枯燥”的历史课堂教学中发挥学生的主体作用呢？笔者根据多年的教学经验和初中学生的认知水平，对教材内容进行了挖掘，对课堂教学形式也进行了更新设计，让学生具有自主学习的时间和空间，变被动接受为主动探索学习，努力提高历史课的教学效率。

一、激发学生的学习兴趣，是充分发挥学生主体作用的前提条件

夸美纽斯认为：“兴趣是创造一个欢乐和光明的教学环境的主要途径之一。”要挖掘学生的潜力，首先必须激发学生的学习兴趣。有了强烈的求知欲，学生才会“爱学”和“乐学”。

（一）利用情感效应，激发学生兴趣

历史教师要有强烈的情感意识。在教学过程中，缺乏情感意识的历史教师是难以“深入”历史和置身历史氛围之中的。具有情感意识的历史教师，以参与者的身份讲授历史，就能饱含感情，准确、形象、具体地再现历史人物和历史事件。在强烈的历史氛围中，使学生为之动容，受到情感的熏陶，产生内心体验。

（二）创设历史情境，引发学生兴趣

对于中国古代经济史的部分内容，传统的教法是以教师讲授为主，从农业、手工业、商业的发展等方面，把某一时期的经济发展情况呈现给学生，很少让学生通过自己的活动和实践来获得知识，课堂气氛沉闷，学生的学习效果也不理想。所以在教《两汉经济的发

展》时，我虚拟了这样一个情境："假如你是汉朝人，你将怎样生活呢？"先让学生阅读教科书，然后分组扮演农民、手工业者、商人等角色。这堂课，学生的参与度高，争着发言的同学有二十几位，而教师只是穿插其中，略作评说。学生的发言大多抓住了汉朝经济的发展特点及都域繁荣的情况，在此过程中学生的自主性得到了发挥。在余兴未尽时，我又设置了这样一个问题："汉朝经济发展的原因是什么？"由于虚拟了历史情境，再加上在学习过程中我帮助学生营造了积极的学习氛围，学生思维活跃，学习兴趣浓，因此，这节课取得了较好的教学效果。

（三）联系生活实际，激发学生兴趣

从心理学角度看，与学生关系比较密切或学生比较关注的事情最能引起学生的注意和唤起学生的需要。历史与现实有着许多相似之处，学习历史是为了更好地把握现在和未来，所以历史教学要引导学生关注身边的历史，关注当今的社会问题，将历史与现实有机地结合起来。例如，在教《江南地区的开发》一课时，我让学生将当今的各种开发活动与历史上江南地区的开发活动联系起来，拉近距离，贴近学生生活。在教学中，我设计了三个思考题：① 假如你是魏晋南北朝时期的北方人，你会不会南迁？② 这次江南地区的开发对我国经济的发展有什么影响？③ 学了本课，你对当今的开发活动有什么认识？这样做的目的是什么？指导学生关注本地的历史，关注身边的历史，并懂得学习历史可以更好地为现实服务。

二、营造民主、和谐的教学氛围，是充分发挥学生主体作用的保障

实施教学民主，营造和谐、宽松的氛围，是保证学生主体作用真正得以发挥的重要条件。教学民主首先表现在创设民主的课堂教学气氛，创设辩论的课堂。在教师眼中，学生提的任何问题都不应是"愚蠢的问题"。学生的回答有时思路清晰，有时乱成一团，教师需耐心倾听，否则学生很难继续往下说。完美的回答，值得表扬；有缺陷的回答，可以从再次提问中慢慢变得完善。讨论的问题，不求答案一致，只要言之有理、言之有据，就应加以肯定。

实施教学民主，师生关系应是平等的，师生要实现角色的转变，教师由知识的传授者、教学活动的主宰者和教学结果的评判者转变为引导者、组织者和指导者；学生由"接受知识的容器"转变为自主学习的主人。师生进行平等对话与共同研究，在和谐、融洽的气氛中共同完成教学任务。

三、树立问题意识，开展有效的探究活动是充分发挥学生主体作用的中心内容

在考试指挥棒的压力下，学生课业负担重，精神和体力都不支。在这种情况下，他们不但缺少自主提问的时间，而且也渐渐丧失了提出问题、研究问题的兴趣。基础教育课程改革实验十分强调培养学生的问题意识。学习历史要力戒墨守成规，迷信书本不能自拔。凡事多问几个为什么，树立问题意识，才能活学活用。在教学中，鼓励学生提问题。学生

提出的问题多数是他们感兴趣的，是经过自己思考后所发现的。爱因斯坦说得好：“提出一个问题比解决一个问题更重要。”

仅仅提出问题还不够，还要解决问题，师生共同探究的过程就是学习历史的过程。在课堂上，探究的方式有很多，如自学、小组合作学习、讨论、辩论等，但要注意保证探究的质量。

在课堂上，往往存在探究时间不够用、“冷场”或“走过场”等现象，那么，怎样保证探究活动的开展，以便充分发挥学生的主体作用呢？第一，控制知识总量。教师在课前要认真地备课，备教材、备学生，要对教材进行处理，探究的问题要突出重点、难点，不要过多。第二，运用现代化教学手段辅助教学，提高教学效率。第三，指导学生课前阅读。指导学生科学地把握课文重点，掌握阅读的技巧，注意关键词句。对于一些比较重要的内容，可以指导学生查找资料，扩大阅读范围，撰写历史小论文等，以充分发挥学生的主体作用。

参考文献

[1] 夸美纽斯. 大教学论[M]. 北京：教育科学出版社，1999.

论小组合作学习方式在历史教学中的应用

玉林市玉州区名山中学　唐再宇

“小组合作学习”方式是新课改积极倡导的有效学习方式之一，也正日益受到广大师生的青睐。但是在教学实践中，“小组合作学习”由于存在一些问题，成了“形式热闹，实质低效”的花架子。许多教师对“小组合作学习”看法不一：上公开课时，把它拿出来热闹一下；平时上课则束之高阁，走回“老路”。那么，要将“小组合作学习”进行到底，就必须解决那些阻碍的问题。鉴于此，现列举一些现象加以剖析。

问题一：当教师发出“分组讨论”的指令后，学生的表现“五花八门”：有的磨磨蹭蹭，扭扭捏捏地“挪”到所指定的小组中；有的一会儿跑到这组，一会儿跑到那组，半天才找到自己的小组；有的虽早已找到“小组”，但其站位却远离其他组员……

对策一：在相当长的一段时间里，进行有关“分组规则”的强化训练。小组合作学习作为一种新的学习方式出现在学生的学习活动中，刚开始，学生对其规则不免有些生疏。因此，在初始阶段，教师首先要对学生进行有关“分组规则”的一系列强化训练。（1）“定人数”。训练时每个小组人数以 4～6 人为宜，切莫过多。（2）“定人员”。训练伊始，在同一个班，用同一种分组形式。小组组建时，一般遵循“组内异质，组间同质”的原则进行。分组时，教师应全面了解学生的情况，如知识水平、学习能力、兴趣爱好和心理特征等。在此基础上，经各科教师共同讨论后，确定每个小组人员并固定下来。在上课时，各科教师都共同使用这种形式分组，等操作熟练后，再换其他分组形式。（3）“定规则”。在训练同一个班学生时，各科教师使用同一套规则。如“各组的位置”“组内成员的位置”和“激励的形式”等规则，都要统一、固定。如果在同一个班，各科教师一人一套规则，就可能使学生无所适从，出现混乱局面。

问题二：小组合作讨论时，有的小组两三个人抢着发言，你说你的，我说我的；有的小组始终只有一个人发言，其他人一声不响，成为“多余人”；有的小组讨论时，声音过大，影响了其他小组；有的小组借此机会闲聊、说笑

对策二：（1）明确“小组合作学习”的目标和责任分工，角色轮换。小组各成员应有明确的合作学习目标和具体的责任分工，分工明确，责任到人，才能使小组成员全员参与，并明白各自应该扮演的角色，掌握各自应完成的任务，使合作学习有序又有效地进行。一般使用以下几种“方法”分工：①角色互替：在小组活动中每个组员都担当特定的角色，并且每个角色都是不可或缺、不能替代的。要确定小组成员的分工，可以采取轮换制，如小组长、记录员、噪音控制员、汇报员等由每个成员轮流做。组长负责组织、管理工作，记录员负责合作过程的记录工作，噪音控制员负责控制小组讨论的音量，汇报员负责代表小组进行合作成果汇报。其学习步骤一般是：组内成员自觉→在“小组长”的协调下，学生依次发表意见（相同意见不再重复）→若经争论后大家意见仍不统一，则由“记录员”

记录下来，待小组汇报时提交全班讨论。② 责任承包：将小组的总课题分解成若干个子课题，每人承担一个子课题，小组完成总课题的质量取决于完成每个子课题的质量。③ 随机提问：随机向小组中的某个成员提问，根据他的表现评价小组活动的质量。④ 个别测试：在学习时小组成员之间可以互相交流、互相帮助，但是，教师在检查小组的学习质量时，需要让学生独立完成测验，并且要综合每个学生的测验成绩来评价小组活动。（2）开好专门的训练课，培养学生的合作技能。要想有效地开展小组合作学习，教师应该教给学生一些基本的合作技能。如教给学生分工的方法，根据不同成员的能力，让他们承担不同难度的任务，保证任务的顺利完成。在小组讨论时，教给学生要尊重对方，理解对方，善于倾听对方的意见；有不同意见，也要等对方说完，自己再补充或提出反对意见。这些合作技能，必须通过专门的训练课强化。在学习方式的训练中，需要学生了解课堂活动中的约定，学会互相关注、关照和倾听。教师在训练中，首先要确定一个学生比较感兴趣，且难度适中的活动主题。初始阶段，训练课可以每月安排 1 ~ 2 次，以使学生有一个了解、巩固、强化的过程。待学生习惯养成以后，教师只要在每学期开学进行训练就可以了。（3）做好学生心理辅导工作。学生们来自五湖四海，他们的性格、背景和能力等也不同，这也给小组合作学习的顺利开展带来一些困难。比如：① 部分学生由于性格、能力、家庭背景及情感体验等因素不能很好地与别人交流，有较强的胆怯、羞涩心理而以旁观者的身份自居；② 目前的学生大多是独生子女，自私心理严重，以自我为中心，普遍缺乏合作意识；③ 学生缺乏自制力，不专心，易受干扰；④ 有些学生不愿意当众暴露自己的思想。因此，教师要对症下药，定期做好学生的心理辅导工作，主要形式有：小集体式辅导、个别谈心和同学介绍经验等。对于羞怯胆小的学生，应多给其机会表现，当其成功时，要大力表扬；对于自制力差的学生，教师可与其一起制订具体规则，让他每周进步一小步，每月进步一大步。如果他做到了，就要当众表扬；如果他违规了，就要对其进行惩罚……

问题三：在学生进行合作学习时，有的教师退到教室的一侧耐心等待；有的教师如蜻蜓点水般在各学习小组间游走；到小组汇报学习成果时，有的教师依次听取各级汇报，并略作点评，汇报完毕，课堂教学活动便宣告结束。

对策三：（1）有效引导，保证小组合作活动有效开展。在“问题三”中，小组合作学习是一种缺乏监控的自由状态的学习，缺乏真正实效。学生的合作是否有效，同教师的参与指导是分不开的。因此，在学生进行合作学习的时候，教师不应“袖手旁观”，而应走到学生中间去，在组间巡视，对各个小组的合作进行观察和介入，对学生合作中出现的各种问题给予及时有效的指导，帮助学生提高合作技巧，顺利完成学习任务。比如，对不清楚合作任务的小组说明操作程序；对开展得很顺利的小组及时予以表扬；对遇到问题的小组及时进行点拨。（2）小组汇报学习成果时，教师更要积极引导每位组员站在小组的立场上思考、行动，让他们明白个人的发言将代表小组，个人的成败与小组的成败息息相关，以增强集体荣誉感，促使其在之后的小组合作中全力以赴，对小组成员的履职情况进行监督，等等。小组合作学习有了教师的有效指导，学生之间的合作和交流才更有效。

总之，小组合作学习是培养学生创新精神、探究意识和合作能力的重要学习形式，也是促进学生学会学习、学会交往的重要形式，需要我们不断探索、努力研究，才能使这种学习形式更完整、更合理、更有效。

浅谈在初中历史课堂教学中如何提倡和鼓励学生质疑

贵港市港南区新塘三中　周　妮

以创新、实践为核心的素质教育要求在课堂教学中充分体现教师的主导作用和学生的主体地位，提倡和鼓励学生质疑是培养学生创新意识、主动学习能力的一个十分有效的途径。因此，“教师的职责现在已越来越少地传递知识，而是越来越多地激励思考。”“除了他的正式职能以外，他将越来越成为一位顾问，一位交换意见的参加者，一位帮助发现矛盾论点而不是拿出现成真理的人。”

我国古代教育家张载说过：“学则须疑。”朱熹也说：“大疑则大进。”爱因斯坦曾经指出：“提出一个问题往往比解决一个问题更重要。”李政道在中国科技大学接见少年班的学员时强调指出：“最重要的是学会提出问题，否则将来就做不了第一流的工作。”古今中外学者的经验之谈都说明了一个问题：“疑者，思之始，学之端也。”“疑”是开启学生智慧之门的一把金钥匙。现在初中学生的想象力是非常丰富的，他们好奇好动，发现问题、提出问题的意识高，潜力极大。历史学科涉及的问题悬念多、范围大，学生获取历史信息的渠道又特别广，关键是看老师怎样去开发。但在现实的教学过程中，有些教师往往容易忽略这一点。课堂上师生间的一问一答、寻求标准答案无疑是将学生的思维固定在教师已经设计好的模式之中，学生们不会想问题，不会提问题，更谈不上什么创新。如何提倡和鼓励学生发现问题、提出问题，培养学生的创新意识和实践能力，不但是历史教学的需要，更是社会进步的需要。

那么，在初中历史课堂教学中如何提倡和鼓励学生质疑呢？

首先，教师要做到“知己知彼”，真正了解学生的疑惑之处。在实际的历史教学过程中，我发现初中学生主要在以下几个方面产生疑问：（1）艺术形象和历史形象的差异。例如：受电视剧、小说等文艺作品的影响，一些著名的历史人物（如《西游记》中的唐僧、《三国演义》中的曹操、刘备等）在学生心中留下了深刻的艺术印象。在教授相关内容时，这些人物的历史形象和学生心目中的艺术形象产生了一定的差异，容易引起学生的疑惑。（2）以古律今的迷惑。初中学生常常以今人的思想和行动准则来度量古人。例如：学生对岳飞乖乖地奉旨班师回朝、孙中山让位给袁世凯当临时大总统等都迷惑不解。（3）教学内容中的矛盾。这些矛盾往往是因为教材交代不清（如世界古代史上提到“古巴比伦王国于公元前1595年被外族所灭”，后又提到“公元前539年波斯占领巴比伦”，这里的“巴比伦”被灭了又灭，学生就会有疑惑）或因为教材难度太大（如中国近代史上，国共十年对峙期间，中国共产党对蒋介石的态度变化，从最初的反蒋抗日到逼蒋抗日再到最后联蒋抗日，何以中国共产党的政策会有如此大的转变呢？学生又感疑惑）而造成。教师应从学生的疑惑点出发，在深入钻研教材的同时考虑到这些实际情况，才能在实际教学中得心应手，既保护学生提问的积极性，又能充分为学生答疑解惑。

其次，教师要为学生质疑创设良好的课堂情境，在教学中要提倡教学民主。研究表明：学生只有在感到心理自由和心理安全时，才能很好地发挥创造力。课堂教学中，教师要给学生创设一个宽松、自由、平等、民主的课堂环境，要有意创设一个个暗藏玄机的问题情景，刺激学生好奇心的膨胀，奇而生疑，产生问题。为此，教师必须更新教育观念，摒弃师道尊严的旧观念，不以绝对权威自居，师生之间保持一种和谐、民主、平等的伙伴关系。初中学生提出的问题可能是荒谬的、幼稚的，但那些问题都是学生自己想出来的，想了解的，想探究的。教师要尊重学生的想法，表扬学生勇于提问的精神，婉转、耐心地为其作出解答。也有的学生会向老师提出不同的见解，教师要鼓励这种“求异思维”，转变观念，将自己和学生置于相同的学习者的位置上，和学生们共同讨论、探究、解决问题。有些历史问题的答案并不是唯一的，教师要引导学生不要迷信标准答案，在和学生共同寻找答案的过程中，培养学生的独立人格、创新精神。这些都要求新时代的教师自身应有强烈的创新欲望，具备宽广的胸怀、丰富的情感、坚强的意志和开朗的性格，并具备自我完善和自我控制的能力，充分尊重学生、信任学生，注重运用激励艺术，维护学生的自尊和自信，凭借良好的情感能力和技巧，架设师生情感的桥梁，使学生“亲其师，信其道”，以最少的时间取得教学过程的最优化。

再次，在教学中充分发挥教师的主导作用和学生的主体作用。教学中的质疑问难，是一种充满开放性、多向性的信息交流活动。在教学实践中，不少教师会遇到学生“启而不发”“启而乱发”的现象。这时，就应该充分发挥教师的主导作用，为学生“铺路架桥”，指引学生思考的方向。在这里，教师要注意善待某些思维活跃、爱动脑、好表现、爱插嘴的学生，应将其与扰乱课堂秩序的学生区别开。学生的主动参与与体验是将书本知识内化为自身经验的最佳途径。教师应把学生置于“发现者”和“探索者”的位置上，考虑大多数学生的实际水平，分层次、有梯度地通过多种途径引导学生。同时还要选择最佳切入点，设疑引思，善问善诱，多创设一些悬念，多设置一些障碍，多营造一些氛围，多激发一些兴趣，让学生在频繁的思考和想象中体味“发现的喜悦”和“创造的喜悦”，点燃学生创新求异的火花。例如：关于近代中国落伍的问题中有一个非常重要的话题——“落后就要挨打”。有学生通过阅读似乎形成这样的印象：外国资本主义入侵——鸦片战争——中国沦为半殖民地半封建社会，似乎中国落伍主要是由西方列强侵略造成的。教师可对此提出问题：中国是因挨打而落后还是因落后而挨打？启发同学充分思考争辩……在课堂教学中，教师还应做到：开启学生智慧的心灵，使其永不满足，学而不倦，精益求精，不断进取，充分体现学生的主体地位。

浅析初中生对历史人物评述能力的培养

博白县浪平乡初级中学　刘美倩

受传统观念的影响，许多初中生在历史学习中依然采用被动接受、死记硬背的旧模式。随着素质教育的推广和新课改的推进，历史教学更多地强调学生各方面能力和情感价值观的培养。其中，正确评述历史人物是在历史学习过程中对中学生提出的一项基本要求。然而，初中生由于年龄小、知识尚不全面、辨别是非的能力较差，不了解人物评述的方法要领；加之今天许多历史题材的书籍、电视剧对某些历史人物的主观歪曲，学生对历史人物缺乏科学的认识。因此，教师有责任去纠正学生认识上的偏差，帮助学生树立正确的历史观念，培养学生科学评述历史人物的能力。引导学生学习掌握和正确评述历史人物，顺应历史课程改革的趋势，对培养学生的历史学科素养和积极向上的人生观与价值观有着重要的现实意义。本文结合自己的探索与研究，从理论指导和实践操作两方面谈一下培养学生对历史人物的评述能力的具体指导策略。

学生在学习历史知识的过程中，会接触到许多历史人物。对于某个历史人物的故事或事迹，很多学生都耳熟能详，但涉及如何评价这一历史人物时，大部分学生都感到茫然失措、无从下手，评价时往往照抄课本，缺乏自主性、规范性和层次性。

对此，我总结出以下“三步走”策略：

第一，说明人物的社会称谓，这是评述历史人物的基本要求。初中历史课本中出现的历史人物大部分是杰出的政治家、史学家、军事家与外交家。学生在评述人物时，首先应明确说明他们的社会称谓。如：“成吉思汗是中国历史上杰出的政治家与军事家”“郑和是中国也是世界上伟大的航海家和外交家”“拿破仑是法国杰出的资产阶级政治家和军事家”“毛泽东是伟大的无产阶级政治家、革命家”。简短的一句话，可以开门见山、一目了然地说明人物的社会影响。

第二，简述人物的主要事迹，这是评述历史人物的基本依据。评价历史人物，需要用他们的具体言论、社会活动来论证评价其功过是非。因此，需要把与历史人物有关的历史活动或事迹简明扼要地罗列出来，可以采用以下两种基本方法：（1）分阶段列举，如唐玄宗的主要活动概括如下：①唐玄宗统治前期——整顿吏治，任用贤能，发展生产，提倡节俭；重视对边疆地区的管辖。因此唐朝进入全盛时期，史称“开元盛世”。②唐玄宗统治后期——宠爱杨贵妃，不理政事；重用奸臣，以致酿成“安史之乱”，使唐朝由盛转衰。（2）分方面列举，如汉武帝的事迹可以概括为：①政治：颁布“推恩令”，解决王国问题。②经济：将地方的铸币权和盐铁经营权收归中央；治理黄河。③文化：大力推行儒学教育，在中央设太学。④思想：“罢黜百家，独尊儒术”。⑤民族关系：派卫青、霍去病北击匈奴。⑥对外关系：开辟丝绸之路。除此之外，评价中外近现代史上的一些杰出人物也可采用此法，如孙中山、拿破仑等。

第三，阐明个人对人物的看法，这是评述历史人物的关键部分。即历史人物的哪些活动值得我们肯定或否定？对这个历史人物，你最终的评价是什么？从他身上，你能学到哪些精神品质或得到什么启示？这是学生的思想认识得以升华的关键一步，体现了“论从史出”的历史学习方法。如学生评价“周武王”时写道：“我觉得，周武王是一位真正的明君。他能在纣王暴行时期，挺身而出，领导人民摆脱困境，为人民开创幸福。从中，我得出一个结论‘得民心者得天下，失民心者失天下’。周武王的作为激励着我在今后的学习生活中要诚恳平等地对待他人，要乐于助人。”以上三个方面，相辅相成，可以更好地指导学生去评述和掌握历史人物。

要正确评述历史人物，学生仅仅掌握基本的评价要领是远远不够的。关键是如何让学生在理论思想的指导下，在学习过程中对具体人物做出科学的评价。这就涉及学生如何灵活运用理论知识分析、解决实际问题的能力，这自然也离不开一系列的实践训练。在教学实践中，我做了如下探索：

第一，利用历史课本，它们图文并茂，趣味性强。尤其是涉及一些重要的历史人物时，课文中附带了必要的人物图片和引文（或诗句），这就为人物教学提供了便利。在课堂上，教师一方面可以借助人物图片，对人物外貌和心理特征加以描述，增强人物的形象直观性，给学生留下更为深刻的印象。如讲“郑成功收复台湾”时，教师可引导学生结合课文内容，边观察图边讲述，“这位英勇的爱国将领，穿着威武的铠甲，双目炯炯有神，刚毅的眼神怒视着荷兰殖民者，面对外敌的坚船利炮毫无畏惧，对战争充满了必胜的信心。”通过生动的讲述，激发学生强烈的爱国热情。另一方面，教师可以借助引文，引导学生富有感情地去品味，学习历史人物的高贵品质，感悟其崇高的人格魅力。如讲“戚继光”时，引用“封侯非我意，但愿海波平”，学生可以从中学习到戚继光不恋官场、一心为国、淡泊名利的高贵精神，有助于学生形成正确的人生观和价值观。

第二，设计行之有效的课外活动培养学生评价历史人物的能力。仅仅依靠课堂是不够的，因为课堂时间有限，每节课不可能单纯地进行历史人物的教学。因此，有必要针对学生的身心特点，有序地设计课外活动，丰富学生的历史人物知识，弥补课堂教学的不足。

具体可以采用下列几种方式：

1. 布置开放性作业

书面评述人物的具体操作方式如下：（1）选定人物，学生自评。每周末，教师根据课程标准的要求，让学生从本周学习过的课文中，自己选定一至两个重点历史人物，结合课内外的历史知识，遵循人物评价的基本要求，予以合理评价。字数 150 字左右。这样，一方面可以使学生及时巩固课内知识，初步培养学生运用、整合知识的能力；另一方面，可以提高学生搜集、整理、运用课外历史资料的能力，扩大学生的知识面。（2）教师批改，个别指导。教师对每位学生的评价作业进行及时认真的批改，随时发现作业中存在的问题，并标画出其中的精妙语句，打好批语，以表扬鼓励为主，进一步激发学生的写作热情。其中，对有应付心理、写作不规范、不得要领的学生单独谈话，晓之以理，使其认识到学习历史人物的重要意义。（3）展示交流，师生共赏。课堂上，利用投影仪，展示个别学生的优秀作业，让学生介绍写作技巧及经验，其余学生观摩学习，以便吸收引用；同时，将较差的、出现典型错误的评价作业，实行匿名展示，引导各小组内部相互讨论其所存在的缺陷，以吸取教训，避免以后写作中再犯类似的错误。通过这一环节，学生可以相互借鉴，扬长避短，在这种不断的模仿学习中，逐步提高评述历史人物的能力。（4）展览佳作，集结成册。将师生评选出的优秀作品，在宣传栏及网页上集中展览，便于全校师生观摩借鉴。最后，将这些成果集结成册，予以保存。以上方法，是我在课外提高学生评述历史人物能力的主要途径。目前，学生共评价了 25 个历史人物，涌现出大批的优秀作品。很多学生通过坚持不懈的努力，书写和表述能力有了明显提高。

2. 组织学生实地参观历史人物的碑刻或遗址

目前取得的成效：

第一，有效改善了课堂教学的氛围，调动了学生学习历史的积极性与主动性。长期以来，受“重理轻文”传统观念的影响，加之历史本身的过去性、容量大的特点，学生普遍缺乏历史学习的兴趣，仅为“考高分升好学而被动去学”。这种消极思想直接影响了课堂教学氛围，使课堂学习的效率低下。在培养学生正确评述历史人物的实践过程中，尤其是展览佳作、辩论会、手抄报、实地参观人物遗迹等课外活动的开展，使学生从中感悟到了历史学习的快乐，养成了课下阅读历史课外书籍的良好习惯。课堂上认真听讲，踊跃发言，思考问题从多角度出发，有一定的深度，改变了以前“课堂气氛死气沉沉”的不良状况。特别是，在课堂上“合作探究”的环节中，各学习小组间讨论激烈，充分发挥集体智慧，共同解决疑难问题，大大提高了课堂学习效率。考试中，学生的考试能力普遍提高，进一步增强了分析、解决和表述问题的能力。初学历史时，许多学生浅薄地认为“学好历史非常容易，多背背就可以了”。随着素质教育的推广，考试题目的侧重点有所变化，以往单纯的知识点考查已不能适应现代教育的要求。因此，学生想要在考试中脱颖而出，除了要掌握基本的历史知识外，更要学会如何运用历史知识去分析解决实际问题，这都需要以学生的“主动学习”为前提。“兴趣是最好的老师”，随着历史人物教学的不断深化与拓展延伸，学生的学习兴趣自然也会不断提高。

第二，许多学生有意识地去培养学习历史学科的各方面能力，主要表现在分析解决问题能力和考试能力的提升上。如下面关于“武则天”的选择题：一代女皇武则天传奇的一生给后人留下了许多争议和思考。有关武则天的说法，你认为偏颇的是：A. 封建时代杰出的女政治家 B. 在治国方面，有识人之智，还有用人之术 C. 滥杀无辜，昏庸残暴 D.“政启开元，治宏贞观”。这道题目，虽有一定难度，但几乎没有学生回答错误。

第三，培养学生树立正确的人生观和价值观，促使学生形成健全的人格。在认识和评述历史人物能力的培养过程中，学生能从各类历史人物的经历中总结和汲取有益的经验教训。从正面人物身上，学生能学习到多种高贵品质，继承发扬优良的历史传统；从反面人物身上，吸取惨痛的历史教训，避免在以后的人生道路上走弯路。如学生能从“戚继光、郑成功、林则徐”等英雄人物身上，感悟到“国家兴亡，匹夫有责”“捍卫国家领土和主权完整是义不容辞的责任”；再如，通过学习商纣、隋炀帝等暴君施暴政亡国，周武王、唐高祖行仁政治国，学生总结出“得民心者得天下，失民心者失天下”的结论，这说明他们已充分意识到国家兴亡与民心向背的密切联系。

由此可见，指导学生认识和评述历史人物，不仅对平时的学习产生了良好的效果，还可以帮助学生形成健全的人格，树立正确的、积极向上的人生观和价值观，激发学生强烈的社会责任感、历史使命感和民族自豪感。

参考文献

[1] 孙文范，李治亭. 马克思主义与历史人物评价[J]. 史学月刊，1982（1）.

[2] 简桐. 关于历史人物评价的几个理论问题[J]. 史学月刊，1987（3）.

[3] 李志龙. 历史人物评价应注意的几个问题[J]. 才智，2009（15）：171.

让历史课充满情趣

玉林市陆川县沙坡镇第三初级中学　莫梅坚

“师者，所以传道授业解惑也。”这是我国唐代著名文学家韩愈的一句名言。是的，教师就是传授知识、解答学生疑惑的人，但是时代在发展，社会在进步，对教师的要求已经不仅仅是传授知识和解答疑惑那么简单了。21 世纪对学生的要求是全面发展，因此教师也应与时俱进，进行全方位的角色转换。教师不仅是知识的传授者，更是学生灵魂的塑造者、引导者和促进者。以往的教学方法已很难适应新时代的要求了，那么作为一名中学教师，我们必须要对课堂教学艺术进行改革，使学生在充满情趣的氛围中学习成长。

教学实践告诉我们，传统的一根教鞭、一支粉笔、一张嘴的“填鸭式”教学模式已很难适应当前的教学要求。这种要求“我”学而不是“我”要学的教学方式压抑着学生的个性，影响学生的思维。学生与生俱来的积极求索的欲望在中学阶段就几乎被透支殆尽。因此，我们不得不考虑从教学思维、教学方法、教学形式等方面进行全方位的转变。围绕着如何提高学生学习历史兴趣的话题，我进行了一些尝试，重在提高教学效果、培养学生的学习能力。在教学实践中，我从以下几个方面进行了愉悦式教学尝试。

一、备课要有情趣

由于现在的历史教材内容较为简略，有些内容或被删除或是蜻蜓点水似的一笔带过。如《红军不怕远征难》这一课，大部分学生看过课文后，觉得只有红军失利的第五次反“围剿”，却没有前四次反“围剿”的内容很奇怪；遵义会议后，恢复毛泽东在军事上的指挥权后，摆脱敌人围追堵截的几次重要的战事本是同学们最感兴趣的，书上却写得非常简单，这让学生感到很没意思，兴趣全无。如果就照着书本内容上课，他们一定会感到兴味索然，上课效果肯定会大打折扣。所以，我在编写教案时，必须吃透教材，对课文内容熟记于心。然后再根据需要，查阅大量与课文相关的课外历史资料，筛选出学生最感兴趣的材料，精心准备了红军前四次反“围剿”时有趣的故事和遵义会议后几次重要的战事以及红军爬雪山、过草地的精彩内容……事实表明，这样的补充是必要的，学生非常喜欢这些内容，课堂上你一言我一语，纷纷发表自己的看法，气氛活跃而秩序井然，互不相让又各自尊重对方的观点，大家在轻松愉悦中上完这堂课。而且通过补充红军前四次反“围剿”胜利的有趣故事，同学们对第五次反“围剿”的内容也有了更加深刻的认识，知识要点也记得更牢固。

再如上《鸦片战争》这课时，课文内容较为简单，我就在备课中穿插以下内容：

（1）鸦片是什么东西？

（2）鸦片和现在的海洛因有什么区别？

（3）你们见过吸毒的人吗？他们毒瘾发作时的神态是怎样的？

（4）吸食鸦片上瘾后对个人乃至国家的危害有多大？

（5）英国人为什么不跟中国进行正常的贸易而要偷运鸦片呢？

然后再补充林则徐在禁烟运动中，领导中国军民英勇抗击英国侵略者的精彩故事。（这一内容主要是播放《林则徐》电影片段，因为是片段，所以老师要加以解说。）

最后再让同学们思考：

这次鸦片战争，英国派出总共不过十来艘战舰和一万多名士兵，清政府为什么在这次鸦片战争中失败了呢？

课堂上同学们对这些问题很感兴趣，讨论热烈，纷纷举手回答老师提出的问题，课堂效果很好。

著名教育家顾泠沅说："在课堂教学范围里对教师最有意义的是学生动机的激发，也就是要使学习的内容让学生感兴趣，对有了兴趣的事学生就会认真地把它学好。"这话表明：热爱是最好的老师，兴趣是最强大的动力。学生有了兴趣，才会在课堂上有活力，才会主动地学习。而教案设计得是否精彩，直接关系到学生是否对这堂课感兴趣，更直接关系到教学质量的好坏。因此，将趣味融入备课中，让学生在轻松愉悦中学习十分必要。

二、教法要有情趣

孔子说："知之者不如好之者，好之者不如乐之者。"要让学生保持"乐知者"的角色，教法必须创新，灵活且有情趣。

1. 导言要精彩

一堂好的课一定要有精彩的导言，吸引学生的注意力。良好的开端是成功的一半，精彩的导言是激发学生兴趣的十分重要的环节。或新颖别致，或诙谐幽默，或富有哲理的导言能使学生的注意力在上课一开始就被吸引，始终保持浓厚的兴趣上好该节课。比如：在上八年级上册16课《血肉筑长城》这一课时，我的导言是这样设计的：

大屏幕放映抗日影片《台儿庄战役》，把画面定格在台儿庄冒着浓烟躺满烈士遗体的城墙上，同时播放《松花江上》背景音乐，一曲《松花江上》，唱尽了东北人民的血和泪，九一八、九一八，日军开始侵华，侵略者铁蹄踏过之处，山河破碎，被烧毁的村庄，被炸毁的城市，被抢走的资源，被杀害的无辜百姓，被俘军人，南京大屠杀中的血腥一页……构成了当年中国大地上一幕幕惨烈的画面，但中华民族始终是不肯屈服的，也是不可战胜的。你看，东北抗联站起来了，二十九军站起来了，佟麟阁、赵登禹虽然倒下去了，但千千万万个中华儿女却站起来了，用他们的血和肉筑成新的长城，奏响了民族抗争、夺取胜利的新凯歌。

一曲凄怆的《松花江上》再加上这段激昂深沉的导言，同学们听得如痴如醉，神情肃然，注意力被牢牢地抓住，由此我顺势导入新课。

2. 授课要新奇

（1）讲课故事化。

用讲故事的方法代替死板僵化的“填鸭式”教学，能起到事半功倍的作用。将课文的主要内容贯穿于故事中，这样，既能吸引学生，又能使学生掌握知识，使学生对历史知识点的记忆更形象、更深刻。比如，在讲述八年级上册第18课《战略大决战》时，我将三大战役的兵力部署、战场范围、战场规模和毛泽东“运筹帷幄，决战千里”的战场指挥艺术绘声绘色地讲述出来，让同学们在轻松愉悦的课堂氛围里享受文化大餐，掌握知识要点。这种讲课的效果是：老师津津有味地讲，学生聚精会神地听。同时，这种方法使老师的语言表达能力、文字驾驭能力、授课艺术水平等都有较大的提升。

（2）手段形象化。

用形象化的教学手段进行教学，能以多种方式刺激学生大脑，激发学生学习历史的欲望，增强记忆。近年来，条件具备的学校已基本建立起计算机网络系统等多媒体教学设施。多媒体教学的好处在于声音和图像结合，影视和文字结合，它能使历史教学更生动、更形象、更直观，能把已逝去的历史现象有血有肉地复现出来，从而加深学生的印象，增强记忆的效果。例如上《战略大决战》时，光用文字叙述来讲述三大战役的场面是比较空洞抽象的，而且也没有这么多时间。我们可以利用多媒体电脑从网络上下载《大决战》的精彩片段，以讲故事的方式进行授课，其教学效果是不言而喻的，既节约了时间，又丰富了内容。多媒体教学不仅方便适用，快捷直观，而且还能活跃课堂气氛，激发学生学习历史的兴趣，可谓一举多得。

（3）板书格式化。

一堂成功的历史课，不仅需要老师具备高超的授课技巧，而且需要老师设计精彩的板书。板书是否精当适用，直接影响到学生的学习兴趣和教学效果。板书的格式多种多样，因人而异。我在这几年的教学中尝试了以下几种书写格式：

① 时间引导法：就是按照历史事件发展的时间先后，边讲边板书。这种方法便于学生按照时间的先后来掌握知识要点。

② 人物事件优先法：就是按照课文内容先主后次的顺序进行板书。即先板书主要人物和事件，后板书次要人物和事件，时间年代则附写其后。这种方法便于学生抓住主要人物和事件来掌握知识要点。

这两种板书方法都比较灵活自由，可随意发挥。但知识要点散而过多，难以巧记活记。通过比较同学们都喜欢下面这种格式的板书法（见表1）。

（4）形式个性化。

在教学形式上我们不妨进行一些个性化的教学改革，鼓励学生大胆质疑。有问题时，可在课内课外相互讨论，充分调动学生的主观能动性，多角度培养学生独立思考的质疑能力。古人云：“疑乃思之始，学之端，小疑则小进，大疑则大进。”在教学过程中，鼓励学生发现问题时大胆质疑，能针对问题阐述自己独特的见解，既可激发学生学习的兴趣，又可引导学生积极思考，从而使学生既深刻领会和掌握历史知识，又提高分析问题和解决问题的能力。同学们提出的许多问题，不必要一一解答，可有选择性地让他们讨论解决，或布置课外作业让他们上网查询或查阅其他资料自行解决，然后让他们把得出的结论公布在学习栏里，供大家参考。个性化的教学方法，让学生从不同的角度提出问题，多方面去探究问题，阐述独到的见解，可以充分发挥他们的潜能，培养他们解决实际问题的能力，学以致用，为他们今后学习、生活奠定良好的基础。

创设愉悦轻松的课堂气氛，寓教于乐，教师教得投入，学生学得愉悦，两全其美，可以一试。

表 1 《战略大决战》板书

内容	背景	时间	名称	指挥员	作战部队	战果	意义
三大战役	解放军经过两年英勇奋战，消灭了国民党军队两百多万，国民党军主力收缩到沈阳、北平、徐州等战略要地周围，主力决战的时机已成熟	1948 年 9 月～11 月	辽沈	林彪、罗荣桓	东北解放军	解放东北全境	国民党军队的主力基本被消灭，大大加速了人民解放军在全国的胜利
		1948 年 11 月～1949 年 1 月	淮海	刘伯承、陈毅、邓小平、粟裕、谭震林	中原解放军、华东解放军	奠定了解放长江以南各省的基础	
		1948 年 11 月～1949 年 1 月	平津	林彪、罗荣桓	东北解放军、华北解放军	使华北全境基本解放（傅作义率部起义）	
百万雄师过大江	三大战役后，人民解放军乘胜追击，一直打到长江	1949 年 4 月	渡江战役	毛泽东、朱德等	人民解放军	南京解放，统治中国 22 年的国民党政权垮台了	推翻了国民党的反动统治，捍卫了国家领土的完整和独立，维护了祖国的统一

浅谈在历史课中培养学生前置性学习的好习惯

广西贵港桂平市蒙圩第一初级中学　魏淑清

前置性学习，又称为前置性小研究或前置性作业，是生本教育理念的一个重要表现形式。它指的是教师在向学生讲授新课内容之前，让学生先根据自己的知识水平和生活经验进行尝试性学习。历史课的前置性学习通常是由学生自己对于将要学习的内容进行自主学习，了解所学内容，找出难点，做好学习笔记。前置性学习充分到位，课堂上学生才能更好地把握重难点，进而有针对性地解决问题。因此，养成前置性学习习惯是学生有效学习的重要保障。一个良好习惯的养成需要很长时间，也需要适当的方法，本文笔者就培养学生良好的前置性学习的习惯谈谈自己的感受。

一、采取灵活多样的学习形式完成前置性学习

1. 自主学习，单独完成前置性学习任务

对于成绩较好的学生或是当学习的内容比较简单时，学生完全可以依靠自己的力量自主完成学习内容。学生通过前置性学习，对于将要学习的内容做到心中有数，在第二天的课堂上有针对性地听课，不仅能提高自己的学习效率，而且能使自己的自学能力大大提高。

2. 利用小组合作的方式，让学生共同进行前置性学习

对于较难的前置性学习内容，或者对于基础较差的学生可以采用小组合作的方式进行学习。例如：我把班上学生分为四个层次，每个小组都聚集这四种人（A 好、B 次好、C 中、D 差）。当我提问问题时，回答的小组必须是一致的观点，这样就证明他们合作讨论过。将自己完成不了的任务拿到组内，共同解决，互相带动，交流合作，既培养了学生的自学能力，也培养了他们的合作能力，解决了不少问题。

3. 利用班级交流形式，完成前置性学习任务

对于那些在组内也解决不了的任务，可以在课上让各组汇报，大家共同解决。

二、提供学生学习的空间，提高学生前置性学习的能力

1. 前置性学习内容要明确

繁杂的前置性学习会弄得学生晕头转向，实效性不大。特别是刚开始阶段，前置性学

习一定要明确学什么，老师要有明确的要求，如学生阅读课文，初步了解课文大意，找出历史事件的要素，相关的知识点、图标、典故等，之后再总结，提出不明白的问题等。根据所学习的内容的不同，提出具体不同的要求，让学生有针对性地完成作业。

2. 前置性学习要低入并且分层次

说老实话，一个班学生的水平是参差不齐的，有的学生对了解课文大意都有难度，所以前置性学习一定要低入并且分层次。在安排前置性学习时，我是这样要求的：D 等层次立足于掌握基础；C 等层次在 D 等层次的基础上增加对图标的掌握；B 等层次掌握全文知识点；A 等层次除掌握全文外，还要拓展课外知识。这样布置既统一，又有差异，先学的内容不太多，而且还给了学生自由选择的机会，学生学起来会更主动。

3. 前置性学习要适时指导

前置性学习是一种自学能力。刚开始时，有的学生不知道自己该干什么、怎么干。我就适当降低要求，明确学习内容，有时要明确到让他们总结，在学生遇到困难时“该出手时就出手”，及时引导甚至教会学生一些方法。方法一旦正确，就会事半功倍。当他们遇到困难时，鼓励他们在组内合作解决，还可以向老师寻求帮助。有了老师的指导，有了同学的帮助，有了独立的探索，有了互助的合作，学生的前置性学习能力大大提高。

三、给学生展示的机会，以成功的体验激发学生前置性学习的欲望

前置性学习中，在课堂上我们要为学生创造一个展示的机会，让学习较差的学生在组内合作的基础上学，还可以适当采用竞赛的形式进行小组展示，激发他们的学习兴趣，让他们明白，即使再平凡的学生，只要在前置性学习中认真去做了，就有机会为小组赢得荣誉，赢得同学、老师的肯定和赞誉。

四、及时检查学生前置性作业完成情况，以激励的评价使学生坚持前置性学习

对于学生的作业要及时检查，我一般是在上新课之前检查学生作业的完成情况。即使掌握再好的学习方法，如果不坚持实施，效果也不会好。对于出色完成作业的同学我会大加赞扬；对于作业完成不到位的学生我会耐心指导；对于未完成作业的学生我会先了解原因，然后有针对性地进行批评、指导或具体帮助；对于屡次偷懒者除了深刻教育加严厉批评外，还必须责令其补完。在批改作业时，充分地利用激励性评语激励学生认真完成作业。

当然，在具体操作的过程中有些方法还不是特别成熟，但我相信，用我的耐心和恒心一定能帮助孩子们养成前置性学习的好习惯，促进其历史学习，使他们受益终生。

初中历史新课程改革中的困惑与思考

陆川县乌石镇第二初级中学　刘本立

笔者在陆川一所农村初中任教，亲身参与新课程改革已经有 3 年了。从使用新教材的第一天起，我就不断充实自己，努力学习新课程改革的基本理论，力争以最新的教育理论指导自己的新课程改革实践，深入钻研教材，认真研究学生，努力提高课堂教学效率。本人主持的课题“新课程理念下初中学生历史学习方式的研究”被评为玉林市教科所立项课题。在努力实践新课程改革的过程中，笔者对许多问题越来越困惑，甚至有时候都怀疑自己是否还在进行着新课程改革！

一、新课程改革实施过程中的困惑

1. 教学内容能真正成为贯彻新课程理念的载体吗？

诚如任世江老师所述，新课程的理念确实很新，不论是学生主体地位的确立，还是鼓励教师教学创新方面都是新课程改革的亮点。但是，再新的教学理念也需要有载体传承，离开了有效的载体，理念只能是无源之水。现在的初中历史教材内容过于深奥，对于初中的学生来说，理解起来有很多的障碍；还有的内容安排过于简略，无法让学生感知历史的全貌。比如人教版《历史》必修一专题七“近代西方民主政治的确立与发展”之一“代议制的确立与完善”中，出现了“代议制”这个名词。“代议制”作为一个政治名词，解释起来有很多内容，简单地说，代议制就是人民根据主权在民的原则，按照一定的程序选举代表组成代议机关（议会或国会）来行使国家最高权力的政治制度。代议民主制是相对于直接民主制而言的。代议制的基本特征是：由通过普选产生的议员组成议会，形式上代表民意行使国家权力；议会议决事项均由议员共同讨论并经多数通过；议会享有立法权、财政权和行政监督权。现代国家大都实行代议制。这些内容对于初中的学生来说，理解起来确实有一定的难度。学生在不完全理解名词的情况下学习教材，这能体现学生的主体地位吗？教师在教学时为解释清楚概念就要花很多时间，如何进行教学创新？再比如：人教版《历史》必修一专题三之三“新民主主义革命”一节，教材为了做到教学内容的完整性，对于新民主主义过程做了简要式叙述，结果反倒使教材内容过于平铺直叙，很多重要问题没有在教材中突显出来，当然也就无法让学生有鲜明的印象。

2. 教学评价可操作吗？

新教材除了以专题形式呈现外，还在每一专题之后设有“专题学习档案”，包括“学习评价”“学习活动记录”等。另外，必修一有2课、必修二以及必修三各有3课“学习与探究”，有“活动目标”“活动准备”“活动步骤”“活动建议”等内容。每个专题、每节课都还有具体的学习要求。要完全完成这些要求，一方面我们的实际教学课时远远不够，另一方面在现在的教学评价仍然以试卷笔试为主的情况下，完成这些要求的必要条件不是太充分，甚至说对于形式的成绩来说这没有多大的意义。再者，有些极为烦琐的教学评价要求在教学中根本无法完成。比如每一课“学习与探究”都需要学生花费至少 2 周左右的时间来准备实物材料和文字材料，教师是无法控制和操作的，即使材料都准备好了，仅活动过程也需要两、三个课时。类似的情况还有很多，这些要求都严重脱离了学校历史教学的实际，所以在具体的操作过程中难以实现，很容易走上形式化的道路，甚至在教学中被舍弃，使教科书的美好设计落空。

3. 教学方法的改变适应考试的需要吗?

为了实现新课程的教学目标，在教学中笔者大胆尝试新的课堂教学改革。从课堂导入、教学过程和教后评价等方面精心设计，突出学生的参与，帮助学生上网搜集资料、设计活动方案，鼓励学生提出问题，并让学生参与问题的解决，组织学生进行课堂讨论甚至辩论、布置创新作业等。活泼的教学形式、丰富的教学内容，使学生爱上了历史课，但同时我发现，传统教学的一些问题仍然存在。

对历史课，学生爱听不爱看，爱听不爱想；尤其是对考试仍流露出极大的不情愿。有的学生认为上课补充了一些内容导致“课堂听课效率极低”，还不如在课本上划出重点，同学们一“背”了之。

学生说得有些道理，尤其是从追求考试成绩的角度来看，新的课堂教学方法真不如传统教学方法。传统课完全从应试的角度考虑，侧重于对知识的梳理和框架的构建，侧重于对考点的分析。对有关知识点进行横向纵向比较，并帮助学生寻找最佳记忆方法，甚至总结出记忆口诀。还介绍历年涉及此知识点的高考真题，或近年名校的模拟精题，分析解题思路后还找出命题规律，进行下年高考命题的预测。最后对重要的知识点从不同角度设计几个问题，让学生进行巩固训练。相信所有追求考试成绩的人都喜欢这样的教学方法，对新课程改革都敬而远之。方式多样、让人开心的过程为什么没有理想的教学效果?

4. 教师自身的知识结构与理论素养能承担起新课程改革的重任吗?

现在的教师除少部分通过各种渠道学习提升了自己的专业知识和技能外，绝大部分教师掌握的仍是传统的知识和技能，开发课程资源无论从水平、能力还是时间来说，都非常有限，大部分教师是在应试教育的氛围中进行教学的，面对新课改还很不适应，有诸多问题需要研究解决。如教学内容的确定与所要达到的教学目标是否适当、合理?教学方式、方法能否让内容去满足目标的要求?教学过程中教师主导与学生主体的关系如何处理?虽然教师应该要坚持不懈地去学习，不断提高自身的专业知识和业务能力，但由于新课改来得比较迅速，没能给教师一定的适应期，新课标的要求与教师的现状之间存在着差距，教师的教学理论、教学观念明显滞后。各级教育主管部门十分重视新课改，注重对教师进行岗前培训，原则是“先培训后上岗，不培训不上岗”，但在实践中实际操作却大打折扣，培训时也只是集中听几位专家的报告，报告基本上都是从课改的宏观层面来说，缺乏长期性、针对性，教师的许多疑问或想法没有得到真正的解决。有的学校虽然也经常安排一些教研活动，但想很快改变教师滞后的课改理念和理论谈何容易。如今应试教育的大背景未能从根本上加以改变，于是出现“穿新鞋、走老路”“新瓶装旧酒”等问题，新课改的理念不能落到实处。现在有些专家学者提出以校本教研来解决这一问题，对农村中学来说这是一个好的也是切实可行的建议，但它仍然需要一个过程，只有全部或大多数教师基本领会课改精神，校本教研才能在质的基础上发挥作用。

5. 现有的教学资源能满足新课程改革的需要吗？

历史课程资源既包括教材、设备、图书馆、博物馆、互联网，还包括历史遗址、遗迹和文物等物质资源。这些资源在大城市或经济条件较好的地区有满足的可能，但对绝大部分农村中学来说，即使创造条件，在短期内也难以全部满足。历史新课程中一些比较先进的设想、教学过程中的很多环节都需要参观本地博物馆、上网搜查资料、到图书馆查阅资料，体现了新课程对资源开发与利用的要求。在教授某些教学内容时，如果利用和开发这些课程资源，既可节约时间，又可达到理想的教学效果。例如：人民版历史必修二、专题四“中国近现代社会生活的变迁”，如果教师精心制作课件，用一些音像资料、实物图片将中国近现代民生百年变迁的一幅幅图片展示给学生看，学生们就会对中国百年的发展阶段有所认识和把握，对今天的改革开放成就有更深刻而直观的感悟。如果只有教师空洞的语言叙述，教学效果将很难想象。所以，课程资源的开发有利于培养学生学习历史的兴趣和提高历史理解能力，增强学生对历史的体验和感悟，提高动手、动脑和实践能力，充分体现新课改精神，让课程目标得以实现。但农村中学的现实是微机室只能应付信息技术课使用，图书馆藏书比较有限，且藏书老化现象严重，远不能满足新课改的需要。在农村中学，教学资源、硬件难以满足教师、学生的要求，课标、教材中的某些建议和内容也就缺乏可行性，以致教师们常常处于“巧妇难为无米之炊”的困境。

二、对深化农村初中历史新课程改革的建议

笔者认为，在新课程改革中有困惑并不是坏事，一些问题早就存在于教学中，只不过课改以前人们并没有意识到或认识不深刻。从这个角度来说，有困惑正说明新课改的效果已经显现，那就是促进了人们观念的转变。既然认识到了困惑，我们就要积极面对，针对存在的问题，做有针对性的工作。

1. 各级教育行政主管部门切实加强对新课程改革的政策扶持

新课程改革是一个系统工程，单靠一线教师的努力是远远不够的。教育主管部门作为新课程改革的领导机构，在制订改革方案、考核细则时，应该充分听取各方意见和建议，尽可能减少政策失误，努力增强政策的可操作性，充分发挥政策的管理功能、导向功能。

2. 各学校应切实加强对新课程改革的研究，积极实施新课程改革

目前，农村初中在高考压力下，仍普遍存在“唯高考是瞻”的现象，新课程改革只停留在各类工作计划、工作报告中，在现实教学中仍然是采用传统的教学模式，在课程建设上只开设高考所考的科目。所谓研究新课程，实际上只研究新高考方案，在教学中只关注考纲，活动课、探究课等根本不开设。集体备课本来是集中学科组全体成员的智慧，努力提高教学质量的很好途径，但由于一些学校的管理不到位，使得集体备课更多的流于形式。所有这些，都需要各学校领导认真研究对策，制定切实的学校教学工作管理条例，真正深入贯彻新课程改革。

3. 各位教师应学习新课程改革理论，努力提高自身实践新课程改革的能力

广大教师应充分认识到新课程改革是提高教师整体素质的大好时机，也是推动教育事业发展的“利民工程”，可以说是功在当代、利在千秋。为了提高自身的素质，广大教师应该积极利用各种可以利用的时间加强学习，多读一些教育专著，还要抓住一切时机向专家学习，在教育专家的点拨引导下，努力提高自身教学的有效性。在教学工作中还要善于思考、勤于思考，积极研究教学中出现的所有问题，不断总结经验教训，使新课程改革工作沿着正确的方向进行。

4. 各级考试命题部门应加强试题的引导功能，通过命题改革引导学校历史教学围绕新课程改革进行

在这方面，应该说2008年江苏省历史考卷是一份非常成功的试卷。试题中材料丰富，对学生阅读史料能力的考查很到位，难度适中，对于教材基础知识在考试中的灵活运用衔接、过度自然，可以说是既依靠教材，但又不依赖教材。相信这一切都会对今后的教学工作起到很好的导向作用。

参考文献

[1] 严先元. 新课程实施与教学改革[M]. 成都：四川大学出版社，2002.

[2] 任长松. 初中新课程与探究式学习[M]. 天津：天津教育出版社，2005.

[3] 高霞，杨明全. 新课程下的教师观与教师角色转变[M]. 北京：首都师范大学出版社，2005.

[4] 许莉. 农村教师实施新课程的困惑与对策[M]. 北京：科学出版社，2007.

[5] 李建平. 聚焦新课程[M]. 北京：首都师范大学出版社，2002.

[6] 张晖. 新课程的教学改革[M]. 北京：首都师范大学出版社，2001.

[7] 任世江. 关于深化历史课程改革的探讨[J]. 历史教学，2008（17）.

[8] 周锐武. 对初中历史新课程改革实施过程中凸显问题的思考[J]. 中学历史教学，2008（8）.

关于初中历史教学改革的探讨

北流市新丰镇初级中学　廖晓敏

【摘　要】转变中学生厌恶历史课的态度，出路在改革。历史教师应在处理教材、改进教学方法等方面发挥自己的创造性，积极探索提高学生学习兴趣、提高学生素质的途径和办法。本文就改变传统的陈述式教育方法，让学生最大限度地参与教学，加强学生和老师、学生和学生之间的交流，实现知识和想法的共享以及对实践后达到的效果进行分析和总结，祈望在历史教改中起到抛砖引玉的作用。

【关键词】中学生　改革　教学方法　实践　效果

一、引　言

近几年来，教育体制从应试教育向素质教育转变，为适应这种转变的需要，中学历史教材也进行了几次改版，与旧版教材相比，新版教材无论是在知识体系的构建、能力的要求还是历史基础知识的选材方面均有一定的突破，但历史并非显学，周怀宇教授曾说学历史就是"啃冷骨头"，所以，虽然很多学生喜爱历史，但并不喜欢中学的历史课，原因当然是多方面的，调查中大部分学生持有以下观点：

（1）有些历史知识难理解、太枯燥、不吸引人。

（2）要背很多东西，太难了。

（3）以后是科技发展的时代，用得上的是主科知识，历史离我们生活太远，在实际生活中用不上。

如何解决这些问题，让学生学好历史，这是一个颇为重要的课题，也是写这篇论文的目的所在。很明显，传统的陈述式教学方法不能解决这些问题，只会深化这种矛盾。作为教学的执行者，老师理应积极地参与教研教改，勇于探索，将现代中学素质教育的思想方法运用到历史课程的改革之中，努力探索一条提高学生学习兴趣、正确对待历史的道路，为培养新世纪人才奠定良好的基础。

二、教改规划

中学历史教学应重构具有历史学科特点的素质教育模式，强化创造意识的渗透，塑造学生积极健康的创造人格与个性，培养学生的科学思维方式，提高学生的创新思维能力，使学生富于创造性的实践活动得以成熟和完善。

1. 教改的指导思想

以史鉴今，可以明智，可以提高人们了解过去、把握现在和科学地预见未来的能力。学习历史课程，可以使学生了解人类历史的发展历程，认识人类文明发展进步的原因和规律，认识历史发展过程中人与人、人与自然及人与社会的关系。学习历史课程，可以培育学生的历史智慧和人文素养，培养学生的爱国主义情感和世界意识，培养学生的历史思维能力和改革创新精神，使学生更好地迎接未来社会生活的挑战。历史课程在素质教育中有着不可替代的作用。

教师应当遵循历史教改的基本思想：历史教学改革应当服务于历史教育的总的目的，即培养学生的历史感、时代感，塑造良好的思想品德，学好做好社会主义新人。课改强调要注重对学生能力的培养，不要一味地进行“填鸭式”的灌输。

2. 教改的思路

教育改革，是以素质教育为核心，以改变目前初中历史课一言堂式的传统教学模式为目的的一次新课程改革。笔者从教学实践中探索出了一些新思路：（1）变陈述式教学为问题式教学。（2）大胆采用现代化的教学手段。（3）充分重视讨论课。（4）积极开展研究性学习。

3. 教改的具体措施和效果

（1）变陈述式教学为问题式教学。

陈述式教学是传统历史教学使用最频繁的教学方法。不问学生需求，直接由教师灌输历史事件的原因、经过、结果和影响，以期在较短时间内达到良好的教学效果。但事与愿违，教师自以为讲得清晰明白，重难点突出，学生却觉得枯燥无味。为克服传统教学师生脱节这一弊端，笔者从实践中探索出了问题式教学方法，具体操作分为四步：

① 学生自学，提出疑难，列出知识线索。

② 教师整理归类，列出中心问题和非中心问题。

③ 集体授课，学生互答，教师引导、补充、总结。

④ 学生谈心得。

笔者在教学中大量采用了这种教学方法，学生反映很积极，提出的问题颇多。比如讲“鸦片战争”时笔者发现，不少学生对历史概念认识不清，甚至全然不知，如资本主义、封建主义、自然经济、商品经济、闭关政策、出超、提督、总兵等。这些问题可能多数中学教师在备课、授课时很少考虑，这正是传统教学师生脱节的表现。采用问题式教学法可将师生关系由“教→学”转变为“学→教”，不仅锻炼和提高了学生的阅读能力、理解能力、分析概括能力，而且使教学的主体与客体真正沟通起来，取得了良好的教学效果。

（2）大胆采用现代化的教学手段。

历史是一门综合性的社会人文学科，囊括了人类社会政治、经济、外交、军事、民族、文化等方方面面，因此单靠教材和教师讲解，难以尽显其原貌。现今，现代化的教学手段为教师提供了方便，既增加了历史教学的直观性、生动性，也增加了历史教学的课堂知识容量。笔者在中学历史教学中，经常使用多媒体，用多媒体授课比用传统方式授课效果要好得多，这些课件可以从网上下载，也可以自己做。历史学科资料丰富，课件做起来并不困难。另外，还可采用多媒体放映历史知识讲座和历史剧等形式。如中央电视台第十频道百家讲坛的“清十二帝”，学生就很感兴趣。电影《大决战》《甲午风云》《开国大典》、电视剧《走向共和》《康熙王朝》《成吉思汗》等，也可作为教学的辅助资料，但一定要向学生讲清楚，历史剧可以“戏说”“正说”，但历史知识却一定要尊重客观事实。应用这样的教学手段大大提高了学生对历史课程的学习兴趣。

（3）增设和重视讨论课。

讨论课是以讨论为中心的综合、启发式课堂教学，是学生在教师的指导下，为解决某个主要问题（如基本概念、重要人物的评价、重大事件等）进行探讨，辨明真伪，以获取知识的方法，对提高学生学习的兴趣，培养历史思维能力，体现学生学习中的主体地位大有裨益。讨论的问题要有吸引力，课前要求学生到图书馆查阅资料，清楚地了解讨论内容，打有准备之仗；要善于在讨论中对学生进行启发和引导，使讨论向纵深发展，但不要暗示问题的结论；最后还要做好小结，澄清错误模糊的历史观念。尽管大多数学生在讨论课上的观点都有点主观，但却很真实。由此可见，讨论课可以激发学生的创造性，实现素质教育的目的。

（4）积极开展研究性学习。

历史学科研究性学习是指学生在历史教师的指导下，以类似历史研究的方式去获取历史知识和应用历史知识。它以探究问题为目的，以思维训练为核心，以学生自学为主，以教师帮助为辅。笔者所在学校开展历史学科研究性学习，主要有两种形式，一种是让学生搜集历史资料并撰写历史小论文；另一种是鼓励学生创作历史剧本，编演小型历史剧，并公演。第一种形式已经取得了一定的成果；第二种形式，学生的兴趣更为浓厚，但目前实践活动尚未完成，一些学生还处于创作之中。无论如何，研究性学习是新一轮高中历史教学改革的一项重要内容，是培养学生能力的一种重要手段。

三、历史教改应与德育结合

在初中历史教学中，教师不仅要传授知识，而且要帮助学生树立正确的世界观、人生观、价值观。充分挖掘历史素材，寓德育于教学中，激发学生对祖国悠久历史文化的自豪感，使之成为有深厚文化素养、知识更加丰富、身心更加健全的现代中国人，这才是历史教学的目标。

借助历史人物道德形象进行道德知识教育，例如：忧国忧民的范仲淹、报效祖国的岳飞、舍生取义的屈原、追求真理的哥白尼、尊师敬业的韩愈等等。进一步从个体涉及的社会关系中分析和规范这些道德品质，使学生自觉地接受品德的熏陶。发挥情感作用。道德的情境需要艺术的锤炼、语言的组织。教学中潜心酝酿情感能产生强烈的感染力，以情育人能引发学生对道德形象形成强烈的情感体验，进而使教学产生导向和激励作用。课本中历史人物的名言、名句从不同角度展示了这些历史人物的崇高思想和道德风貌，不仅体现了他们的道德观念，而且带有强烈的情感色彩。例如：文天祥有“人生自古谁无死，留取丹心照汗青”；于谦有“粉身碎骨浑不怕，要留清白在人间”；古希腊的亚里士多德有“我爱我师，我更爱真理”等，这些都是进行道德品质教育的生动材料，也是培养道德情感的良好凭借。

四、结　论

通过改变传统的陈述式教学模式，加大学生与老师、学生与学生之间的交流，为课堂注入健康的多元化教学元素，提高学生的学习兴趣，增强学生的素质。

参考文献

[1] 白寿彝. 白寿彝史学论集[M]. 北京：北京师范大学出版社，1996.

初中历史课堂教学“活动”设计初探

广西桂平市罗播一中　梁富军

在新课标的指导下，教师们要把自己变成学生学习过程中的“引导者”“顾问”“参与者”“协作者”，课堂教学中必须“以人为本”，让学生尽可能“活动”起来，引导学生在“活动”中学史、在“活动”中悟史、在“活动”中明理。如让学生朗读、观赏、表演历史剧、看图说史、开展绘图大比拼等活动，鲜明、形象、生动的情景会使学生产生相应的情感，使学生的情感得到释放，自然就掌握了该掌握的历史基础知识、道德情感。一些再现历史场景的“活动”给学生留下深刻的印象，培养了他们的团队精神，并强烈地震撼他们的心灵，唤醒他们的良知，陶冶他们的情操。具体内容如下：

一、有利于学生学习方式的转变

活动设计要引导学生转变学习历史方式。新课改中，不仅教师的教学方式要转变，而且学生的学习方式也得转变。新课程标准要求教师在课堂教学中，努力创设能引导学生主动参与的教学环境，激发学生“自主、合作、探究”的积极性，培养学生掌握知识、应用知识的态度与能力。历史教师首先应该让学生参与各种“活动”，让学生明白自己不再是被动接受知识的机器，而是主动学习、主动探究历史的主人。

二、有利于达成课堂教学的目的

让学生在历史课堂中“活动”起来，老师就相当于“导演”，要真正做到“教师搭台，学生唱戏”。很多历史课堂有学生朗读、绘图、讲故事、唱歌、历史剧表演等教学环节，可以说是丰富多彩、立意翻新，学生踊跃参与，课堂可谓“热闹非凡”。但是需要注意的是，学生活动不是盲目的，不能为了“活动”而“活动”，不能“华而不实”，历史课堂“活动”必须要有明确的目的性，也就是不能只为了感官的刺激而活动，要引导学生明确活动的意图，既要保证学生的“全员参与、全程参与和有效参与”，又要防止学生们偏离主题，并在学生“活动”中随时提醒学生本“活动”的“目的”。如在七年级下册“明清专制集权的加强”里的明清八股取士一目中，我安排了学生课前收集资料、课堂上表演短剧、“看图说史”等活动，把课堂还给了学生。其中氛围最好的是让学生看《举子看榜图》说史的活动，学生们非常踊跃，纷纷发言，有趣的是他们对图中挑担子的小男孩的身份有争议，他们争得面红耳赤，有说是货郎的，有说是书童的。这个时候不能由他们争个没完没了，偏离主题，于是我对他们的发言都做了“观察仔细，想象丰富”的肯定表扬，并允许他们保留各自的意见，然后立即顺势让学生们思考此图整体上说明了什么问题。这样留有了悬念又尊重了学生，同时也不让他们偏离主题。结果学生们很快也就言归正传，并都能说出图中表现了当时八股取士考试制度下读书人的复杂心理，并能理解八股取士的危害，在轻松愉快中完成了对本课的学习。总之，教师要引导学生在活动中不能重形式而轻知识，不能因活动而偏离主题和抛弃重点。历史课“学生活动”既要创新又要主题鲜明，并且要目的明确、任务清楚。

三、有利于学生自主意识的培养

历史课堂中的“学生活动”不是简单地要求学生对课本知识进行朗读、记忆，而是要引导学生在“活动”中学习与探索，让学生在体验历史中思考问题、积累经验；让学生在活动中不断开拓延伸，从而培养学生的自信心、创新精神以及团结协作的精神，锻炼和提高学生的历史学习能力和社会实践能力。历史课堂中的“活动”不是千篇一律的，要具有开放性和自主性。我们在引导学生活动时，要尽可能地让学生自主有序地活动，同时不局限于单一的形式和内容，鼓励学生大胆开拓、创新。例如，“小老师”的活动教师们都不陌生，在七年级下《近代前夜的盛事与危机》一课中我就安排了“小老师”上课的活动，具体办法是把学生分为三个组，分别负责“盛世”“近代化因素的萌发”“危机”的教学。第一堂课进行分工准备，每组的组长负责分配任务，并让自己的每个组员承担相应的任务（查阅资料、做课件、备课、选出“老师”等）；第二堂课就由三位“小老师”正式“上课”，“小老师”们也大力发挥学生主体性，表演课本剧、讲故事等，课堂气氛十分活跃，学生们感到非常新鲜。通过这样“活动”，学生们不仅牢固掌握了本课知识，懂得了团结协作的重要意义，还感受到老师的苦与乐，坚强、信心油然而生。这样的历史课堂“活动”就具有鲜明的开放性和自主性，当然学生不可能具体老师的素质和技巧，这就要求我们历史教师做大量的课前工作，给予他们必要的指点和帮助。

四、有利于三维目标一体化的达成

新课改下历史教学目标的实现过程是三维目标的达成过程，而历史课堂中的学生“活动”不能是表面的、肤浅的，为此历史教师应该精心设计课堂“活动”，要在明确目标的前提下，由表及里，逐层深入，使知识、能力、情感三维目标一体化。我们每设计一个学生活动都应该考虑到：此活动要使学生记住什么历史知识？理解什么历史现象？对这一历史现象有什么样的思考启示？如历史剧的表演“活动”，首先得引导学生课前精心设计台词、反复排演，台词既要有历史感又要蕴含情感，表演既要生动也要尊重历史。我曾让学生表演过“西安事变”的背景和过程，之前让学生下了大量的功夫做准备，课堂里小“张学良”绘声绘色的由劝谏到“哭谏”的表演令好多学生激动不已，这样学生就非常容易理解西安事变的发生背景并突破了这个难点。这样学生们自然就记住了西安事变发生的时间、地点、经过等基础知识，也完成了这些知识的学习目标；同时，也使学生在表演和观看表演中体会了张杨二人强烈的爱国激情，爱国主义、忧国忧民的责任感油然而生，最终实现了本课三维目标一体化的达成。

五、活动设计要符合中学生的实际

不同年龄、不同学习阶段的学生的心理特征和认知水平是有差异的，因此教师要针对不同阶段、不同层次的学生设计相应的“活动”。课堂中的学生活动还应该尽可能地让全体学生或者大多数学生参与，活动中分组、分工都要具体、合理、详细。既要面向全体学生，又要关注学生的个体差异。如初一、初二学生表现欲望较强，就可以设计学生表演、绘图大比拼、讲历史故事比赛等活动；而初三和高中学生不再喜欢简单的过于张扬的活动，他们的能力更强，思维更活跃，所以我们可以让他们进行辩论、讲座、记者采访等活动。总之，历史课堂的“活动”要具有针对性，符合学生的实际，对不同年龄、不同水平的学生采用不同的学生“活动”。

此外，历史课堂教学不仅要传授知识，还要使学生的能力得到发展，为学生获得终身学习的能力、创造的能力以及生存和发展的能力打好基础，并让历史的“育人”功能得以充分发挥。要做到这些，尽可能让学生在历史课堂中“活动”起来是唯一的选择。

浅谈如何教会学生学习历史

陆川县平乐镇初级中学　梁朝焕

未来学家预言：未来的文盲将不是目不识丁的人，而是一些没有掌握学习方法、不会自己钻研问题、缺乏预见能力的人。所以，教师教会学生学习方法，锻炼和提高学生的各项能力应成为教学中一项重要的任务。历史学科的知识点比较具体，包括具体的时间、地点、人物、条件、过程、地位及诸要素之间的内在联系，此外还包括每一个社会、每一个国家的发展规律，以及人类社会发展的共同规律。这就要求学生独立钻研，通过动脑、动手、动口，独立地理解和掌握历史知识。此外，历史教学还必须要求学生在理解和掌握历史知识的基础上，培养运用历史知识的能力，包括培养学生利用已学历史知识进行自我教育的能力，以及用辩证唯物主义和历史唯物主义观点观察问题和分析问题、认识现在、预见未来、鉴古知今、鉴往知来的能力。

“授之以渔”是我国历代教学的经验结晶，从现代教学论来认识，“教学”的真正含义应是教师如何教，学生如何学，教师只有教会学生学习，让学生学会自己读书，才是传授了打开信息之锁的钥匙。只有掌握学习方法，才能步入攀登科学顶峰的阶梯。在平日的历史教学中，我进行了一些探索，摸索出了“把学法指导贯穿在历史课堂教学始终”的教学模式，实践证明，学法指导是培养学生能力的有效途径。

一、编写学习提纲，培养阅读能力

阅读教科书是获取历史知识、提高学生成绩的重要途径，也是培养智能的重要前提。因此，教会学生阅读教科书是历史课堂教学的重要内容。由于历史学科具有过去性、综合性和史论性等特点，学生在初读时容易遇到许多障碍，也有一部分学生因为基础差、阅读不得法而抓不住重点。所以，在起始阶段，我重点训练学生的阅读方法，通过提问引路、审题启示、疑难突破、重点探索、提纲导读等多种方法，把学生引到自觉阅读的轨道上来。例如，在教授中国历史第一册的《大变革时期的社会经济》一课时，我首先指出：社会经济主要包括农业、手工业和商业三个方面，农业方面包括工具、技术、经验、水利、成就等，手工业方面包括冶炼、陶瓷、纺织、造纸、市场等；然后，指导学生按上述提示阅读教材，找出本课中的重点知识，学生很顺利地完成了学习任务。

经过一段时间的训练，学生逐渐学会模仿教师编写提纲，教师应在此基础上给学生创造更多的自编提纲的练习机会。学习新课时，多让学生在理解教材内容的基础上进行试编。学完一个单元后，可让学生编写单元知识结构，抽象出历史阶段的本质特征，从而把所学知识引向新的高度。例如，在讲完世界历史第一册中的《英国资产阶级革命》《美国独立战争》《1789—1814 年的法国》时，我要求学生列图表分析英、美、法革命进程。学生在这一过程中发现了一种新的社会制度代替一种旧的社会制度必须经历激烈、曲折、反复的斗争这一历史规律。

指导学生整理、编写提纲，可以达到使学生既掌握基础知识，又提高学科能力的目的。这是因为：首先，学生在整理和自编提纲时，必须先仔细阅读教材，了解教材中的知识点以及各知识点之间的联系。只有真正理解各种知识点之间的联系和它们所处的地位，才能把知识点有效排列起来，这就使学生加深了对知识点的理解，一旦整理出准确的知识结构，知识点也就牢牢固定在知识结构的枝干上，从而使知识点在学生头脑中由点成线、由线成面、由面成体，构成基础知识的立体之树。其次，学生在编写提纲时，必须对教材进行分析、归纳、概括，通过思考使教材内容变得条理化、要点化，这无疑能促进学生思维能力的发展。再次，学生在掌握了编写方法后，可以依照这种方法去整理编写同一类历史现象的知识结构，这有利于学生归纳同类历史现象的共同点，同时由于具体现象又具有自身的特殊性，这又迫使学生注意区分同类现象的不同点，对培养和提升学生比较历史现象的能力有积极意义。最后，学生在复习、整理、编写历史结构时，能帮助自己迅速查出知识掌握的薄弱环节，从而针对薄弱环节进行复习，提高复习效率。

二、创设问题情境，培养思维能力

历史学科对培养学生的思维能力具有重要作用，但部分学生由于受传统偏见的影响，仍认为历史是一门知识性学科，只需死记硬背即可，而不需理论的理解和思考，因此缺乏学习历史的内驱动力。为此，教师应十分注意利用历史学科内容丰富、纵贯古今的特点，有目的、有计划、有针对性地从历史知识本身出发提出各种具有较强启发性的问题，组织学生讨论，让他们自己去探索解决问题的方法，从而激发他们求知的欲望，促进他们大胆地发挥想象。

教师在创设问题情境时，应注意做好几点：

第一，要科学地遵循学生的认知规律，设疑要由浅入深，由具体到抽象，先感知后概括。亦即从具体史实入手，去归纳某个结论或道理，以实现学生由学会到会学的转变。如讲华盛顿会议，先让学生概括背景、时间、地点、内容结果，然后进一步设疑：华盛顿会议的召开是否消除了帝国主义之间的矛盾？为什么？从而揭示出帝国主义的矛盾，为这一体系的崩溃和太平洋战争的爆发埋下伏笔，使学生了解帝国主义是战争的根源。

第二，要把握好度，难易适中。太容易会流于平淡，学生不屑于回答，更无助于启发思维；太难会使学生如坠迷雾中，所以设疑要难易适中，循序渐进。

第三，要激发思维兴趣。爱因斯坦说："兴趣是最好的老师。"如果教师通过设疑，创设一种有趣的思维意境，从而刺激学生强烈的好奇心，无疑会使教学事半功倍。例如，讲《美国内战》前，教师首先设疑：20 世纪 80 年代美国民意测验结果表明，建国以来四十多任总统最受尊敬的是林肯，出身平民的林肯何以在美国人民心中有如此崇高的威望？大家知道《汤姆叔叔的小屋》这部作品吗？那位伟大的林肯曾对这部书的作者斯托夫人说："一部书导致了一场战争。”那么这部书导致了什么战争呢？它的原因、性质、结果又是什么呢？同学们带着这些问题自己去认识、分析、概括和评价，这样便激发了学生的思维兴趣，教学效果较好。

三、教会学生理清历史发展线索，抓住学习重点

历史发展的线索就是历史发展的规律性和重大历史事件之间的内在联系，中学历史教材的特点是范围广、头绪杂、内容多，牵扯到的年代、地点、人物事件太多，很不容易掌握，所以引导学生在这纷繁复杂的历史知识中理清事件发展线索，提示历史发展的规律性和重大事件之间的内在联系，是十分必要的。例如，在开始讲世界史时，首先指导学生看教科书前的目录，然后教师概述世界史的分期、每个社会阶段的特征、基本内容等。在讲世界近代史时，要让学生明确必须抓住三条基本线索，即：资本主义发生、发展以及资本主义国家间的矛盾和战争，无产阶级革命斗争和国际共产主义运动，亚非拉民族解放运动。

在理清线索的基础上，还要让学生掌握教材中的重点，这时应该让学生学会如何确定重点。可以引导学生从以下四方面去确定教材中的重点：

第一，能够说明历史唯物主义最基本观点的内容；

第二，对历史发展有重大影响的历史人物和事件；

第三，属于“中国之最”“世界之最”的内容；

第四，教科书上有插图，课后有练习题的内容。学生掌握了上述原则，就比较容易抓住教材的重点。

四、教给学生科学的记忆方法，提高记忆效率

历史教学的任务之一是使学生掌握历史基础知识，所以教给学生科学的记忆方法，是很重要的。在历史教学中，我常采用以下方法，帮助学生提高记忆效率，效果良好。

第一，分散记忆法。让学生把知识点分开学习，当时看一遍，一周后再复习一遍，一个月后再重复一次，记得就会比较牢固。

第二，趣味记忆法。如讲法国大革命及拿破仑统治时期，要求学生记住当时的派别：大资产阶级、吉伦特派、雅各宾派、热月党人、督政府、拿破仑，要求学生记成“大鸡鸭，热都拿”（谐音记忆）。

第三，引导学生记忆纲要。如美国独立战争经过的六件大事。

商品经济的大潮涤荡着传统观念，新一代靠自己生存已经不是空洞的命题，而是现实社会的要求，我们应该把培养学生学会生存的能力提高到培养现代人的高度来对待，只有这样，才能使新一代人有较强的社会适应力。

初中生历史学法指导

桂平蒙圩一中　李　祺

【摘　要】当前的初中历史教学中，教师要激发学生的学习积极性，引导学生主动探索社会现实与自我成长的问题。那怎样才能引导学生更好地学习历史呢？教学的实质就是教学生学会学习，方法是求知和探索的钥匙。重视和加强学法指导，对培养学生的科学学习态度、激发学生学习兴趣都有不可替代的重要作用。

【关键词】初中历史　学习方法　重要性

加强初中历史学法指导，有利于学生终生学习，下面我谈谈几种初中历史学法指导：

一、巧学：如何才能使学生学好历史?

1. 学好历史的三个重要环节：预习、听讲、复习

（1）课前认真预习。要求学生对将要学的历史事件、人物等有一个简单了解。找到自己不懂的地方，在老师讲课时，寻求答案或者向老师提问。

（2）上课认真听讲。要求学生理解和掌握知识的关键，勤于思考，跟着老师的思路，积极回答问题。

（3）温故而知新。学习过程不可能一次性就完成，所以课后一定要及时复习，要求学生持之以恒。

2. 做好课堂笔记

（1）符号笔记。做记号，标明重点，提出疑问，引起注意。学生可以选择一些自己熟悉的符号，如用“____”或“!!”表示重点词句，用“？”表示疑问等。也可以用不同颜色的笔来标记不同的内容。做符号笔记，符号种类不易太多。

（2）问题与答案要“对号入座”。

（3）补充内容的记录。

二、巧　记

巧记历史五个关键词：穿线索、构框架、巧记忆、善联想、重巩固。

1. 穿线索

（1）学历史要扎实、牢固、脉络清晰。上下五千年都是由一根时间的连线串起，不要东一个人物，西一个事件，无规律地教学生记忆。

（2）历史发展的基本线索就是历史发展的内在联系，前一个历史事件是后一个历史事件发生的原因，后一个历史事件是前一个历史事件发展的结果。课本目录就是基本线索。

2. 构框架

构建历史框架就是从总体上把握历史知识结构，了解历史教材所叙述的主要历史内容。必须让学生懂得历史的七要素：原因、时间、地点、人物、过程、结果、影响。构建历史框架的方式是多种多样的：比如，EEPO 有效教育构建的框架：气泡图、树状图、逻辑框架图、表格式、线状结构、饼状图、个性化的自创结构图等，有助于加强学生的记忆深度。

3. 巧记忆

下面介绍几种针对历史学科的巧妙记忆方法，供老师们参考。

（1）顺序记忆。顺序记忆是最普通的记忆方法，指按照事件本身发展的顺序依次记忆。1840 年鸦片战争；1856 年第二次鸦片战争；1894 年甲午中日战争；1900 年八国联军侵华战争。这是中国半殖民地半封建社会的形成过程。

（2）规律记忆。在学习过程中，可以寻找具有规律性的东西。八国联军侵华战争中的八国：俄德法美日奥意英。记的方法是："饿的话每日熬一鹰"（谐音记忆）。

（3）对比记忆。把历史上相关或者相类似的历史事件和历史人物加以比较，如可以将《南京条约》与《马关条约》加以比较，找出异同。《南京条约》：割地赔款开通商定关税；《马关条约》：割地赔款开通商设工厂。

（4）归纳记忆。对不同时间的同类事件进行归纳，将历史基础知识分门别类地、按问题的性质依次归纳到一起，形成一条线索，便于记忆。如抗日战争过程可概括为：一条战线、二个战场、三场战役、四点原因。又如唐太宗与唐玄宗在位期间所采取的措施，可以采取对比和归纳，合二为一，利用表格方式记忆。

（5）图表记忆法。通过图表，加强直观效果，调动视觉功能，启发想象力，达到增强记忆的目的。借助图表记忆跟比较归纳记忆类似，但是需要达到的层次更高。

4. 善联想

通过联想，可以触类旁通，并能够举一反三，这样，就可以达到教学的目的。例如：中国古代史。联想：整个中国古代史的发展都围绕一条线索：加强中央集权。统治者所采取的任何措施的目的都是为了巩固统治，发展中央集权。

5. 重巩固

在复习巩固的教学过程中，除了把握好基础知识点外，还可以在事件之间作前后联系，至于怎样理清事件的前后联系，我们可以做事件标尺。

三、巧运用

1. 巧妙运用选择题方法

（1）认真审题。

（2）找关键词：时间、地点、人物、事件等。

（3）排除法。

2. 巧妙运用材料题方法

（1）略读材料，确定材料反映的历史时代和历史事件。不要漏掉材料的出处，它可能隐藏着时间等信息。

（2）审题。尤其注意题干是“结合已有知识”还是“从材料找出”。

（3）带着问题在材料中仔细找出有效信息（能够做答案的词句）。

（4）作答注意事项：① 如果题目要求“结合已有知识”，最好用教材中的相关知识作答。② 如果题目要求“从材料找出”，则一定注意用材料中的有效信息。③ 如果题目要求“不得摘抄原句”，则要把原文进行解释或概括。分析材料是要做到“论从材料出”。

如果认为历史学科只要考前花多点时间去记记背背，成绩肯定不差，甚至还会有更好的分数，那就大错特错了。想要把初中历史学好，我认为掌握方法是关键。有了好的方法，我们就能很快地把知识点记住，能很好地去理解和领悟历史现象背后所蕴涵着的历史规律，能更得心应手地分析历史问题。

浅谈如何提升初中历史课堂教学效率

博白龙潭一中　李　敏

【摘　要】历史是一门综合性、趣味性很强的科目，主要讲述人类过去的活动经历，纷繁复杂、丰富多彩，但由于它讲述的是过去的人和事，无法重现在人们眼前，如果传授方法不得当，往往使学生产生枯燥乏味、昏昏欲睡的感觉。

【关键词】初中历史　历史课堂　教学效率

历史学科因其内容庞杂、时间久远、需要大量识记的特点，长期以来被人们当作死记硬背的副科，这一偏见导致很多学生对历史科目不够重视或失去兴趣。古人云："知之者不如好之者，好之者不如乐之者。"兴趣是最好的老师。只有学生对学习有兴趣，他才会积极地探索，敏锐地观察，牢固地记忆和开展丰富的想象，也才能具有创造性。现在的学生知识更新较快，注意力容易分散，逆反和叛逆心理较强，不喜欢教材上死板的知识。新课程改革后，课堂时间缩短为 40 分钟，既要保证质量又要保证效率，着实不易。因此，在历史课堂教学上，要点燃学生探索的欲望，激发其学习历史的兴趣，就要让学生在轻松、幽默、愉快的环境中学习。要想激发学生的学习兴趣，就必须采用合理的方法来调动学生的思维和注意力，充分发挥学生的主观能动性，在有限的 40 分钟内，精心设计教学环节，来提高教学效率，保证教学质量，提高学生素质，使其全面发展。具体的办法如下：

一、运用多种教学策略来丰富历史课堂，激发学生的学习兴趣

兴趣是最好的老师，没有兴趣的学生就像没有翅膀的小鸟，是永远飞不起来的。如果学生是在教师逼迫下被动学习，可想而知学习效果不会太好。相反，学生对自己感兴趣的科目，会全身心投入，钻研、探索，孜孜不倦，自然会达到事半功倍的效果。每位教师都有自己的教学风格和教学模式，如果总用单一的教学模式来授课，时间长了，学生就会失去兴趣，我尝试了一些方法，效果不错，可供大家参考：

第一，合理利用多媒体教学，通过视频片段、动画或者音乐等教学资源让历史"活"起来，让学生"动"起来，让历史人物"站"起来，使学生印象深刻；有效地创设情境，激发学生学习历史的兴趣，从而提高课堂效率，培养学生的历史思维能力。

第二，利用"先学后教"的洋思中学的教学模式。学生不仅集中精力来思考教师布置的问题，而且熟悉了教材内容，事半功倍，节约了大量时间。知识点通过学生发言讲授出来，学过的知识记得更牢了。

第三，善于运用对联、诗歌、成语典故或者历史人物故事来丰富历史课堂，这样可使历史课堂成为诗意飞扬的文学课堂。如讲到“蒋介石发动四一二反革命政变”时，可以“野火烧不尽，春风吹又生”的诗句来讲，这样学生对下一课《星星之火，可以燎原》的承上启下关系就更容易理解了。

第四，根据班级的特点或者年龄层次的特点来设计不同的教学方法，因材施教。灵活采用不同的教学方法，适用于不同的学生，可发挥不同学生的长处，这样教学效果更佳。如一个班级学生好静，注意力容易集中，就注意引导学生听讲；另一个班级学生好动，就多让学生发言，老师做补充完善，顺势而为，满足学生的求知欲望和表现欲望。初一的学生喜欢表现，就多给学生机会，鼓励学生多发言；初二学生的阅读、理解、分析能力大幅度提高，简单的知识教师一提示，一出示问题学生立马知道，教师不用多讲。

二、在师生有效互动的基础上，充分调动学生主动参与

新课程倡导的自主学习、合作学习和探究性学习都是以学生的积极参与为前提，没有学生的积极参与，就不可能有自主、探究、合作学习。学生参与课堂教学的积极性，以及参与的深度与广度直接影响着课堂教学的效果。

第一，教师要当好组织者，就要善于设计问题，形成“巧问质疑、以疑促思、讨论点拨、教学互动”的教学特色。教师要充分信任学生，相信学生有学习的能力，给学生想、做、说的机会，让他们讨论、质疑、交流，围绕某一个问题展开辩论；给学生充分思考的时间，使学生有表达自己思想的机会，并且尽可能让更多的学生说。条件具备了，学生参与的积极性就会高起来，参与度也会大大提高。

第二，小组讨论是教学常用的方法之一，也是激发学习主体主动参与的最佳途径。学习小组成员一般为 4 ~ 6 人，由同桌及前后桌同学组合而成。这样可保证学生人人参与，各抒己见。讨论是进行思想交流的最好形式，在教学中有目的地引用史料和观点设置问题情境，开展讨论，可以让学生在参与中增长知识和锻炼思维。

第三，“先学后教”，不仅适用于小学数学教学，而且也适用于初中历史教学。我一般采用两种方式，一种是先出示问题，学生阅读课文，经过思考，在教材中找到正确答案；另一种是让学生设计问题，训练学生掌握提取历史知识点的方法，遵循历史学习的规律，训练学生的逻辑思维，使他们思维清晰有条理。这两种方式中，后一种难度更大，但可以促进师生互动、生生互动，让学生当学生的“老师”。

三、合理分配课堂教学时间

任何人的注意力都不可能在 40 分钟内专注不变，更何况是初中生。因此，对课堂教学时间进行合理分配和有效控制，会大大提高整个课堂的效率。在课堂教学中应有教有学，使学生的大脑处于兴奋状态。心理学权威实验表明，一节课中有一段时间学生的各种状态都是最佳的。

如何因势利导，使学生能长久地处于学习最佳状态呢？我认为：教师一次讲述的时间

不能超过普通学生注意力持续时间的范围，否则教学的效率就会大打折扣。

初中历史课教师一节课讲述时间累计控制在 20 分钟，教师一次讲述的时间不得超过 5 分钟；学生活动支配的时间累计不得低于 15 分钟，学生一次活动的时间应控制在 8 分钟。

师生的即时互动是及时反馈教学效果的最有效的途径。教师在讲解一个知识点后，应先让学生理解，再留出几分钟时间让学生当堂识记，或者当堂训练练习题目，或者师生共同解答作业题，这样可达到及时巩固、查缺补漏的效果。

总之，在教学过程中，教师起主导作用，学生是学习的主体。学生积极性的调动、知识的学习、技能的训练、能力的培养都要靠我们在教学过程中精心设计、组织与实施。如果我们采取的方法得当，调度有方，定能收到良好的教学效果，从而提高课堂效率。我们应当想方设法提高初中历史课堂教学效率，要对每一节课负责，对每一位学生负责，对我们的未来负责。

浅论初中历史课程教学之“以人为本”

玉林市福绵管理区成均一中　黎　健

在传统的历史教学中，老师是课堂的主角，在课堂上一般都是老师讲的多，学生被动接受知识，这往往忽视了学生在课堂上的主体地位，本末倒置。新课程的教育理念，是变学生被动学习为主动学习，突出学生的主体地位，注重学生的发展，也就是说我们在历史教学中需要改变墨守成规的传统教学模式，在教学过程中必须树立以学生为本的观念，教育学生学会学习、学会生存、学会做人；致力提倡学生自主、合作、探究式学习，突出学生的自主学习和研究能力的培养。这是对传统教学模式的一场“革命”。这场“革命”必然引起教学秩序的“动荡”，我们常看到一些课堂教学改革搞得“轰轰烈烈”，但最终又恢复到原状。究其原因，一方面，传统教学模式对学生的影响根深蒂固，学生长期形成一种依赖教师的习惯；另一方面，教师长期习惯于包办式教学，教学模式的改革往往只是追随一时的热点，没能对学生自主学习能力进行全面系统的培养，导致学生在自主学习中力不从心。所以，我们要适应新课程标准的要求，必须从传统的中心地位退出，让位给学生，把学习的主动权还给学生，让学生在教学中能真正发挥主体作用，具体可从以下几个方面尝试转换师生角色：

一、摒弃“以分为本”，倡导“以人为本”

应试教育的弊端就是“只见分数不见人”，只看重少数成绩好的学生，把教育“以人为本”的本质特征异化为“以分为本”。以人为本，就是要坚持“以育人为本”。学校是育人的场所，学校教育过程充满了人的因素，究其根本就是为了让每一个学生成人、成才。在具体的教学活动中，应坚持以学生为本，努力做到着眼于学生的整体发展，立足于每一个学生个体成才，充分发挥学生的主体作用。使每一个学生，包括不同发展方向、不同发展层次、不同个性特长的学生都可以找到自己的位置和发展平台，获得自身的发展。在课堂上，学生能看懂、读懂的，教师就不要再讲，否则就是浪费时间；学生能发现的，教师不要点明，否则就是限制了学生的发展。教师应该信任学生、解放学生、调动学生、激励学生，让他们自主学习、自己探索、自己创新。学生是学习的主人，课堂是学习展示的平台，我们必须给学生足够的自主学习、探究合作的机会，这样学生就能在轻松、愉快的环境中主动参与。

二、以论导之，以动引之，创设学生自主学习的氛围，突出学生学习的主体性

教师是课堂教学活动的组织者和指导者，灵活的组织方式会给教学带来意想不到的效

果。当学生对一个问题认识模糊时，当一个问题需多角度、多层次阐明时，把问题交给学生，让他们自由讨论，各抒己见，共同交流，寻求解决问题的方法和结论。教改要求培养学生的独立性和自主性，这就需要教师引导学生质疑、调查、探究，在实践中学习。教师要切实地把教学活动看成是一个不断面临新问题的过程，是一个知识扩展的过程，是一个与学生共同学习的过程。师生之间要互教互学、互惠互助，形成一个“学习共同体”。知识结构的互动就是学习内容的综合教学，是知识与知识、师生与知识、现实与历史的交流与对话，表现为在课堂内容上加强学科内综合和跨学科综合，如史地、史政、史文等的综合。从“以教为主”到“以学为主”，最终做到以论导之、以动引之。

三、以质疑唤起学生学习的主动性

鼓励学生质疑。现代教育理论认为：“最精湛的教学艺术，遵循的最高原则就是让学生自己提问题。”“整个教学的最终目标是培养学生正确提出问题和回答问题的能力。任何时候都应鼓励学生提问。”在自主学习课堂中，可依据这一理论，大胆地鼓励学生提问题。先提出一个实际问题，组织学生讨论。在讨论过程中采用竞赛的方法鼓励学生多提问题。对学生来说，教师、教材、学习辅导材料等是“权威”，这些“权威”的积极作用不可否认。但教师的话并非句句是“真知灼见”，由于教师个人知识能力及认识的局限性，教师在教学中出现错误是在所难免的。教师不要回避和掩盖，而要鼓励学生积极提出质疑，通过师生交流甚至争论来解决问题。特别是近年来对学科综合学习能力要求的强化，教单一学科的教师与学习多学科知识的学生之间，知识和能力的互补性更加突出，因此，教师要培养学生自主学习能力，使他们坚持“信仰”，即坚持实事求是的原则，用辩证唯物主义和历史唯物主义观点分析历史事物，对一些问题大胆质疑，通过师生之间的交流探讨获得“真理”。

总之，历史课堂教学不仅是传授知识，还要使学生得到全面、长足的发展，为学生获得终身学习的能力、创造的能力以及生存和发展的能力打好基础，让历史的“育人”功能得以充分发挥。要做到这些，应尽可能让学生在我们历史课堂中“活动”起来。另外，学生自主学习能力的培养，不能简单理解为由教师来“解放”学生，而应逐步培养学生“解放自己”和“自主”的能力。这就要求教师具备较全面系统的学习和研究能力，更为关键的是教师要把这些能力通过教与学的契合互动过程，逐步转化为学生自己的能力，实现“教”是为了“不教”的目的。同时，“青出于蓝而胜于蓝”，教师要鼓励学生超过自己，并以此为荣，让学生能站在老师的肩膀上摘取更丰硕的成果。

论学生在初中历史教学中的地位

北流六麻二中　黄永惠

当代教学改革的主题是强调学生的主体作用，突出学生的自主学习和研究能力的培养。这是对以教师为中心的传统教学模式的一场“革命”。然而，在这场“革命”中，往往由于教师的轻易“退位”，学生一时缺少“自主”能力，而引起教学秩序的“动荡”，一些课堂教学改革搞得“轰轰烈烈”，而最终又恢复到原状。究其原因，一方面，传统教学模式对学生的影响根深蒂固，学生长期形成一种依赖教师的习惯；另一方面，教师长期习惯于包办式的教学，教学模式的改革往往只是追随一时的热点，顾此失彼，没能对学生自主学习能力进行全面系统的培养，导致学生在自主学习中力不从心。

我在几年来的历史课堂教学改革探索中，经历了曲折和反复，从中总结出一些经验教训，认识到要让学生在教学中真正发挥主体作用，必须从以下几个方面对学生自主学习能力进行全面系统的培养：

一、探索学习掌握课本知识的方法

通过自主学习掌握课本知识的能力是学生学习能力的首要表现，也是其他学习能力的基础保障。学习和掌握知识的方法和技巧不同，决定学生学习效率的高低。这方面能力的开发训练主要通过以下途径实现：

1. 探索识记具体知识点、概念的便捷途径

知识获取的迅捷性、记忆的持久性和再认再现的准确性，是学习效率高的首要体现。每一个知识点、概念都有其不同的记忆方法，发现并掌握其规律，合理加工处理知识信息，探究便捷的记忆技巧，有利于提高学习和掌握知识的效率。一方面，教师可以提供一些相关技巧，供学生借鉴；另一方面，更多的是需要学生举一反三，化抽象记忆为形象记忆，针对不同的识记对象，探索最佳的识记技巧，并相互交流和促进。

2. 探索概要，掌握某一部分知识内容的基本要领

重大历史事件往往包括背景、经过、影响等几大段的复杂内容，学生靠死记硬背效率低下。这就需要化复杂为简单，通过信息的加工重组，提取记忆要素。可以借鉴语文学科的学习方法，如找出每一句的重点词（动词或名词），简化句子，概括段落大意、中心思想等；同时，可结合数学的“集合”概念，对每条信息按一定的程序进行分析重组，形成明确的知识框架，便于系统掌握。

3. 探索系统地掌握历史学科知识的方法

历史的每一部分内容并不是彼此孤立的，而是相互联系，共同构成完整的历史学科知识体系。学生在学习中，要把零散的知识纳入知识体系，系统地掌握。一是掌握专题线索，如政治、经济、文化各大专题，每个大专题又可分为若干个小专题，如政治专题下的政局、制度、政体、政策、阶级、民族、对外关系等；经济专题下的生产力、生产关系、农业、手工业、商业等；文化专题下的自然科学及社会科学各方面等。二是掌握历史阶段特征，要从政治、经济、文化涉及的诸方面进行抽象的概括和掌握。学生可参照相关辅导材料中对知识体系的概括，结合自己的学习特点进一步加工改良，用“集合”的方法，确定层次和隶属关系，探索出系统掌握历史学科知识的最佳方法。

二、深化对教材知识的挖掘和联系

对教材知识的进一步挖掘和联系，包括对学科重点知识的挖掘、学科内知识的联系、跨学科知识的综合等。它是学生学习能力强化的一个重要步骤，也是近年来高考对学生知识能力考查的重点。只有对教材知识深入挖掘，寻找相互之间的联系，才能更全面深刻地理解、掌握知识，提高综合学习能力。

1. 善于发掘教材的隐性知识

教材各部分的文字材料、图表等，首先直接反映相关部分的主题，体现为显性知识。同时，它们还可能在某种程度上反映其他部分的主题，体现为隐藏性知识。在学习中要指导学生对隐藏性知识深入挖掘和联系，并进行知识的迁移。教材中隐藏性知识不少，可作为学生能力开发的重要题材。

2. 深入探究历史事物的本质和规律

首先，对历史原因进行探索，从直接原因到主要原因、根本原因，从主观原因到客观原因，从政治、经济、文化诸方面探索和分析原因。其次，由表象深入探索事物的属性和本质，理解其本质含义。在此基础上，综合各方面因素，总结出历史事物发展的一般规律。如辛亥革命失败，直接原因是袁世凯篡位，主要原因包括革命党人的妥协等方面。根本原因则可以归为半殖民地半封建社会性质。从革命的特点可以分析出本次革命属于不彻底的资产阶级民主革命。从革命的失败又可以得出“资产阶级共和国道路在中国行不通”这一规律性的结论。

3. 积极开拓学科内知识的横向、纵向联系

对历史学科知识进行综合的能力是建构学生完整的历史学科知识体系的关键，也是高考命题能力测试的重点。因此，在教学中要引导学生注意知识之间的联系、对比和综合。在横向联系上，可寻找同一历史时期不同区域或不同方面历史事物之间的联系，分析其相互作用和影响，并进一步归纳出这一时期的历史阶段特征。在纵向联系上，可寻找同一大

专题或小专题所属的各时期中外历史相关内容进行联系综合，分析其相互关系，比较其异同点，分析其异同的原因、影响，并尝试将各部分知识迁移重组，形成专题线索，以此提高综合归纳概括能力。

4. 探索跨学科知识的渗透和联系

重视跨学科知识的渗透和跨学科综合学习能力的培养，是当前教学改革的一个趋势，也是近年来高考能力考查的重点和趋势。在教学中，应注意指导学生以正在学习的内容为立足点，联系其他学科中与之相关的知识，进行分析或对比，从多学科的角度，更为完整地理解、掌握知识，并能运用综合知识解答相关问题。如学习美国西部开发问题时，可以联系中国西部大开发这一热点问题，同时又可以对中、美两国西部的自然地理要素进行比较，从而对中、美两国西部开发的区别和联系有正确的认识。

三、培养运用所学知识解答、解决问题的能力

学习是为了运用。历史学科知识的运用，一方面，是解答各类历史试题或与历史相联系的综合试题，这也是检测学生学习效果的最普遍手段。另一方面，是指导解决现实问题，包括社会问题和个人问题，这也是历史学科作为“人文科学”作用的终极体现。

1. 运用所学知识解答各类考题、练习题

当前，考试是检测学生知识水平和学习能力的唯一手段，或者说是最重要的手段。因此，解答考题的技巧，也就成为学生学习能力的一个重要方面，而进行各种题型的练习、考试训练，则是培养这方面能力的重要手段。通过练习、考试和讲评的不断重复，学生逐步形成适应命题考试的能力。这方面的能力训练几乎每个学校都相似，这里就不再分析。

2. 对学习测试效果进行自我分析和评价

每次考试后，通常由教师进行分析、点评。但由于教师教学时间的限制，平时更多的训练甚至考试，需要学生借助参考答案，进行相互批改或自我分析、评价。这种自评、互评，可以使学生进一步理解命题的基本思路，把握命题的一般规律，了解答题的基本要求，掌握答题的基本要领，从中发现自己在解答问题中存在的不足，分析失误原因，总结经验教训，不断提高自己分析解答各类问题的能力。

3. 尝试用所学知识解决一些现实问题

“读史使人明智”，学习历史的最终目的在于通过历史把握现在、预见未来。一方面，学生可运用所学的历史知识来分析现实社会政治、经济和生活中的一系列问题，加深对当今种种社会现象的认识和理解，并尝试对其发展趋势作出较为合理的判断或预测。另一方面，以历史的经验和价值观来剖析自我，客观地分析和理解自己人生道路上的成功与挫折，并进一步探索和调整自己的人生价值取向。

四、打破对“权威”的信仰，树立“信仰”的权威

对学生来说，教师、教材、学习辅导材料等是“权威”，这些“权威”的积极作用不可否认。但“权威”不等于“真理”，总要受到时代或个人认识的局限。因此，学生要培养自主学习能力，就要坚持“信仰”，即坚持实事求是的原则，用辩证唯物主义和历史唯物主义观点分析历史事物。对一些问题大胆质疑，通过师生之间交流探讨获得“真理”。

1. 找出历史教材中的缺陷或错误

现行中学历史教材存在缺陷和错误是众所周知的，2000 年，《中学历史教学参考》曾连续多期刊登文章，指出教材多达几百处的缺陷和错误，这些大多是在教学过程中，由教师和学生发现的。即使是新版教材，由于教材编制体制及编者知识和认识水平的局限，也存在诸多问题。学生能在学习中发现并指出教材的错误所在，体现了学生的历史考据能力，是学生自主学习能力提高的一个重要表现。

2. 对历史教材的某些“权威”观点提出质疑

历史学科研究不断突破创新，历史教材的滞后性更加明显，特别是一些陈旧的历史观点和结论已经明显过时，甚至被证明是错误的。学生在学习中要坚持实事求是的原则，用辩证唯物主义和历史唯物主义观点来分析历史事物、判断历史结论，大胆地对教材的某些观点和结论提出质疑，提出自己的不同见解和主张，并引用史实加以论证或驳斥，不能盲从“权威”。

3. 对相关学习参考资料、练习题提出质疑

当前各种教学参考资料、学习辅导资料、练习题让人目不暇接。一方面，要求教师慎重选择；另一方面，这也对学生提出了分析鉴别能力的要求。即使是“权威”的课外资料，也不见得比教材“完美”，缺陷和错误在所难免。许多学生在学习和使用中经常发现一些问题和矛盾，如辅导资料与教材有矛盾或不同的参考资料之间有冲突，而习题的答案错误或存在这样那样的缺陷也是不可避免的。学生在使用这些资料时要学会发现问题并提出质疑，通过教学交流寻求解决办法。

4. 对老师在教学中出现的某些问题提出质疑

在教学过程中，教师是“权威”，但教师的话并非句句是“真知灼见”，由于教师个人知识能力及认识的局限，教师在教学中出现错误是在所难免的。教师不要回避和掩盖，而要鼓励学生积极提出质疑，通过师生交流甚至争论解决问题。特别是近年来对学科综合学习能力要求的强化，教单一学科的教师与学习多学科知识的学生之间，知识和能力的互补性更加突出，学生能对教师提出质疑，甚至反过来指导教师，也不足为奇。

五、开发研究性、创造性学习能力

培养高素质人才的关键是创造力的开发。要开发创造力，就要培养学生的创造精神和品格，鼓励知识的运用和创新，指导其掌握正确的创造方法和提供良好的创造环境。在教学中可先由教师示范，激发学生创造性思维，指导学生从以下几个方面进行创造力的开发训练：

1. 自己动手设计一些能力训练题

在教学中，学生要由被动转为主动，思考方位的转换是非常重要的。让学生转换一下角色，站在教师或命题者的角度，动手设计一些能力训练题，这既是学生创造力开发训练的有益尝试，同时又可以加深学生对教师或命题者的认识和理解，对学习和考试都有很大益处。设计题目遵照循序渐进的原则，可先参照相关练习题或试题，对其进行适当的改造，然后再发展到自己独立设计，要尽量突出创新性、综合性、现实性，同时也可增加一些趣味性内容。

2. 对历史事物发表自己的观点或提出假设

对史实有了一定的了解，必然在头脑中形成一定的认识，要把这种认识提升到理性高度，形成自己的独特见解或论点。对教材中没有下结论或结论模糊的历史问题，可大胆尝试发表自己的见解或论点，并结合史实进行初步的分析和论证。同时尝试对一些历史事物的发展可能性作出大胆的推理和假设，可通过与相类似的历史事物进行对比、借鉴来提出问题，如：假设甲午战争中国获胜，又该如何评价李鸿章和伊藤博文？如果袁世凯不告密，戊戌变法是否会失败？等等。这些假设的提出，说明学生已经以逆向思维或发散性思维的形式，在更深层的意义上探究历史的真谛。

3. 写出研究报告或小论文

开展研究性学习是当前教育教学改革的一个新趋势。历史学科的研究性学习，可以是指对学科内某一重点、热点或现实问题的研究，也可以是指跨学科的综合性问题研究。学生可根据自己掌握的知识内容、研究能力、研究需求和兴趣取向，确定相应的研究课题，制订研究计划，内容包括：研究的方式、手段、需要的材料、研究的步骤、分工、预期取得哪些研究成果等。通过研究性学习，做出阶段性或总体性的研究报告，或写出研究专题小论文，以此训练检测学生的学科研究能力和综合研究能力。

总之，学生自主学习能力的培养，不能简单理解为由教师来“解放”学生，而应逐步培养学生“解放自己”和“自主”的能力。这就要求教师不仅应具备较全面系统的学习和研究能力，而且，更为关键的是教师要把这些能力通过教与学的契合互动过程，逐步转化为学生自己的能力，实现“教”是为了“不教”的目的。同时，“青出于蓝而胜于蓝”，教师要鼓励学生超过自己，并以此为荣，让学生能站在老师的肩膀上摘取更丰硕的成果。

有效的初中历史课堂教学模式探寻

广西横县横州镇第二初级中学　黄柳夏

【摘　要】在实施新课程标准的初中历史教学中，一些课堂教学模式效果明显，如知识竞赛模式、生生互问模式、新闻报道模式、回忆录模式、辩论会模式等。这些新颖的课堂教学模式，关注学生，创造以学生为中心的学习环境，激发学生的学习热情，促使学生积极主动地参与课堂教学活动，使学生在主动学习活动中掌握知识，锻炼思维，充分发展个性，增强能力，学会合作与竞争。

【关键词】初中历史　课堂教学模式　新课程标准

课堂教学模式是教学内容的载体，在日常教学过程中，除了以教师讲授为主的常规课堂教学模式外，还有富有创意的新颖课堂教学模式。新颖的课堂教学模式不仅可以有效激发学生的学习兴趣，还能极大地提高课堂教学效果。笔者在进行符合新课程标准的初中历史教学中，学习、借鉴、探索、实施了一些新的课堂教学模式，取得了较好的教学效果，现将个人实践经验整理总结，以期抛砖引玉，与各位同仁交流切磋。

一、知识竞赛模式

将课文的知识点以填空题、问答题的形式呈现，学生自学课文后，将学生分成若干组，采用必答、抢答形式开展知识竞赛，或采用必答、抢答方式轮番闯关。教师是主持人，学生是参赛者，课堂竞赛中学生你追我赶，互不相让，课堂气氛紧张热烈。在知识竞赛的课堂教学模式中，教师是学生学习活动的组织者、引导者，学生是课堂的主体。充分调动绝大多数学生的参与意识和竞争意识，需要教师制定竞赛规则以调控课堂。这一课堂教学模式适用于科技文化课，因为此类课目内容相对显浅、繁杂琐碎，便于设计众多问题以开展活动，也可以在复习课采用，以检查、巩固所学知识。

二、生生互问模式

把学生分成提问组和回答组，让学生带着任务自学课文，将课文知识点自行设计成问题的形式以备提问与回答。生生互问过程中，可以由提问者指定学生回答，使每个学生都有回答问题的可能性，从而促使每个学生都认真看书；如果回答组不能解答所提问题，可由提问组给出答案，这对回答组是个鞭策，初中生的好胜心理会促使他们尽力解答问题。在实施过程中，如果提问小组不能再提出新的问题，将交换两个小组的任务，这样可以最大限度地发挥学生的潜力。当然学生提问的能力是难以估量的，有时提出的问题学生自己都不能解答，这时教师就可以发挥顾问作用了；如果师生都不能解答，正好抓住这个契机，可以留待课后采用更多途径继续寻找答案。“学贵有疑”，质疑是探究学习的开始，提出一个问题比解答一个问题更有意义，生生互问的课堂教学模式，使学生成为学习的主人，通过让学生自主发现并提出问题，培养自主学习的能力。

三、新闻报道模式

人教版新课标八年级下册《内战烽火》一课中包含几个重大事件：重庆谈判、内战爆发、战略反攻。可在授课过程中，创设历史情境，让学生走进历史，以战地记者身份报道时局中的重大事件。教师强调指出新闻报道中需要关注的时间、地点、人物、经过、影响等要素。新闻报道的课堂教学模式，让学生自己发现、掌握需要了解、学习的知识点。实施过程中采用分组竞相报道的形式较能调动学生参与的热情,提高学生的参与意识和口头表达能力。

四、回忆录模式

人教版新课标八年级下册《战略大决战》一课中，包含几个重大事件：解放战争三大战役、渡江战役、南京解放。授课过程中，可以一个老兵的日记形式，记录这些大事件的片段及个人感受，学生通过日记提供的人物、地点等信息，推测是哪一事件，并补全整个大事件的重要因素：时间、地点、人物、过程、结果、影响等。回忆录的课堂教学模式，以老兵的日记作为贯穿课堂的线索，新颖别致，吸引学生积极主动参与猜测和补全历史事件的课堂教学活动。

五、辩论会模式

人教版新课标七年级上册《秦王扫六合》一课主要的学习内容是秦始皇采取巩固中央集权的一系列措施：建立中央集权制度，统一货币、统一度量衡、统一文字，焚书坑儒，修筑长城，开凿灵渠。当学生有以上知识作为基础后，可开展一场小型辩论会，主题是：秦始皇究竟是明君还是暴君？让学生分为正反两方展开辩论。在辩论过程中，学生学会了明确区分体现秦始皇功与过的措施，用来维护本方观点，甚至有学生还引用课外孟姜女哭倒长城的民间传说，说明秦始皇是暴君。由此可见，辩论可以激发学生思维的广度。辩论结束，教师总结引导：评价历史人物的方法是辩证的、一分为二的，衡量历史人物的功过应以是否符合历史发展趋势和人民利益为标准。辩论的课堂教学模式适用于评价历史人物，不仅可以培养学生运用所学知识的能力，同时还可以锻炼和提高学生的思辨与口才等素质和能力。

以上课堂教学模式是笔者在教学实践中不断探索得出的，感觉其有效之处在于：创设有别于传统的、新颖的课堂教学模式，关注学生，创造以学生为中心的学习环境，激发学生的学习热情，促使学生积极主动地参与课堂教学活动，使学生在主动学习活动中掌握知识，锻炼思维，充分发展个性，增强能力，学会合作与竞争。提高课堂教学有效性是教师一直追求的目标，在教学实践中仍需要不断探索、努力，创设更多有效的课堂教学模式。

充分开发和利用教学资源实现历史课堂有效教学

玉林市兴业县山心镇初级中学　黄　洁

历史学科不是主要的科目，再加上历史基本上都是在讲述过去的事情，学生缺乏体验，缺少兴趣。因此，在平时的学习中，学生不怎么重视，不怎么爱学。那么怎样才能让我们的历史课堂吸引学生，让我们的历史课堂生成良好的学习氛围，实现历史课堂的有效教学呢？对教学资源进行充分的开发和利用是重要的手段之一。如何充分进行历史课堂教学资源的开发和利用呢？我在教学中主要从以下几方面进行：

一、注重开发现实生活中的资源

历史一旦逝去，便无法追溯。我们不可能让学生用眼睛真实感受到历史的变迁，但至少可以用历史遗留的痕迹让学生去想象、去感悟。而这种想象和感悟，正是因为借助了身边的事物，才显得直观，才显得生动。如在讲述清末民初服饰变化的历史时，教师身着旗袍，就是对历史鲜活的刻画。

二、多角度挖掘教材中的资源

1. 利用教材中的插图，精心创设课堂情境

我在上"'大跃进'和人民公社化运动"时，先让学生观看、揣摩"大炼钢铁中的土高炉""'大跃进'中'浮夸风'的宣传画"和"人民公社食堂"等画面，并提出问题让学生思考讨论：土高炉能够练出好钢铁吗？你见过一头猪会比一个正常的成年人高吗？你见过稻谷要用粗大的锯子来收获吗？人们长期在食堂吃饭不要钱可能吗？从学生你一言我一语的热烈发言中可以看出，学生对画面所反映的情况怀疑极大，相当一部分学生认为这简直不可思议。在这样的情境下，老师引导学生进一步探究为什么会出现这种现象？这种现象会产生什么样的后果？这样就很自然地激发了学生的兴趣，也切合了初中生的认知思维，把主动权交到了学生手中，让学生在热烈轻松的情境氛围中，理解了图片所反映的情况，达到教学目的。

2. 利用地图，巧妙创设课堂情境

地图是历史课本中较常见的信息之一，恰当运用地图来创设课堂情境，可以增强教学活动中的直观性，帮助学生更好地了解战争的进程和历史人物活动地点的变化。巧妙运用好地图，可以激活学生思维，使学生自然进入新知识的学习之中。如果能够把历史地图跟

地理等学科有效融合，则能更好地培养学生对知识的合理迁移能力，事半功倍。如：我在上世界历史上册第十课《新航路开辟》时，首先让学生观察“新航路的开辟”路线图，然后让他们思考讨论：世界上有七个大洲，哪些大洲是相连的？哪些大洲不相连？前面我们学习的世界史部分为什么没有美洲的知识？后来人们又是因为什么发现美洲的？把地图的直观生动性与趣味性有机结合，紧紧吸引了学生。把学生的求知欲建立在对地图的观察上，激发了学生的探究兴趣，增强了学生的感性思维；接着，我认真指导学生看地图，并结合课文文字叙述相互对照，引导学生找出航线方向、出发点、到达地。联系中国史张骞通西域遇到的困难情况，让学生想象航海家开辟新航路会遇到哪些困难？通过图文对比和困难比较，课堂资源自然生成，有机结合，从而使学生易于学、乐于学，最终提高思维能力，并且这也避免了老师一言堂和讲答案的被动局面的出现。

三、全方位开发人力资源

1. 教师是资源的利用者，更是重要的课程资源之一

教师作为学生学习的引导者、合作者，其本身就蕴涵着丰富的教学资源。高校的课堂教学应该是教师的教和学生的学和谐共振的过程，能让学生主动地、有效地学习。学生在自主学习、合作讨论练习之后提出问题，更反映出其由表及里、由浅入深的学习状态。这时产生的问题往往更具有动态性、深刻性和创新性，因为这是学生思维与情感共生的结果，是弥足珍贵的课堂动态资源。因此，教师要善用启发策略，对教学内容加以精心设疑，在教学中灵活调控课时计划，以打通学生的思维“脉络”，开启学生“沉默”的智慧。教师只要从日常教学生活中提炼出有效的教学启发策略，就能在动态教学过程中不断地“收获”丰富的教学实践智慧。如在讲重庆谈判时，我设置了这样一个问题：当时，蒋介石连续发了三封电报给毛泽东，“盛意”邀请毛泽东到重庆进行和平谈判。这时，摆在中国共产党面前的问题是：毛泽东该不该去重庆？“去”与“不去”的理由各是什么？学生对于这种探索性的认知活动很感兴趣，积极参与讨论，并作了相应的阐述。最后，我做了总结。这样，学生真正地明白了重庆谈判的真相。

2. 学生是课程的主体，是不可忽略的课程资源

学生是不可忽视的课程资源，是课程的主体。历史课程标准的目标能否实现，与学生的主体作用发挥密切相关。在当今“以学生为主体”的课堂教学模式的影响下，我们发现学生已成为课堂教学中最丰富、最便捷、开发上最经济、效果上最突出的教学资源。因此，要充分利用学生的经验和知识储备，抓住时机，深入挖掘，进一步引导学生主动参与、探究发现、交流合作，使他们以自己独有的眼光去理解和体验课程，提出、创造出一些独特的观点和看法。在历史教学中，我们可以适当创设与教学内容相适应的具体场景或氛围，以引起学生的情感共鸣，从而生发出可资利用的资源。有这样一节发生在美国的历史课：考试后，老师宣布分数，发现有的同学垂头丧气，便说：“如果想要加分，就给我 10 美元，但只限白种人。”课堂顿时沸腾起来，学生拼命跺脚捶桌，有的甚至把课本、书包扔向老师

以示抗议。老师用早已准备好的盾牌来抵挡，并用玩具水枪向学生扫射。等到学生闹腾够了，老师发话了："刚才就是当年黑人领袖马丁·路德·金反对种族歧视，组织示威游行的情景。他倒在了统治者的真枪实弹下，献出了自己宝贵的生命，但给我们留下了《我有一个梦想》。今天我们来学习这篇文章。"在这个例子当中，这位历史教师巧妙地创设了一个历史情境，使学生得到历史的真实体验，而这种真实体验就是一种非常宝贵的生成性资源。

四、利用现代网络教学的渠道，丰富教学资源

利用网络可以给学生提供精彩纷呈的历史教学资料，可以直观、形象地为学生创造学习条件，激起学生的学习兴趣。

总之，充分开发和利用教学资源实现历史课堂有效教学是可取的。让我们不断学习，不断培养学生学习的兴趣，争取以最好的教学资源来为学生服务，以此培养更多的优秀人才。

新课程下如何让历史课堂更高效

博白县凤山一中　胡　燕

【摘　要】转变教学理念、激发学生的求知欲、开启学生智慧需要充满生机与活力的课堂。如何将活力注入历史课堂，是我们历史教师应该关注、思考和解决的问题。

【关键词】创设情境　历史课堂　有效教学

新一轮课程改革大力倡导以人为本，构建充满活力的课堂。同时，时代的发展也呼唤高素质的人才，这也推动着教育课程的改革。我认为提高历史课堂的有效性应做到以下几点：

一、创设生动的教学情境，让学生在兴趣盎然中学习

1. 设计好开课导言，吸引学生的注意力

良好的开端是成功的一半，课前精彩的导言是激发学生兴趣的十分重要的环节。或新颖别致、或诙谐幽默、或富有哲理的导言能使学生的注意力在上课之始就被吸引，使学生始终以浓厚的兴趣上好该节课。这就要求教师多花心思、仔细琢磨，设计好开课导言。

2. 利用新颖多样的教学方式激发学生的学习兴趣

利用投影、录像、多媒体课件等现代化手段展示形象逼真的情景，直观生动地再现历史事件和人物，一次来讲代替单纯的说教与复述，并让学生参与其中，这样既能培养学生的竞争意识和合作精神，又能唤起学生的兴趣，活跃课堂气氛。例如：在讲《全民族抗战的兴起》一课时，首先我给学生播放了一段有关南京大屠杀的录像，接着鼓励学生互相交流自己所找到的相关资料，以此来调动学生学习的主动性和积极性。

3. 创设问题情境，激发学生的求知欲和思维的积极性

例如，在讲授“西安事变”时，我作了如下设问：假设同学们就是当时参加谈判的社会各界代表，请发挥你们的口才劝说蒋介石“停止内战，联共抗日”，注意发言中必须使用与外交辞令相关的成语，如“以和为贵”“同舟共济”等，这样充分发挥了学生的想象力，激发了学生的求知欲和思维积极性。

二、开展实践活动，给学生提供广阔的学习时空

开展实践活动，给学生提供广阔的学习时空，培养学生的创造能力。在教学实践活动可以通过如下途径来实现：

1. 教师指导学生查找资料

教师可指导学生到图书馆查找资料，或鼓励学生利用互联网等信息化设备查找资料。在此过程中，教师需传授给学生查找资料的方法和技巧，如搜索关键词、参照已找到的资料按图索骥、顺藤摸瓜查找更多的资料等等。要求学生将搜集到的资料整理、汇编，带到课堂中与同学、老师进行展示、交流。

2. 让学生自主编演历史小品剧，培养学生探究历史的激情

在教学过程中，我尝试着让学生自主编演历史小品剧，例如：在讲述商鞅变法时，我们班就上演了一出《商鞅舌战群臣》的小品剧。同学们课前积极准备、课上卖力演出，真实活现了历史上激动人心的一幕。这种直观生动的再现形式给学生留下了深刻的印象。学生们热情高涨，学习兴趣浓厚，我趁热打铁让学生对刚才表演的历史小品剧进行归纳概括，并引导学生对商鞅、秦孝公、旧贵族、老百姓的不同言行进行了分析讨论，从而将课堂气氛推向了高潮。

3. 组织历史辩论赛

辩论是最能激发思维灵感火花的方法，也是学生之间互动学习的方式之一。在教学过程中适时地组织此类活动，能大大激发同学们在历史学习中积极向上的竞争意识，不但提高了学生的思辨能力，活跃了他们的思维，而且巩固深化了他们对所学历史知识的理解掌握程度。

4. 调动学生的多种感官，让学生在全方位的参与中学习

新课程强调教学活动是师生的双边活动。课堂上，教师的作用在于组织、引导和点拨。学生要通过自主的学习活动获取知识。例如：在学习雕版印刷术时就可以让学生做这样的实验：准备一张纸，在纸上写自己的名字，写三遍、又三遍、再三遍，然后让学生谈感受（枯燥、乏味、单调、浪费时间）；再让学生用小刀在橡皮上把自己的名字刻出来，自制一枚印章，并蘸上墨水印在纸上，多印几遍。让学生将后一个实验与前一个实验做比较，从中体会雕版印刷的方法和好处。

三、相信学生，尊重学生，让学生体验成功的喜悦

学生在学习的过程中难免会犯错，尤其是那些学习困难的学生。只有让这一部分课堂上的“弱势群体”动起来，才能使课堂真真实实地活起来。如何有效地提高“弱势群体”

的学习积极性呢？这就需要教师在设计问题时面向全体学生，使全体学生都能开动思维；或是让那些学习有困难的学生回答浅显的、在书本上容易找到答案的问题。可能有时候这些学生给出的答案与教师的答案相差甚远，这时老师应鼓励学生说出自己的理由，充分肯定学生回答中哪怕是细微的正确之处，再给他一些充满激励性的评价。例如："这个问题你说得很好，证明你是个爱动脑筋的学生，只要努力，你完全能学好！""你的想法很独特！""你的分析很有道理！"诸如此类的评价，一是有利于在教师和学生之间营造出一种宽松、民主、活跃的氛围，在师生的积极问答中加强互信、互动。二是能让学生在心理上感受到自己是被承认和被尊重的，尝到回答问题的甜头。这样才能使这些课堂上的"弱势群体"也积极、大胆地参与到课堂教学活动中，才能使课堂真正的活起来、动起来。

总之，要让我们的历史课堂充满活力就一定要把它变成学生乐于学习的场所，让学生在课堂上充分"动"起来，学得有滋有味、有声有色。把他们从束缚思维的、沉闷的传统课堂中释放出来，让他们在充满活力的新型课堂中放飞心灵，激发创造性，这样的课堂才高效。

历史课堂教学中多种学习情景的创设

何献廷

现今大多数的历史教师对于“以教师为主导，以学生为主体”这一教学原则的认识只是简单地停留在理论层面，而在实际教学过程中，老师讲求灌输的技能，学生谙熟背的技巧，无法名副其实地落实学生的主体地位，学习成了学生的负担。如何把历史教学放在一个更广阔、更开放的背景下实施，成了广大历史老师共同面对的课题。历史“情景、实践、创新”教育研究与实验就是在有效地开创历史教学新局面的形势下开展的。

情景创设是本课题实验的主要内容，情景创设体现出教师的主导作用，但其主要作用是提供诱因，激发学生的动机与兴趣。当学生对学习产生兴趣时，他会积极主动地、心情愉快地去学习，而不觉得学习是一种负担。除此之外，还要培养学生的学习主动性，开发他们创造力，变接受知识为发展能力，最终落实学生的主体地位。我们探索历史课堂教学学习情景的创设有如下几种：

一、场面情景的创设

历史是一门很有特色的学科，它所讲授的一切历史人物、历史事件都是在过去一定时间空间内发生的，而这些真实情景教师无法再现在学生面前。根据历史现象所具有的错综复杂又“一去不返”的特点，教师要使学生清晰地了解过去的事情，就需要千方百计地在课堂上创造一种历史意境，创设出激动人心的历史场景，将平面呆板的文字立体生动化。

1. 作文法

“作文法”对训练和培养学生的想象力大有裨益，可以让学生的想象由被动变主动，由呆板变生动，更具思想性。如在讲授人教版历史八年级上册第 4 课《甲午中日战争》一课时，我以“黄海海战”为题，由学生构思场景，写词撰文。一个学生写道：“乌云在空中翻流，海水汹涌、咆哮，仿佛在为那些为了保卫祖国、捍卫民族尊严而英勇献身的爱国将士悲伤，也就是在这儿，曾经演奏过一曲悲怆的赞歌。”对邓世昌这一人物，学生做了不同描绘，生动传神地刻画了千钧一发之际他的果敢心理，给人以身临其境之感。在对历史事件的想象过程中，学生的感情、世界观自然地流露，既受到了深刻的思想教育，又锻炼和提高了学习知识的能力。

2. 再现法

再现法，即利用影视作品及其他资料，充分地调动学生的感觉器官，直观、具体、生动地再现历史画面，从而激发学生的学习积极性。如人教版历史八年级上册第 1 课《鸦片战争》一课可节选《林则徐》中的情节，第 4 课《甲午中日战争》一课可选电影《甲午风云》中的情节播放，第 16 课《血肉筑长城》一课可节选播放电影《血战台儿庄》中的情节，等等。可直接移置课堂作为直观教具播放。

3. 情意法

教师用美的语言感情至深地讲述历史事件，具有感染力和吸引力，能抓住学生，引起学生的共鸣，使学生快速进入角色。此时，学生的积极性被充分调动起来，注意力高度集中，最容易理解和掌握讲授内容。在这里，教师的情感语言是举足轻重的。如在上人教版历史八年级上册第 5 课《八国联军侵华战争》时，教师讲道“八国联军入侵北京，再次火烧圆明园”时悲愤之情油然而生，声泪俱下，溢于言表，学生无不为之动情。相反，若是老师毫无感情，语言干瘪，照本宣科，则讲者无劲，听者乏味，效果低下。

二、人物情景的创设

历史人物是历史教学的基础内容。对历史人物的了解，可加强学生对历史事件的认识；对历史人物的评价，可培养学生的辩证分析能力，提高思维能力，懂得如何做人，做什么样的人，并受到道德品质和思想情操的陶冶。将陌生的历史人物熟悉化，将遥远的历史人物近距离化，创设有血有肉的、活生生的人物形象，可以激发学生的情感和意志，树立明辨是非爱憎分明的思想观念，同时也可以激发学生的求知欲，增强学生学习历史的兴趣。

1. 描述法

描述法是对历史人物的外貌形态、本质特征进行绘声绘色、具体生动地描述，使人物鲜活地出现在学生眼前，使学生对历史人物有深刻的认识。如讲古代史中的秦始皇时，可以通过描述秦始皇目光炯炯、虎视眈眈的眼神，头戴冕旒、身穿龙袍的衣装配饰，手指前方、威严傲慢的动作神态，显现他那唯我独尊、君临天下的帝王气魄，进一步介绍他当年威征六国，一统天下的勃勃雄心，以此向学生传达秦始皇的风貌和神韵。

2. 简介法

简介法是展示历史人物的真实照片、画像，让学生简单了解所学的人物在历史上做出了哪些重要事情。如果是学生比较熟悉、不学课文就知道是谁的历史人物，可以由学生自己介绍。如人教版历史八年级上册第 8 课《辛亥革命》一课中，孙中山的照片、画像，学生一般可以识别。“这是孙中山，他领导了辛亥革命。”再由教师设疑：孙中山怎样领导辛亥革命？辛亥革命有什么意义？以此激发学生的求知欲，引导下一部分知识的学习。

3. 评价法

引导学生观察、分析历史人物，并对历史人物做出客观的评价。这有利于积累思维材料，提高思维能力。例如人教版七年级上册第 12 课《大一统的汉朝》。通过学习汉武帝实现大一统所颁布的措施，以及汉武帝晚年西汉社会出现的动荡局面，和他颁布的“罪己诏”，学生认识到汉武帝既是一位具有雄才大略的皇帝，又是一位知错能改的皇帝。在此过程中，培养了初一学生初步分析历史人物的能力。

三、问题情境的创设

问题情境指的是一种带有矛盾的学习情景，创设“问题情景”的目的在于启迪学生思维，让学生的学习需求由潜在状态转入活动状态，关键在于教师能否在教学中提出矛盾，用“问题”去激发学生的探究欲望，引起其思维活动。那如何才能将平铺直叙的知识问题化，创设出带有探索因素的问题链呢？我认为有三种方法可供大家选择：

1. 启迪法

着重在于教师“启（发）和（诱）导”，激发和调动学生对学习的积极性，使学生从被动学习转变为主动学习。教师要常常有意识地联系有关的旧知识，提出问题，启发学生运用旧知识去理解、解答新问题，这样不仅起了温故知新，以旧带新的作用，同时，也在由此及彼、由旧及新、由浅及深、由已知到未知的联系中，发展了学生的智力，培养和提高了学生思考问题的能力。

2. 讨论法

思维往往是以矛盾为序端展开的，思维活动的过程也就是发现矛盾、分析矛盾、解决矛盾的过程。教学过程本身是学生认识事物从不知到知、从不会到会的过程。因此，要采取一切手段引导学生不断地提出问题、分析问题、解决问题，使他们的思维始终处于积极活跃的状态。如在上人教版八年级第 1 课《鸦片战争》时，随着教学内容的展开，学生提出如下问题：不平等条约的签订，对我国的政治、经济有什么影响？战后，中国的社会性质发生了怎样的变化？中国社会的主要矛盾有什么变化？此后中国人民的革命任务是什么？通过引导学生在讨论中提出、分析、解决这些问题，我把教学内容逐步引向深入，课堂氛围比较活跃。这样，不但使学生加深对史实的了解，而且有利于提高他们分析问题、判断和处理问题的能力，比老师平铺直叙的讲解，效果要好得多。

3. 辩论法

同讨论法一样，辩论法可加深学生对史实的了解，有利于提高他们分析问题、判断和处理问题的能力，只不过是参与辩论的双方各持一种观点，运用史实进行论证。这种方法有利于激发学生的探究兴趣，鼓励学生大胆创新，让学生学会批判，学会多角度看问题，勇于探索，激活思维，从而培养学生的创新、创新精神和实践能力。如对抗日战争中国民党正面战场作战功过进行辩论，对秦始皇焚书坑儒的原因进行辩论。

四、气氛情景的创设

兴趣产生于渴求认识某种事物或爱好某种活动的倾向，是激发学生积极性的有利条件。在教学过程中，根据学生好奇、求新等年龄特点，创设热烈的教学气氛，增强教学活动的愉悦性，有利于激发学生的兴趣，调动他们学习的积极性。

1. 音乐法

在课堂中适当选放歌曲，可使学生在欣赏音乐的同时，疲劳感逐渐消除，精神开始振奋，兴趣逐渐产生，寓教于乐，创造生动活泼的课堂气氛。同时也给学生以美的享受和思想上的教益。如在讲人教版八年级第 13 课《红军不怕远征难》一课时，我选播了《长征组歌》中的《四渡赤水》《过雪山草地》两首歌。优美动听的音乐，一下子就把学生吸引住了，不用教师多费口舌，长征途中红军艰苦斗争的场面就一一展现在学生的眼前。

2. 竞赛法

根据青少年好胜心强的心理特征，在课堂上采用竞赛的方法，可刺激学生的情绪，活跃课堂气氛，调动学生的学习积极性。特别在讨论问题或知识运用的时候，采用竞赛法，可以达到良好的教学效果。竞赛可分组或派代表进行，最后教师视情况进行评价、小结。

3. 活动法

在课堂上使用一些小资料，进行一些小活动，可以活跃课堂气氛，还可以扩大学生的知识面，拓宽和深化课本知识，开阔学生视野，提高学生学习历史的兴趣，充分发展学生的智能。如讲人教版历史七年级第 11 课《“伐无道，诛暴秦”》中刘邦、项羽争霸天下，我就引介了“楚汉相争”的故事；向学生介绍“四面楚歌”时，就引释“破釜沉舟”“项庄舞剑，意在沛公”和“四面楚歌”等成语典故。在讲人教版历史七年级下册第 6 课《对外友好往来》唐朝的对外关系时，我由“海内存知己，天涯若比邻”诗句引入课题。在讲人教版历史七年级上册《秦王扫六合》中的大泽乡起义时，我编写歌诀：“公元前二零九　九百人　去戍守　遇大雨　道路冲　误了期　处死刑　陈和吴　揭竿起　大泽乡　起义兴”；还有谚语，等等。

“教不定法，但求得法”，我们探索历史课堂教学中学习情景的创设，只不过是管中窥豹、抛砖引玉。在实际运用中，这几种学习情景的创设不是孤立的，而是相互联系的，如场面情景创设中的作文法与人物情景创设中的描述法，也可互相利用，讨论法与竞赛法同时进行。在介绍人物时，再现法与简介法同时进行，等等。特别是气氛情景的创设和前三种情景的创设更是密不可分，前三种情景的创设实际上就可以起到创造气氛情景的作用。如音乐法、讨论法、辩论法、描绘法等都可以起到创造热烈课堂气氛的作用。在一堂课堂教学中，不要为创设情景而创设情景，要注重教学目的与课堂教学实际的需要；也不是每堂课中必须有哪几种情景的创设，要根据教学实际的需要而创设一种或多种学习情景为教学目的服务。我们相信，以后的教学过程中会有更多更好的创设课堂学习情景的方法出现。

历史地理观念在课堂教学中的运用

大新三中　赵振健

运用历史地理观念进行课堂教学，有利于促使学生形成准确的时空观念，从而提高历史学科的学习能力，所以历史地理观念在课堂教学中的运用值得重视。

一、运用历史地理观念，深刻了解历史事件发生的背景

一张色彩鲜明的历史挂图，能够再现一定历史时期的政治形势，可启发学生的形象思维，强化抽象思维，加深学生对历史地图所展示的历史环境的理解。例如，在讲述中国第二次国内革命战争开始的形势时，首先要设计绘制一张第一次国内革命战争失败前后的全国形势图，表明此时蒋介石在上海发动了“四・一二”反革命政变，并于 1927 年 4 月 18 日在南京建立了反动的国民政府；1927 年 7 月 15 日，汪精卫又在武汉发动了“七・一五”反革命政变；在北方，军阀张作霖控制了北京政权……他们控制了全国各大城市，并在那里疯狂地屠杀共产党员和革命群众。通过此图，学生的头脑中就形成了第一次国内革命战争失败后全国一片白色恐怖的情景，进而学生理解了中国共产党为了保存革命的力量就必须纠正陈独秀的右倾机会主义错误，发动武装起义，以武装革命反对武装反革命。学生进一步了解南昌起义打响了反对国民党反动派的第一枪，中国共产党开始独立领导武装斗争；“八七会议”确定了开展土地革命和武装推翻国民党反动统治的总方针，并决定在革命基础较好的湘、鄂、粤、赣四省发动秋收起义；12 月共产党又发动了广州起义，中国革命由此进入了第二次国内革命战争时期。

二、运用历史地理观念，增强感性认识，加深理解和记忆

例如，为讲述日本帝国主义对我国侵略的过程，设计绘制一张抗日战争前夕的全国形势图，在挂图上用不同的颜色标出被日寇 1931 年“九・一八”事变后侵占的我国东三省，1932 年“一・二八”事变后侵占的上海，1932 年在东北建立的傀儡政权伪“满洲国”，1933 年被入侵的热河，等等。同时教师讲述日本帝国同国民党反动政府签订《塘沽协定》，国民党政府承认日本占领东三省和热河省合法化，并成立了河北东部的非武装区，作为日本入侵我国华北的门户；接着讲述 1935 年日本又与国民党政府签订《何梅协定》，妄图使我国华北五省自治，最终成为日本的殖民地；最后通过地图所示自然导出全国人民的抗日救亡运动，如“一二・九”运动、西安事变及其和平解决等。这样做有利于加深学生对一系列历史事件的理解和记忆。

三、运用历史地理观念，提高对历史信息的概括能力

如在复习中国近代后期这一阶段历史时，设计绘制一张中国政区图，用四种不同的颜色代表这一历史阶段的四个不同时期，用不同的颜色分别标出四个不同时期革命根据地的范围、重要会议的地点、重要战场的位置以及重大历史事件的发生地点，这样就可以使学生概括了解中国共产党在各个历史时期的革命斗争情况和领导全国人民走向胜利的过程和特点，还可以掌握每个时期的发展线索，并区分不同时期党的会议所完成的不同的历史使命。运用历史地理观念，还可以进行生动的爱国主义教育、自然生态保护意识教育等。历史地理观念可待挖掘的领域很多，只要运用恰当，就能取得良好的教学效果。